Karl-Heinz Baum
Kein Indianerspiel

Karl-Heinz Baum

Kein Indianerspiel
DDR-Reportagen eines Westjournalisten

Ausgewählt und herausgegeben
von Jürgen Klammer

Mit Arbeitsanregungen
von Renate Schliephacke

Ch. Links Verlag, Berlin

Editorische Notiz
In den Originalreportagen sind formale Vereinheitlichungen erfolgt, und Autor und Herausgeber haben aus Platzgründen hier und da Auslassungen vorgenommen. Die entsprechenden Stellen sind mit einem (...) gekennzeichnet.

Die Erstellung und Drucklegung dieser Publikation wurde gefördert mit Mitteln der Bundesstiftung zur Aufarbeitung der SED-Diktatur.

Die Deutsche Nationalbibliothek verzeichnet diese Publikation in der Deutschen Nationalbibliografie; detaillierte bibliografische Angaben sind im Internet über www.dnb.de abrufbar.

1. Auflage, Februar 2017
© Christoph Links Verlag GmbH
Schönhauser Allee 36, 10435 Berlin, Tel.: (030) 44 02 32-0
www.christoph-links-verlag.de; mail@christoph-links-verlag.de
Umschlaggestaltung: Ch. Links Verlag, Berlin, unter Verwendung eines Fotos der Mauer im Ost-Berliner Grenzgebiet, hier: Stadtteil Prenzlauer Berg, 25. 2. 1978, © Bundesstiftung Aufarbeitung, Klaus Mehner, Bild 78_0225_POL_Wall_East_01
Satz: Nadja Caspar, Ch. Links Verlag, Berlin
Druck und Bindung: Druckerei F. Pustet, Regensburg

ISBN 978-3-86153-942-1

Inhalt

Geleitwort 7
Dr. Anna Kaminsky, Geschäftsführerin der Bundesstiftung Aufarbeitung

Vorwort 8
Thomas Bellut, Intendant des ZDF

Editorial 9
Jürgen Klammer, Herausgeber

Persönliche Erlebnisse und Erfahrungen 10
Auch große Steine können den Lauf eines Flusses nicht aufhalten 10
»Buschfunk« und andere Quellen 13
Kein Indianerspiel – Jeder Fehler konnte Leben kosten 17
Arbeitsanregungen 23

Journalistisches Arbeiten 25
Einleitung von Jürgen Klammer 25
Auswahl an Reportagen 28
Arbeitsanregungen 54

Schule und Jugend 58
Einleitung von Karl-Heinz Baum 58
Auswahl an Reportagen 61
Arbeitsanregungen 88

Alltag und Leben 91
Einleitung von Jürgen Klammer 91
Auswahl an Reportagen 92
Arbeitsanregungen 135

Kirche   138
Einleitung von Jürgen Klammer   138
Auswahl an Reportagen   140
Arbeitsanregungen   170

Opposition, Verfolgung, Mauerfall   172
Einleitung von Jürgen Klammer   172
Auswahl an Reportagen   174
Arbeitsanregungen   224

Nachwort   228
Thomas Krüger, Präsident der Bundeszentrale für politische Bildung

Anhang   230
Gesamtverzeichnis der Reportagen   230
Abkürzungsverzeichnis   233
Abbildungsnachweis   234
Personenregister   235
Dank   239
Zum Autor und zum Herausgeber   240

Geleitwort

Liebe Leserinnen und Leser,
am 9. November 1989 nahm Karl-Heinz Baum an jener Pressekonferenz teil, die den Lauf nicht nur der deutschen, sondern der Weltgeschichte ändern sollte. Schnell wurde ihm klar, was Günter Schabowski dort verkündet hatte: die Öffnung der ostdeutschen Grenze und der Berliner Mauer. Auch wenn manche Journalistenkollegen ihm zunächst keinen Glauben schenken wollten, sollte Karl-Heinz Baum mit seiner Vermutung Recht behalten. Die Überwindung der SED-Diktatur und der anschließende Prozess der Deutschen Einheit veränderte das Leben von allen Menschen in der DDR. Für die meisten Menschen im Westen änderte der Mauerfall nur wenig. Für den langjährigen Mitarbeiter der *Frankfurter Rundschau* war diese Nacht der Höhepunkt seiner Zeit als DDR-Korrespondent in Ost-Berlin. In diesem Buch dokumentiert der Journalist seine langjährige Arbeit. Kontextualisierungen und Arbeitsanregungen laden dazu ein, sich vertiefend mit seinen Artikeln auseinanderzusetzen, die sich mit gesellschaftlichen Feldern wie »Schule und Jugend«, »Alltag und Leben«, »Kirche« und »Opposition, Verfolgung, Mauerfall« beschäftigen.

Der Herbst 1989 und die Friedliche Revolution sind vielen Menschen heute noch in Erinnerung. Bei heutigen Schülerinnen und Schülern sieht das anders aus. Nach dem Mauerfall im vereinigten Deutschland geboren, besitzen sie keine eigenen Erfahrungen mit der Teilung des Landes und der kommunistischen Diktatur. Sie können sich die damaligen Ereignisse nur über die Erinnerungen und Erfahrungen von anderen erschließen. Da die Auseinandersetzung mit der Geschichte von Demokratie und Diktatur nach 1945 im Unterricht nicht selten untergeht, ist es umso wichtiger, neue Zugänge anzubieten.

Gerade die Schilderungen von Zeitzeugen bieten die Möglichkeit, sich mit den jeweiligen Blickwinkeln der damaligen Zeitgenossen vertraut zu machen und sich ein eigenes Urteil zu bilden. Die Zeitungsartikel Baums ermöglichen einen Einblick in den Alltag und das Leben in der DDR, wie Karl-Heinz Baum es erlebte. Auf diese Weise können aus Jahreszahlen historische Erzählungen entstehen, die eine Annäherung an das Geschehen vor nunmehr über 25 Jahren bieten. Ich wünsche dem Buch, dass es viele Geschichtsinteressierte – ob jung oder alt – in die Hand nehmen, um sich auf eine faszinierende Reise in die Zeit der deutsch-deutschen Teilung zu begeben.

Dr. Anna Kaminsky, Geschäftsführerin der Bundesstiftung Aufarbeitung

Vorwort

An einem kalten Januartag 1982 in Berlin gab mir, einem Doktoranden der Universität Münster, der Korrespondent der *Frankfurter Rundschau* Karl-Heinz Baum drei Stunden seines Journalisten-Lebens. Dafür war ich ihm damals sehr dankbar, und das Gespräch hat sich gelohnt. Ich war beeindruckt von seiner Kenntnis der DDR und seiner Erfahrung mit der journalistischen Arbeit. Immer wieder unterstrich er die Bedeutung einer »analysierenden Hintergrund-Berichterstattung«. Es sei nicht Aufgabe der DDR-Korrespondenten, immer wieder »große Sensation« zu vermelden, sagte er damals. Diese Einstellung, nicht nur an der Oberfläche der Wirklichkeit zu verweilen, durchzieht sein gesamtes Journalisten-Leben, wie die hier vorgelegten Reportagen eindrücklich belegen: Mit den Menschen sprechen und sie auch wirklich sprechen lassen, die Wirklichkeit einfangen, ohne all das ständig mit einem eigenen ideologischen Bewertungsraster abzugleichen, das ist wohl das Prinzip des Reporters Karl-Heinz Baum.

Die täglichen Schwierigkeiten des Korrespondenten bei der Arbeit in der DDR macht er immer wieder zum Thema seiner Reportagen, die kleinen Tricks zum Beispiel, um die Aufseher und Kontrolleure der Stasi und der anderen staatlichen Institutionen ins Leere laufen zu lassen. Die Arbeit eines freien Journalisten in einem gelenkten System, dieses Thema hat auch heute nichts von seiner Wichtigkeit und Brisanz verloren, der Wunsch von autoritär geführten Staaten, das Bild von der Wirklichkeit nach den eigenen Regeln zu kontrollieren und zu beeinflussen, ist weltweit stärker geworden.

Die Grundüberzeugung von Karl-Heinz Baum gilt auch heute noch: »Die DDR hat sich mit dieser Informationspolitik eher selbst geschadet.« Seine Reportagen aus und über die DDR schildern eine Welt, die es nicht mehr gibt. Die Leserinnen und Leser können mit diesem Buch die Welt noch einmal erfahren, aus dem Blickwinkel eines Neugierigen.

Wir leben jetzt in einer Zeit der rasanten Information und des raschen Urteils. Das Internet hat unsere Gegenwart durchschaubarer, aber auch verwirrender gemacht. Die schnelle Schlagzeile, die einprägsame – oft emotionale – Botschaft ersetzt die fundierte Reflexion. Journalistische Arbeit aber muss mehr leisten, hier muss tiefer gegraben, recherchiert und geprüft werden. So wie es Karl-Heinz Baum in seinen Reportagen gemacht hat.

Thomas Bellut, Intendant des ZDF, Mainz, im August 2016

Editorial

Komme ich mit Karl-Heinz Baum ins Gespräch, dauert es nicht lange, und wir reden über die DDR. »Weißt du noch, wie ...« beginnt dann meist eine seiner Geschichten aus dem Journalistenalltag der Jahre 1977 bis 1990. Und wenn ich mich nicht an jedes Detail seiner Ausführungen erinnere, folgt prompt: »Aber das musst du doch noch wissen!«. Und wenn ich gar bei einer gemeinsam erlebten Begebenheit einen anderen Tag, eine andere Uhrzeit, eine andere Formulierung mühselig aus dem Gedächtnis hervorkrame, ertönt stets heftiger Widerspruch: »Nein, das war ganz anders, das war so und so.« Und meist hat er Recht.

Karl-Heinz Baum, der nie so daherkam, wie wir DDR-Bürger uns einen Westjournalisten vorstellten, hat im Verlauf der 13 Jahre seiner Akkreditierung eine Vielzahl von Personen kennengelernt, die direkt oder indirekt zu seinen Informanten wurden. Einige von ihnen haben es nach 1990 in hohe staatliche Ämter geschafft. Und alle haben ihm in jenen Jahren ihre Geschichten erzählt, Hinweise gegeben, mit ihm Dinge getan, die, wie vieles in der DDR, »nicht verboten, aber auch nicht erlaubt« waren. Für alle war »Bäumchen«, wie wir ihn nannten, eine Vertrauensperson.

Neben der Berichterstattung über die aktuellen politischen Ereignisse war vor allem das Alltagsleben in der DDR für den Journalisten Karl-Heinz Baum interessant. Besonders interessant finde ich die Geschichten über die Entstehung der Artikel, über die Hintergründe und Bedingungen der Recherchen. Sie zeigen, dass und wie es auch in einem Staat mit einem überdimensionalen Überwachungsapparat möglich war, an reale Informationen zu gelangen und diese mit der nötigen Rücksichtnahme auf die Informanten zu vermitteln.

Kein Indianerspiel vermittelt DDR-Geschichte. Es soll aber vor allem der politischen Bewusstseinsbildung derjenigen dienen, die nicht dabei gewesen sind. So wurde das Buch mit Arbeitsanregungen für junge Lernende versehen, für eine Generation, die sich nur schwer vorstellen kann, wie ihre Eltern, Verwandten, Bekannten oder überhaupt die Menschen im Osten Deutschlands dem »sozialistischen Gang« gemäß gelebt haben.

Die einzelnen Artikel wurden, von wenigen Ausnahmen abgesehen, in ihrer chronologischen Folge angeordnet. Zum leichteren Überblick erfolgte eine Gruppierung nach thematischen Schwerpunkten.

Jürgen Klammer, Leipzig, im Oktober 2016

Persönliche Erlebnisse und Erfahrungen

Auch große Steine können den Lauf eines Flusses nicht aufhalten

»Jetzt ist Deutschlands Teilung besiegelt. Jetzt ist die Einheit unmöglich. Jetzt ist die Sowjetzone fest im Ostblock verankert.« Mit diesen Worten begrüßte mich am 14. August 1961, dem Tag nach dem Mauerbau, meine damalige Freundin Almut. Ich war unsicher. Schließlich sagte ich: »Eines ist jetzt klar: Die Sowjetunion gibt den Anspruch auf die Weltherrschaft auf. Wer Mauern baut, hat verloren, igelt sich ein, ist sich selbst genug. Von nun an geht es bergab, egal, welche Zwischenhochs wir erleben.« »Wir werden sehen«, sagte Almut mit einem Schimmer Hoffnung. Wir haben nie wieder darüber gesprochen. Zwei Jahre später war die Beziehung zu Ende. Vielleicht hat sich Almut am Tag des Mauerfalls an unser Gespräch erinnert. Es kam mir mit der Niederschlagung des »Prager Frühlings« im August 1968 wieder in den Sinn. Damals lebte ich in Mainz. In jenen Tagen war eine Delegation aus Prag in der Stadt, die sich wieder auf den Rückweg machte. Journalisten fragten, warum sie überhaupt zurückfahren. Die Antwort des Leiters merkte ich mir fürs Leben: »Auch große Steine können den Lauf eines Flusses nicht aufhalten.«

1964 und 1965 konnte ich zu zwei Tagungen des Hansischen Geschichtsvereins nach Leipzig und Magdeburg fahren. Besonders Leipzig blieb mir in Erinnerung. DDR-Studenten luden drei von uns West-Studenten auf ihre Bude ein. Wir diskutierten über Gott und die Welt. Spät in der Nacht kam einer auf die Idee, nach so einem Abend müsse man anstoßen. Das gehe nur mit Whisky. Einer rannte zur »Spätverkaufsstelle« (in DDR-Großstädten waren diese Läden bis Mitternacht geöffnet), 80 DDR-Mark kostete die Flasche. Alle üblichen Trinksprüche wurden verworfen, bis einer sagte: »Ich weiß, worauf wir trinken: auf unseren 65. Geburtstag!« Darauf tranken wir in jener Nacht, ich 23, die anderen ein oder zwei Jahre jünger. Seit dem Mauerbau durften Frauen mit 60 und Männer mit 65 Jahren in den Westen fahren, wurden »reisefähig« (siehe Anmerkung auf S. 24). So etwas vergisst man nicht.

1977 bat mich die *Frankfurter Rundschau*, ihr DDR-Korrespondent zu werden. Mit diesen Erfahrungen war ich wohl der falsche Mann. Der Korrespondent in der DDR, so meinten einige Gesprächspartner, müsste wissen, wie lange es die DDR noch gibt und wann es zur Einheit kommt. Ich wusste es nicht. Aber ich erzählte von meinem Gespräch mit Almut. Einmal sagte einer: »Du bist in die DDR gekommen, um das Ende der DDR hautnah zu erleben, damit du der einstigen Freundin sagen kannst: ›Siehst du, ich hatte recht!‹« Überrascht antwortete ich: »Als es darum ging, spielte das keine Rolle. Das war weder mein Antrieb noch der Auslöser. Aber ich widerspreche dieser Auslegung meiner Worte von damals nicht.«

Die Frage nach der Einheit musste ich in der DDR oft beantworten. Bald hatte ich eine eindeutige Antwort: »Erstens: Es wird keinen Krieg um die DDR geben. Das werden die Westmächte genauso verhindern wie die Sowjetunion. Zweitens: Es gibt also nur eine friedliche Lösung. Drittens: Die friedliche Lösung könnte über die UNO zustande kommen, wenn die Bundesrepublik einen Antrag auf deutsche Einheit stellt. Viertens: Die Bundesrepublik wird den Antrag nur stellen, wenn sie sicher ist, dass die zweite Stimme von der DDR kommt.« Sagte ich das, hieß es sofort: »Dann gibt es keine Einheit! Dann gibt es die Einheit nie!« Daraufhin sagte ich: »Ich habe Geschichte studiert. Da lernt man: Bei historischen Prozessen darf man nie ›nie‹ sagen. Man lernt auch, wie schnell sich alles ändern kann. Ich bin überzeugt: Einen anderen Weg kann es nicht geben.«

Die im Westen verbreitete These, nachwachsende DDR-Generationen wollten keine Einheit, hielt ich immer für falsch. Bei Gesprächen mit Jugendlichen in Rostock, Erfurt oder Leipzig fiel irgendwann der Satz: »Ich kann doch nichts dafür, dass ich auf dieser Seite der Elbe geboren bin.« Das war ein Bekenntnis zur Einheit. Ich habe nicht vergessen, wie 1979 ein Anhänger von Dynamo Dresden zu mir sagte: »Noch ein Deutscher Meister von der Elbe.« In jenem Jahr gewannen der Hamburger SV und Dynamo Dresden die Meisterschaft, ein Verein im Westen, der andere im Osten.

Dann war da Manfred Krug, der Schauspieler und Sänger, der im Zuge der Biermann-Ausbürgerung 1976 ein halbes Jahr später die DDR verließ, weil sie ihm fast alle Arbeitsmöglichkeiten nahm. Als er sich im Westen eingelebt hatte, gab er dem Deutschen Fernsehen ein Interview. Auf die Frage, ob auch er sehe, dass sich die Deutschen in Ost und West auseinandergelebt hätten, sagte er: Das habe er gedacht, als er noch in der DDR war. Doch inzwischen sei er zu dem Schluss gekommen: »Packt man alle 16 Millionen DDR-Menschen in einen Sack und 16 Millionen Westdeutsche in einen anderen und leert sie auf der jeweils anderen Seite, dann dauert es vier bis acht Wochen und dann funktionieren die Menschen wie die Systeme genau so wie vorher.«

Am 4. Oktober 1990, dem zweiten Tag nach der Einheit, erzählte ich Krugs Worte auf einer Podiumsdiskussion auf der Frankfurter Buchmesse. Ich erntete dafür viele Buhrufe. Da griff mein Nachbar auf dem Podium, der Wittenberger Pfarrer Friedrich Schorlemmer, zum Mikrofon: »Danken Sie Gott, dass Ihnen diese Prüfung erspart blieb!«

1981 zum SED-Parteitag kamen drei Journalisten renommierter britischer Zeitungen nach Ost-Berlin und fragten mich aus. Bald fragte ich: »England ist Garantiemacht für Berlin. Was macht ihr, wenn kaum einer noch weiß, warum ihr hier seid, in 20, 30 Jahren?« Einer antwortete, die zwei anderen stimmten zu: »Darüber machen wir uns keine Gedanken. Bis dahin ist Deutschland wiedervereinigt.«

Dass sich in der DDR vieles bald ändern könnte, erwartete ich, seit im April 1985 Michail Gorbatschow KPdSU-Generalsekretär wurde. Wenige Tage darauf las ich ein Porträt über den neuen KPdSU-Chef, verfasst von Zdeněk Mlynář, einem Reformer vom »Prager Frühling«. Er und Gorbatschow hatten zusammen an der Moskauer Universität studiert und im selben Zimmer gewohnt. Mlynář berichtete, zum Ende des Semesters habe Gorbatschow darum gebeten, ihm eine Postkarte in seine Heimat im Kaukasus zu schreiben. Wieder in Moskau bedankte sich Gorbatschow überschwänglich, meinte dann aber, es sei doch etwas faul in der Sowjetunion, wenn die Postkarte nicht der Briefträger, sondern der Polizeipräsident bringt, und aufs Feld beim Ernteeinsatz. Als ich das las, dachte ich: Das kann ja noch heiter werden. Er hat in jungen Jahren eine wesentliche Schwäche des Sowjetsystems erkannt.

Im Herbst 1988 lud mich Ralph Morton, damaliger Mitarbeiter der Britischen DDR-Botschaft, zum Abendessen in West-Berlin ein. Er war mit einem Mitarbeiter der Sowjetbotschaft verabredet. Der Russe fragte mich, wann ich glaubte, dass es die deutsche Einheit gebe. Meine Antwort hieß: »Wann weiß ich nicht. Aber damit die Westdeutschen nicht vergessen, dass hier auch Deutsche leben, arbeite ich hier.« Ich merkte mir, auch in der Sowjetbotschaft dachten sie über die Einheit nach.

Als in Berlin die Mauer fiel, hörte ich auf der Bornholmer Brücke meinen Namen rufen. Im Gewühl dauerte es, bis Peter Thomas Krüger, DDR-Korrespondent der *Neuen Ruhr/Neuen Rhein Zeitung*, neben mir stand: »Du hast es gesagt!«, schrie er. »Was soll ich gesagt haben?« »Als wir nach Frankfurt (Oder) fuhren, sagtest du: ›Wenn das mit den Gerüchten so weitergeht, haben wir die deutsche Einheit, und wir Korrespondenten haben es nicht bemerkt.‹« Es war einer meiner flapsigen Sprüche, weil sich seit Mitte September Ereignisse, aber auch Gerüchte nur so jagten. An diesem Tag, es war der 5. Oktober 1989, lautete das Gerücht: Die DDR hat an der Grenze zu Polen einen drei Meter hohen Stacheldrahtzaun von Stettin bis Zittau errichtet. Wir fanden dafür keine Hinweise.

Meine Haltung zur Einheit lässt sich so beschreiben: Immer daran denken, nie davon reden. Das bringt die Gegner der Einheit nur auf. Ich war der Meinung, es werde ein langer Weg zur Einheit sein. Ich war nicht sicher, ob ich das noch erleben würde. Für mich stand an erster Stelle: Alles unterstützen, was den Menschen mehr Freiheit bringt. Ich habe das Wirken der Korrespondenten mit drei Worten umschrieben: Was haben wir gemacht? Das Feindbild geklaut! Wenn die Menschen frei sind, müssen sie selbst entscheiden, ob sie die Einheit wollen. Ich war sicher, wie die Abstimmung ausgehen würde. Bei der ersten und letzten freien Wahl der DDR-Volkskammer haben die Parteien, die für die Einheit eintraten, mehr als drei Viertel der Stimmen bekommen.

Am Tag nach dem Mauerfall rief ich einen Experten der deutsch-deutschen Politik in Bonn an. Georg Maier war von 1974 bis 1978 Pressesprecher der Ständigen Vertretung in Ost-Berlin und von 1982 bis 1985 in der Intendanz des Senders Freies Berlin für Gremien und Presse zuständig. Er sagte zu mir: »Deinen Job möchte ich haben.« »Warum?« »Er ist krisensicher. Jetzt schreibst du zehn Jahre, bis die Einheit kommt. Dann schreibst du zehn Jahre über die Probleme, die die Menschen in Ost und West mit der Einheit haben.« Wer ahnte schon, dass Phase eins nur zehn Monate dauerte, Phase zwei aber über zwanzig Jahre.

»Buschfunk« und andere Quellen

Zur Vorbereitung auf die DDR hatte ich kaum Zeit. Als Rheinland-Pfalz- und Saarland-Korrespondent mehrerer Tageszeitungen zwischen Nordsee und Alpen griff ich 1977 spannende Länderthemen auf, die gerade im Sommer leichter abgedruckt werden! Festangestellte Journalisten machen da meist Urlaub. Ich sollte vom 15. August an bei der *Frankfurter Rundschau* als DDR-Korrespondent arbeiten. Zuvor erfüllte ich mir noch einen Traum, eine

Norwegenreise: mit der Fähre nach Oslo, mit der Bahn nach Bergen, mit den Hurtigruten zu den Lofoten. Um mich wenigstens ein bisschen auf die DDR vorzubereiten, besorgte ich mir die im Westen erschienenen *Wunderbaren Jahre* des Schriftstellers Reiner Kunze, der im April aus der DDR ausgereist war. Ich las von Gängeleien und Einschüchterungen Jugendlicher, von Verweisungen von der Schule.

Aber es hatte auch indirekte Vorbereitungen gegeben: Vor und nach dem Mauerbau studierte ich an der Freien Universität Berlin, fuhr häufig in den Ostteil zu Freunden und Verwandten: Im Sommer 1960 lernte ich bei einer Jugendreise den gleichaltrigen Uwe aus Wittstock/Dosse kennen, damals Schüler wie ich, mit dem ich noch heute befreundet bin und der mir stets sehr geholfen hat. Als Student an der FU Berlin erzählte ich meinem Lehrer Harry Pross meine Erlebnisse. Er fand, ich müsse das unbedingt veröffentlichen, und vermittelte mir das *St. Galler Tagblatt*. Für diese Zeitung war ich von 1963 bis 1965 so etwas wie ein heimlicher DDR-Korrespondent. Ich schrieb natürlich unter Pseudonym (siehe »Grenzgänger. Harry Pross zum 80. Geburtstag«, in der *Frankfurter Rundschau* vom 2.9.2003).

Als studentisches Mitglied des Hansischen Geschichtsvereins fuhr ich 1964 und 1965 jeweils für ein paar Tage in die DDR – nach Leipzig und nach Magdeburg. In Leipzig flirtete ich mit des Wirtes Tochter, fragte, ob sie nicht Zeit habe. Nein, sie müsse die Pässe der Gäste zur Volkspolizei bringen. »Darf ich mitkommen?« Gegenfrage: »Haben Sie keinen Bewacher?« »Ich habe noch keinen bemerkt.« Sie nahm mich mit. Ich wartete in gehörigem Abstand. Nach zehn Minuten kam sie. Mit den Papieren war alles in Ordnung. Auf dem Rückweg ins – private – Hotel versicherte sie mir, seit dem Mauerbau habe in ihrem Hotel jeder Gast Bewacher. Ich verdankte es wohl dem Ansehen des Hansischen Geschichtsvereins in der DDR, dass es bei mir nicht so war. Er war 1961 nach dem Mauerbau nicht wie andere Vereine geteilt worden. 1966 war auch das vorbei.

»Ihre Arbeit in der DDR ist wesentlich einfacher, als Sie es im Westen gewöhnt sind. Sie brauchen dem Außenministerium nur ein Thema zu nennen, über das Sie schreiben wollen, und dann geht alles wie von selbst. Wir besorgen Ihnen die Gesprächspartner, wir besorgen Ihnen ein Hotelzimmer und was Sie sonst noch brauchen.« Mit diesen Worten begrüßte mich die Mitarbeiterin des DDR-Außenministeriums Marita Carl an einem der ersten Tage nach der Akkreditierung als Korrespondent in Ost-Berlin. Es hörte sich an, als seien in der DDR die Heinzelmännchen für Journalisten zuständig.

Allerdings hatte manche westdeutsche Redaktion ziemlich abenteuerliche Vorstellungen über die journalistische Arbeit in der DDR. Ein Kollege erzählte, seine Redaktion hätte gesagt: Die Arbeit sei fast so wie im Westen, nur seien die Gesprächspartner von der SED. Kaum ein Korrespondent hatte SED-Gesprächspartner. Mancher, der sich als SED-Mensch ausgab, so stellte es sich nach 1990 heraus, war in Wahrheit Stasimitarbeiter. Ein anderer Kollege erzählte, was ihm Bonner Kollegen für die Arbeit in der DDR rieten: »Freunde dich mit einem Mitarbeiter des Politbüros an! Nach den Sitzungen triffst du dich mit ihm.« Für uns vor Ort ein Beweis, dass solche Westkollegen die DDR nicht begriffen haben. Aus der Redaktion der *Frankfurter Rundschau* hörte ich solche Sätze nicht ansatzweise.

Mit den Heinzelmännchen lief es in der DDR dann doch nicht so gut. Immerhin klappte es bei den ersten Anfragen einigermaßen. Aber bald hieß es oft: »An dem Thema haben wir kein Interesse!« Das Problem war nur: Ich hatte Interesse. Ich musste mir andere Quellen suchen.

Schon in den ersten Tagen sagte mir Kollege Peter Nöldechen, Korrespondent der *Westfälischen Rundschau,* der mich unter seine Fittiche nahm: »Am Wochenende müssen wir zur Synode (Kirchenparlament) des DDR-Kirchenbundes nach Herrnhut.« Das liegt im Landkreis Görlitz, schlesische Oberlausitz. Ich hatte noch nie über Kirchenveranstaltungen berichtet, beim ersten Mal schnupperte ich nur hinein, musste aber feststellen, dass Kollegen, die länger dageblieben waren, große Artikel schrieben über DDR-Probleme, die sie in Herrnhut erfahren hatten. Die gewählten Vertreter der acht evangelischen Landeskirchen in der DDR wussten viel über das Leben in der DDR. Man brauchte auch keine Genehmigungen, um mit ihnen zu reden. So wurden kirchliche Mitarbeiter von den Bischöfen bis zu den Sekretärinnen bald meine zuverlässigen Informanten. Ich stellte schnell fest, was sie sagten, stimmte in aller Regel. Was in der DDR vorging, erfuhr man am besten über Kontakte zur Kirche. Es dauerte zwar manchmal lange, bis sich Dinge aus den hintersten Ecken herumsprachen. Aber die Evangelische Kirche hatte ihr eigenes Informationssystem.

Anders verhielt es sich bei der Katholischen Kirche. Sie mied die Korrespondenten so gut es ging, unterhielt allenfalls Kontakte zur *Frankfurter Allgemeinen Zeitung* und zuweilen zum Fernsehen. Sie hatte es einfach. Wollte die DDR etwas von ihr, verwies sie die Funktionäre nach Rom. Insider behaupteten sogar, leitende Katholiken ließen über westdeutsche Vertraute den Papst wissen, welche Lösung sie am liebsten hätten. Bald hatte ich katholische Freunde, die mich auf dem Laufenden hielten. Die Zurückhaltung der Katholischen Kirche galt nicht nur westlichen Medien. Selbst der Aktionskreis Halle, der sich in der DDR bemühte, das Zweite Vatikanische Konzil als missionarischen Auftrag zu betrachten, wurde von der Bischofskonferenz und dem zuständigen Magdeburger Bischof Johannes Braun als Störfaktor gesehen und als nicht kirchliche Organisation betrachtet und so auch gegenüber staatlichen DDR-Stellen genannt. Der Historiker Sebastian Holzbrecher (Erfurt) spricht von einer »unheiligen Allianz« zwischen der Kirche und dem Staat DDR mit seinem Sicherheitsapparat. Man kann es noch deutlicher sagen: Die, die ihren Schäfchen Schutz hätten geben müssen, warfen sie stattdessen den Wölfen zum Fraß vor (vgl. Sebastian Holzbrecher: Der Aktionskreis Halle, Würzburg 2015).

Die zweite Quelle waren Menschen aus dem Kulturbereich: Schriftsteller, Theaterleute, Filmschauspieler, Musiker. Auch sie ließen uns nie in Fallen laufen. Ob Jurek Becker, Günter de Bruyn, Christoph Hein, Stephan Hermlin, Stefan Heym, Erich Loest, Günter Kunert, Monika Maron, Armin Mueller-Stahl, Klaus Poche, Inge Ristock, Klaus Schlesinger, Barbara Thalheim, Bettina Wegner oder Rudi Wetzel – einst geschasster Chefredakteur der *Wochenpost*, später Korrespondent der schwedischen Zeitung *Grafis*, der wie die SED denken konnte, ihr aber nicht mehr angehörte.

Die dritte Quelle waren persönliche Freunde. Diese Freunde verließen sich meist auf den »Buschfunk«, eine Art Gerüchteküche. Nachrichten mit hohem Wahrscheinlichkeitsgehalt wurden von Mund zu Mund weitergegeben – wichtig in einem Staat, der fast alles als Geheimsache betrachtete. Nicht wenige »Buschfunk«-Meldungen stellten sich als richtig heraus. Meldete der »Buschfunk«, am nächsten Tag gebe es in Kaufhäusern der Jugendmode echte USA-Levis-Jeans, ging man eben hin und wusste Bescheid.

1979 lernte ich Rosemarie aus Sachsen kennen. Ein Jahr später heirateten wir. Sie war mir eine besonders treue Hilfe, merkte manchmal schneller als ich, warum etwas geschah, oder sagte, das kann nicht stimmen, daran ist etwas »faul«. Sie lag immer richtig.

Jahre später merkte ich, wie klug meine Entscheidung war, so gut wie keine Anträge zu stellen. Ein Freund fragte: »Gibt es bei euch einen Korrespondenten A.?« »Ja, warum?« »Er wollte unseren Betrieb besichtigen und darüber schreiben. Meine Chefin musste mit ihm sprechen. Tagelang haben sie mit ihr geübt, was sie sagen durfte und was nicht, natürlich kein Wort über Kosten. Sie ging mit schlotternden Knien hin, war froh, als er wieder weg war. Ein falsches Wort hätte ihre Stellung gekostet.« Ich fühlte mich in meinem Tun bestätigt: Solche Quälereien durften wir den Leuten nicht zumuten! Eines Tages sagte meine »Betreuerin« Marita Carl bei einem unserer regelmäßigen Gespräche: »Sie schreiben am meisten und haben am wenigsten Kontakt zu uns.« Ob ich am meisten geschrieben habe, weiß ich nicht. Ich antwortete nur: »Was soll ich dazu sagen?« Für mich dachte ich: »Das ist ja ein unverhofftes Lob der anderen Seite.«

Einmal begrüßte mich der Mitarbeiter des DDR-Außenministeriums Rolf Muth so: »Na, Herr Baum! Haben Sie wieder Phantasiereportagen geschrieben?« In einer Diktatur ist es für Journalisten noch wichtiger als in einer freien Gesellschaft, ihre Quellen zu schützen. In Deutschland haben Journalisten ein Zeugnisverweigerungsrecht wie Rechtsanwälte, Pfarrer, Ärzte oder Abgeordnete. Deshalb hieß es zu DDR-Zeiten in meinen Artikeln häufig: »Ein Gesprächspartner« – also einer von 16 Millionen. Rolf Muth erwiderte ich: »Gegen einen solchen Vorwurf kann ich mich nicht wehren. Aber Sie wissen genau, dass es keine Phantasiereportagen sind!« Zu meiner Überraschung trollte er sich von dannen. Gerade beim Quellenschutz war stets größte Vorsicht geboten.

Kein Indianerspiel – Jeder Fehler konnte Leben kosten

»Sie haben gewiss eine Ausbildung beim Geheimdienst!« So begrüßten mich nicht selten Menschen in der DDR. Sie nahmen an, dass das bei im Westen eingesetzten DDR-Journalisten üblich sei. Ich habe nicht eine Minute für einen Geheimdienst gearbeitet. Wie ich mit dem Stasiapparat umgehen sollte, hat mir auch keiner gesagt.

Den Blick des Ministeriums für Staatssicherheit (MfS) auf westliche Korrespondenten zeigt ein 1987 gedrehter Stasilehrfilm (»Korrespondenten imperialistischer Massenmedien. Vorgeschobene Posten des Feindes im Kampf gegen den Sozialismus«), unterlegt mit düsterer, furchteinflößender, unheildrohender Musik: »Korrespondenten, aber auch Diplomaten aus NATO-Staaten sind immer dann vor Ort präsent, wenn nach ihren Informationen etwas passieren soll oder wenn sich Ereignisse nach ihrer Auffassung für eine spektakuläre Berichterstattung über die DDR eignen.«

Ein guter Satz für die Personalakte. An die bürokratische DDR-Sprache konnte man sich gewöhnen. Doch die journalistische Art, mit Menschen zu reden, stellte die Stasi vor fast unlösbare Probleme. Weiter hieß es in oben genanntem Lehrfilm der Stasi: »Dabei hat die Quelle Mensch für die Geheimdienste [damit sind Dienste im Westen gemeint, Anm. des Autors] trotz einer zunehmenden perfektionierten Nutzung technischer Spionagemethoden und -mittel weiterhin einen hohen Stellenwert. Die legalen Basen des Feindes, Korrespondenten und Diplomaten in der DDR, sind fest in das Gesamtsystem der Informationsbeschaffung integriert und nutzen rigoros alle gebotenen Arbeitsmöglichkeiten zur Abschöpfung und Eigenerkundung. Insbesondere die gesamte Breite der Kontaktpartner der legalen Basen stellt für die Geheimdienste ein großes Reservoir menschlicher Quellen dar. Diese Angriffe werden komplex und in enger Wechselwirkung vorgetragen. Die Korrespondenten streben einen solchen Umfang von Kontakten an, der es dem MfS unmöglich machen soll, den Überblick zu wahren und eine wirksame Kontrolle auszuüben.«

Wir waren »legale Basen des Feindes«, gar Stützpunkte des »Klassenfeindes«. Der »Klassenfeind« war in ihrem Freund-Feind-Denken schlimmer als der Feind, denn nach einer DDR-Redewendung schlief er nie. Journalisten arbeiten nicht nach Bürozeiten, müssen oft mit wenig Schlaf auskommen. Allein deshalb hatte der Apparat mit uns Probleme.

Bevor mich die *Frankfurter Rundschau* als Korrespondenten in die DDR schickte, sprachen Chefredakteur Werner Holzer und sein Vertreter Hans Herbert Gaebel mit mir. »Passen Sie auf, dass Sie nicht rausfliegen! Wir wollen die tägliche Berichterstattung, nicht die einmalige Sensation, die zur Ausweisung führt und unsere DDR-Berichterstattung auf Monate lahmlegt.« Beide versicherten, sollte wirklich etwas passieren: »Wir holen Sie raus!« Schon mein Auftrag war das Gegenteil der Stasierwartungen. Über das Leben und den Alltag der Menschen sollte ich berichten. Mit dem Wissen, dass ich weniger in Gefahr war als jene, mit denen ich sprach, schrieb ich über alles, was ich für wichtig und richtig hielt.

Die DDR sah unsere Arbeit als »Einmischung in innere Angelegenheiten«. Ja, wir haben uns eingemischt, wenn auch zu wenig. Ich war Journalist, weil ich mich ins öffentliche Leben einmischen wollte. Wer das verhindern will, darf Journalisten nicht zulassen, darf sie gar nicht erst ins Land lassen. Denn in Diktaturen geben Journalisten den unterdrückten Menschen eine Stimme.

Mein Motto für den Umgang mit der Stasi lautete: Sie erschwert meine Arbeit! Warum soll ich ihre erleichtern? Ich versuche stets, ihre Überwachung, so gut es geht, zu unterlaufen, bin aber gewiss, dass mir das nicht immer gelingt.

In meine Wohnung auf der Fischerinsel in Berlin-Mitte kamen viele Leute. Ich sagte jedem: »Hier könnt ihr alles sagen, nur unterlasst Bemerkungen, die Identifizierungen ermöglichen.« Vieles schrieben wir auf Zettel, die wir danach verbrannten. Der Kokelgeruch steckt mir noch heute in der Nase.

Die Wände in meiner Wohnung hielt ich für »russischen Beton«, für verwanzt. Einen Beweis dafür gibt es nicht. Doch scheiterte das Abhören aus folgendem Grund: Die Wanze meldete das Aufschließen der Tür und ihr Ins-Schloss-Fallen. Zehn Sekunden später hauchte sie ihr Leben aus. Denn beim Reinkommen hatte ich einen Stapel Zeitungen in die nächstbeste Ecke geworfen. Getroffen, ohne zu wissen, dass eine Wanze in der Wohnung war: mein »goldener Schuss«. Sie bauten keine neue ein, fürchteten bei meiner Unordnung das gleiche Schicksal für die nächste. Der Westimport hätte Devisen gekostet. Die sozialistische Planwirtschaft hätte eine neue finanziell womöglich nicht verkraftet.

Ihre Erkenntnis lautete, wie ich in meiner Akte nachlesen konnte: »Die ständige Unordnung in seinem Büro ist eine bewusste Abwehrmaßnahme gegen konspirative Wohnungsdurchsuchungen.« Die so geadelte »Unordnung« musste dafür herhalten, dass sie kein Telefon- und Adressenverzeichnis, keinen Terminkalender finden konnten. Solche Dinge hatte ich im Kopf.

Meine erste Arbeitsanweisung in der DDR lautete: »Als Bezieher von Zeitungen, die nicht in der Postzeitungsliste der DDR stehen, dürfen Sie sie auch nicht über den Müll der Bevölkerung zugänglich machen!« Das galt für West-Zeitungen, sie stehen nicht auf der Liste. Jeden Morgen brachte sie ein Kurier für Diplomaten und Journalisten. Ich stapelte die Zeitungen, bis die »Territorialverwaltung« sie abholte. Zeitungen des Tages legte ich obenauf. Sie verschwanden unauffällig in den Aktentaschen der Abholer.

Oft fuhr ich nach »heute« (ZDF), »Aktueller Kamera« (DDR) und »Tagesschau« (ARD) gegen 20.20 Uhr zu Freunden, zur »Quelle Mensch«, unangemeldet: »Solange Licht ist, kannst du kommen.« Eine Zeitlang überwachte mich die Stasi jeden Tag. In einem Bericht in meiner Akte heißt es: »20.30 Uhr: Das Objekt befindet sich in der Wohnung. Auftragsgemäß beenden wir die Überwachung.« Nächster Eintrag: »6.00 Uhr: Auftragsgemäß übernehmen wir die Überwachung. Das Auto des Objekts steht jetzt an einer anderen Stelle.«

Trotz täglicher Kontrolle bemerkte die Stasi den anderen Arbeitsrhythmus nicht, der den Verhältnissen der DDR geschuldet war. Die meisten Leute hatten kein Telefon. Jene, die eins hatten, wurden nicht selten abgehört. Also traf man sich am besten. Die Stasi und ich mussten uns stets knapp verfehlt haben. Morgens um sechs war ich im Tiefschlaf. Abends hatten sie Feierabend. Tagsüber achtete ich nicht auf Überwachung, fuhr zu Kollegen, ins Pressezentrum oder zur Ständigen Vertretung.

DDR-Korrespondenten hatten blaue Kennzeichen, Diplomaten rote – tagsüber gut erkennbar. Bei Fahrten zu Freunden nahm ich stille Nebenstraßen. Da erkannte man die Verfolger besser. Das Auto stellte ich am Ziel gut 300 Meter entfernt ab. Bei Freunden mit Garage parkte ich 500 Meter vorher, ging hinein, meldete mich und fuhr dann in die offene Garage. Schon war der Wagen verschwunden.

Wie bemerkte man Verfolger? Im Rückspiegel tauchten nur schnellere Autos auf. Gewöhnliche Autofahrer schlossen auf und überholten. Verfolger hielten Abstand, auch an Ampeln und im Stau. War ein Auto direkt hinter mir, versuchte ich es abzuhängen. Gelang das nicht, fuhr ich nach Hause oder ins Hotel, schaltete Licht und Fernseher ein und ging zum Nebenausgang. Die Fischerinsel 6 hatte drei Nebenausgänge, Hotels meist einen. Mit S-, U-, Straßenbahn oder Bus fuhr ich, wohin ich ohnehin wollte.

Meine liebste Stelle in Berlin ist die Abzweigung an der Stralauer Allee zur Modersohnstraße. Keine Ampel, aber Zeit genug für Linksabbieger. Ich richtete das Tempo so ein, dass ich kurz vor dem Gegenverkehr abbiegen konnte. Keiner war in der Lage zu folgen.

Die Arbeit der Staatssicherheit bewerte ich nach Kenntnis der Akten mit »Drei minus« bis »Vier plus«. In 22 Ordnern mit gut 300 Seiten allein zu Berlin ist vieles stümperhaft. Beeindruckt haben mich nur der ausgestellte Haftbefehl, ohne Delikt, ohne Datum, ohne Unterschrift und ein Blatt auf Russisch: für den KGB mit meinen Personaldaten.

Angeblich hatte ich 118 Kontaktpersonen. Tatsächlich waren es zwischen 400 und 450. 25 der 118 kenne ich nicht, nur jede fünfte Person war der Stasi bekannt. In der zweiten Liste stehen die neun wichtigsten Bekannten. Davon kenne ich sechs. Sie zähle ich nicht zu den wichtigen Bekannten. Keiner der drei anderen kennt mich.

Als sie mich ständig überwachten, merkten sie nicht, dass ich jeden Abend unterwegs war. Keine Meisterleistung! Ein Freund frühstückte fast jeden Morgen mit mir. Er arbeitete ein paar hundert Meter entfernt. Das fiel in 13 Jahren nicht auf. Nicht einmal die Beziehung zur Freundin bekamen sie mit. Dabei trafen wir uns einmal die Woche. Sie kam am Wochenende nach Berlin oder ich fuhr mit dem Zug nach Halle. Sie tauchte erst in der Akte auf, als wir verheiratet waren. Dafür braucht man keinen Geheimdienst.

Aus den Akten erfuhr ich: Sie erpressten eine Bekannte. Ihr Freund war verhaftet. Sie könne ihm helfen, wenn sie mit mir intime Beziehungen aufnehme. Die Frau verpflichtete sich, traf mich aber nicht. Sie jubelten zu früh. Als sie merkten, dass sie nicht zu mir gefahren war, ließen sie sie wie eine heiße Kartoffel fallen. Auch einen Freund wollten sie anwerben, aber er weigerte sich. Frage: »Haben Sie was gegen die DDR?« »Nein!« »Haben Sie was gegen das Gesundheitswesen?« »Nein!« »Da können Sie für uns arbeiten, wir sind eine andere Art des Gesundheitswesens.«

Zu mir kamen Menschen und fragten, was sie machen sollten – die Stasi wolle sie anwerben. Ich schickte sie alle zum selben Pfarrer. Sie sagten nur: »Ich komme von Karl-Heinz«, und er wusste Bescheid. Der Stasi berichteten sie: »Ich habe mich gegenüber einem Pfarrer offenbart.« Damit war die Konspiration gebrochen. Das Beichtgeheimnis duldete die DDR.

Gewiss – manches liest sich wie ein lustiges Indianerspiel. Es war leider keins. Jeder Fehler konnte Menschen der Staatssicherheit ausliefern, jeder Fehler konnte Leben kosten. Wenn die Stasi etwa mitbekam, dass sich jemand uns Korrespondenten oder den Mitarbeitern der Vertretung offenbarte, wurde der Betroffene wegen Spionage zu mehreren Jahren Haft verurteilt.

In meinen Akten lese ich: der Selbstmord des Ehemanns einer Verwandten 1981 hing mit mir zusammen. Er war IM, aber »Schläfer«, lieferte nicht, was sie erwarteten. Als ich in die DDR kam, weckten sie ihn. Er verriet zwar Freund Uwe, doch alle Stasimühen schlugen fehl, das zu belegen. Nach zwei vergeblichen Anwerbeversuchen wollten sie Uwes enge Mitarbeiterin anwerben. Sie tat, als wäre sie bereit. Als sie unterschreiben sollte, sagte sie: »Eine Bitte habe ich. Mein Mann hat mich verlassen. Den bringen sie mir doch dafür zurück!« Wütend verließen sie das Haus und notierten: »Diese Frau erpresst uns!«

Nun machten sie Druck auf den IM. Er sollte beweisen, dass ich Uwe kannte. Eine Woche später nahm er sich das Leben. Laut Akte lag der Selbstmord an familiären Problemen. Die Frage, woher ich Uwe kannte, lösten sie »elegant«. Der IM und ich hätten gemeinsame Sache gemacht und wahllos aus dem Telefonbuch einen Namen ausgesucht, um sie auf die falsche Fährte zu locken. Erst sechs Jahre später merkten sie: Der Kontakt bestand.

DDR-Propagandaplakat vor einer Poliklinik, wichtigste ambulante Einrichtung des staatlichen Gesundheitswesens, in Zwickau, Februar 1982.

Ernst Friedbert lernte ich 1978 beim Fußballspiel Dynamo Dresden gegen Hertha BSC kennen. Ich werde den Stadionsprecher nach dem ersten Tor nie vergessen: »1:0 für Hertha BSC Berlin-West.« Beim Ausgleich hieß es: »1:1. Tor für Dynamo Dresden« »... Ost!«, brüllten die Zuschauer. Ernst Friedbert besuchte mich häufig, einmal mit seiner Freundin. Eines Tages verabschiedete er sich: »Ich muss zur Fahne, komme wieder, sobald die Armee mich entlässt.« Die Zeit war um, doch er kam nicht. Als ich drei Jahre später auf einer Tagung bei Bonn reden sollte, wartete er schon auf dem Parkplatz. Was war geschehen? Der NVA-Soldat warf in der Stadt seines Standorts einen Brief an einen Freund in Weißenfels (Saale) ein. Darin skizzierte er einen Fluchtplan. Die Stasi las den Brief, verhaftete ihn – Verurteilung wegen Vorbereitung zur Republikflucht. »Ein halbes Jahr extra wegen des Kontakts zu dir. 2½ insgesamt.« »Konntest du mich nicht informieren?« »Habe ich versucht. Bei Elkes Besuch sagte ich ihr: ›Du weißt, zu wem du gehen musst!‹« Über den Prozess durfte er kein Wort sagen. Sie nahm an, er sitze wegen des Kontakts zu mir, und sagte: »Das kannst du nicht von mir verlangen!« So konnte ich ihm nicht helfen.

Eckart suchte mich als erster DDR-Mensch von sich aus auf. Wir freundeten uns schnell an. Er hatte Theologie studiert, war Altenpfleger bei der »Volkssolidarität«, dem 1945 gegründeten Sozialverband. Fast jeden Tag kam er bei mir vorbei, ein halbes Jahr lang, nahm gelegentlich Gedrucktes aus dem Westen mit in seine Wohnung. Anfang Mai 1978 machte ich Urlaub. Danach kam er nicht mehr. Nach Tagen fand ich heraus, dass er verhaftet worden war. Ich informierte den Leiter der Ständigen Vertretung Günter Gaus und bot an: »Falls er wegen mir in Haft ist, gehe ich.« Das sei nicht nötig, aber ich sollte die Chefredaktion informieren. Er werde sich darum kümmern. Mitte August sagte Gaus, Eckart habe zwei Jahre wegen staatsfeindlicher Hetze bekommen. Den Freikauf würde er bis Februar schaffen. »Herr Gaus, das ist ein Pfarrerssohn, da wäre vor Weihnachten wichtig.« »Das Argument habe ich noch nie gebraucht! Aber es ist richtig gut!« Eckart wurde am 7. Dezember entlassen. Verurteilt hatte man ihn am 29. Oktober. Seitdem wusste ich, wie die DDR-Justiz »funktionierte« und wie ich Gefangene und Ausreisewillige schneller in den Westen bekam: mit Hilfe der Ständigen Vertretung.

Antje kam ziemlich aufgelöst zu mir. Sie hatte einen Ausreiseantrag laufen. Die Stasi sei da gewesen. Sie könne sofort in den Westen, wenn sie für sie arbeite. »Soll ich das machen?« »Bloß nicht! Es geht ohne die Stasi!« Es ging, dauerte aber etwas länger.

Arbeitsanregungen

1. Kennzeichnen Sie das Selbstverständnis eines freien Journalisten in der DDR im Hinblick auf Aufgabe, Auftrag, Arbeitsbedingungen und Zielsetzung.
2. Erklären Sie die Bedeutung des Angebots vom Außenministerium der DDR für Aufgabe und Arbeitsweise eines Westkorrespondenten.
3. Listen Sie Beispiele für das Motto zum Umgang mit der Stasi auf: »Sie erschwert meine Arbeit. Warum soll ich ihre erleichtern?« Geben Sie dabei kurz das Vorgehen beider Seiten sowie das Ergebnis an, und beurteilen Sie, inwieweit der Journalist sein Motto umgesetzt hat.
4. Stellen Sie Vorgehensweisen der Stasi bei Anwerbungsversuchen eines IM (inoffiziellen Mitarbeiters) und die Reaktionen der Betroffenen zusammen. Erläutern Sie die Bedeutung des Quellenschutzes für die Informanten eines Westkorrespondenten.

5. Beschreiben Sie, welches Bild sich die Stasi von Arbeitsweise und Zielsetzung eines westlichen Korrespondenten macht. Überprüfen Sie, was DDR-Bürger von dieser Sichtweise halten und warum.
6. Fassen Sie Selbstverständnis, Auftrag und Aufgabe der Stasi zusammen. Berücksichtigen Sie dabei auch das Foto auf S. 22.
Beurteilen Sie das Verhältnis der DDR zur »Schlussakte der KSZE« (Menschenrechte), von der DDR 1975 in Helsinki unterschrieben.

Hinweise
Informieren Sie sich im Internet über die KSZE in Helsinki und Nachfolgekonferenzen für 6. und für Abschnitt 2.
Die Arbeitsergebnisse zu 1. bis 6. sind anhand von Informationen in Texten der folgenden Kapitel zu ergänzen.
Berücksichtigen Sie das bei Anlage/Layout Ihrer Arbeitsergebnisse zu 1. bis 6.

Anmerkung zum Begriff »reisefähig«
Seit dem Mauerbau durften DDR-Bürger erst im Rentenalter, das heißt Frauen mit 60 und Männer mit 65, in den Westen fahren. Mit dem Ausscheiden aus dem Berufsleben waren sie »reisefähig«. Die West-Reise-Richtlinien der DDR nach dem Mauerbau waren sehr vielfältig und wurden nach zahlreichen Verhandlungen bis Ende der 80er Jahre mehrfach geändert und zum Teil verbessert. Das frühere Rentenalter für Frauen ist als sozialpolitische Maßnahme (»Errungenschaft«) zu verstehen. Rentner durften auch offiziell mit Antrag in den Westen übersiedeln (menschliche Geste einerseits – ein Kostenfaktor weniger andererseits). In der zweiten Hälfte der 70er Jahre handelte die Bundesrepublik Schritt für Schritt Reiseerleichterungen für Nichtrentner aus – Reisen in dringenden Familienangelegenheiten. Vor allem nach der Biermann-Ausbürgerung (Herbst 1976) erhielten zahlreiche prominente Künstler wie Schauspieler, Regisseure oder Maler Reisepässe und Dauervisa für den Westaufenthalt. Nicht wenige blieben für immer im Westen (zum Beispiel Jurek Becker und Manfred Krug).

Journalistisches Arbeiten

Der von Willy Brandt und Egon Bahr seit den 60er Jahren im Rahmen einer neuen Ostpolitik angestoßene »Wandel durch Annäherung« mündete nach Jahren zäher Verhandlungen in die sogenannten Ostverträge der Regierung Brandt/Scheel (Willy Brandt und Walter Scheel). Dazu gehörten neben dem Moskauer Vertrag (1970) und dem Warschauer Vertrag (1970) auch der Vertrag über die Grundlagen der Beziehungen zwischen der Bundesrepublik Deutschland und der Deutschen Demokratischen Republik vom 21. Dezember 1972. Bestandteil dieses Vertrages ist der »Briefwechsel vom 8. November 1972 über die Arbeitsmöglichkeiten von Journalisten«, in dem die freie und ungehinderte Arbeit in dem jeweils anderen Staat »im Rahmen der Rechtsordnung« vereinbart wurde. Die DDR erließ bald darauf die »Verordnung über die Tätigkeit von Publikationsorganen anderer Staaten und deren Korrespondenten in der Deutschen Demokratischen Republik vom 21. Februar 1973«. Trotz der darin enthaltenen Restriktionen für eine freie journalistische Tätigkeit nahmen im Verlauf der folgenden Monate allein aus der Bundesrepublik über 20 ständig akkreditierte Hörfunk-, Fernseh- und Zeitungskorrespondenten ihre Arbeit in Ost-Berlin auf. Mehr ließ die DDR nicht zu.

Im August 1977 kam Karl-Heinz Baum als Nachfolger von Christel Sudau für die *Frankfurter Rundschau* nach Ost-Berlin. Seine Gedanken, Erlebnisse und Erfahrungen wie auch die Intention seiner Chefredaktion stellt er im ersten Kapitel bereits ausführlich dar. Er erwähnt ebenso Marita Carl und Rolf Muth, sie Mitarbeiterin und er Sektorenleiter in der 1973 neu gegründeten Abteilung Journalistische Beziehungen im Ministerium für Auswärtige Angelegenheiten. De jure war die Abteilung zwar im Außenministerium angebunden, de facto unterstand sie aber dem SED-Zentralkomitee (ZK). Die per Telex eingereichten Anträge der Korrespondenten für Interviews, Reportagen und Gespräche sowie für alle Reisen in Städte außerhalb von Ost-Berlin wurden sofort, noch bevor sie über die interne Postverteilung auf dem Tisch des zuständigen Mitarbeiters landeten, direkt ans ZK und zusätzlich an die Stasi weitergeleitet, so Rolf Muth in einem späteren Interview.[1]

---

[1] Eberhard Grashoff, Rolf Muth (Hg.): Drinnen vor der Tür, Berlin 2000, S. 82.

Sein früherer Chef im Außenministerium, Abteilungsleiter Gerhard Meyer, berichtete sogar von zeitweilig täglichen Besprechungen um »neun Uhr bei Axen«, bei Hermann Axen, dem für internationale Beziehungen verantwortlichen Politbüromitglied.[2] In streng vertraulicher Runde berieten mehrere stellvertretende Minister im Beisein von Bruno Beater, einem Stellvertreter von Stasi-Chef Erich Mielke, über jeden einzelnen Journalistenantrag und die zuvor erschienenen Artikel und Berichte. Von besonderem Interesse waren stets die Reportagen der Teams von ARD und ZDF. »Bei vielen in der DDR-Führung«, so Meyer, »herrschte eine geradezu lähmende Angst vor allem ›Öffentlichen‹« sowie ein »hypertrophiertes Sicherheitsbedürfnis«.[3] Aus dieser politbürokratischen Vorgehensweise resultierten die oft langen Bearbeitungszeiten der Anträge und die immer häufiger erfolgten Absagen, wie: »An dem Thema haben wir kein Interesse!«

Den westdeutschen Korrespondenten gelangen trotz Reglementierungen der DDR-Behörden und der Sicherheitsorgane und auch ohne Anträge im Außenministerium interessante und zugleich politisch brisante Reportagen. Besonders die Berichte im westlichen Radio und Fernsehen waren den Parteikontrolleuren ein Dorn im Auge, zumal sie aus geheim gehaltenen internen Erhebungen wussten: Mehr als 90 Prozent der Menschen informierten sich über die Westmedien.

Im Frühjahr 1979 kam es zu der sich schon seit Monaten abzeichnenden Verschärfung der Arbeitsbedingungen für die westlichen Korrespondenten. Am 4. April 1979, wenige Tage vor Ostern, kündigte die Pressestelle des Ministeriums für Außenhandel der DDR strengere Devisenkontrollen an. Alle DDR-Zeitungen druckten, dass vom 16. April an DDR-Bürger nicht mehr mit Westgeld, also D-Mark, in den Intershops einkaufen können. Zugelassen waren nur noch Schecks der Forum Außenhandels-Gesellschaft mbH, sogenannte Forum-Schecks, die Banken und Sparkassen gegen D-Mark ausgaben.

Vor den Intershops bildeten sich lange Schlangen laut diskutierender Bürger. Sie äußerten Unverständnis und Unmut über die Devisenpolitik der DDR. Mindestens eine Frau wurde verhaftet und verurteilt. Wie alle westlichen Korrespondenten berichtete auch Karl-Heinz Baum darüber: »Die Schlangen wurden länger und länger« (*FR*, 6.4.1979), »Ansturm auf die

---

2 Ebenda, S. 49.
3 Ebenda, S. 42.

DDR-Intershops« (FR, 6.4.1979), »DDR reagiert mit scharfen Angriffen« (FR, 9.4.1979) und »Äußerlich wie Monopoly-Geld« (FR, 9.4.1979).

Die DDR-Oberen nahmen offenkundig die westliche Berichterstattung über die Neuregelungen zum Intershop-Einkauf zum Anlass für die Verschärfung der Journalistenverordnung. Am 14./15. April 1979 veröffentlichte das *Neue Deutschland* die »Durchführungsbestimmung zur Verordnung vom 21. Februar 1973 über die Tätigkeit von Publikationsorganen anderer Staaten und deren Korrespondenten in der Deutschen Demokratischen Republik vom 11. April 1979«. Diese war mit dem Abdruck in Kraft getreten und schränkte die Arbeit der Korrespondenten wesentlich ein, § 3 Absatz 1 lautet: »Akkreditierte ständige Korrespondenten haben die Möglichkeit, die DDR bis auf die Gebiete, für die besondere Genehmigungen erforderlich sind, zu bereisen. Sie sind verpflichtet, die Abteilung Journalistische Beziehungen des Ministeriums für Auswärtige Angelegenheiten über Reisen außerhalb der Hauptstadt der DDR nicht später als **24 Stunden** vor Antritt der Reise unter genauer Angabe des **Reiseziels** und des **Reisegrunds** zu informieren.« Sowie in Absatz 4: »Journalistische Vorhaben in staatlichen und wirtschaftsleitenden Organen, Einrichtungen, volkseigenen Kombinaten und Betrieben, Genossenschaften und gesellschaftlichen Einrichtungen und Institutionen sowie **Interviews und Befragungen jeder Art sind genehmigungspflichtig.**« [Hervorhebungen des Verfassers] Die Bundesregierung lud »ihre« Korrespondenten zur Beratung nach Bonn ein. Die lehnten Vorschläge der Regierung ab, die Arbeitseinschränkungen mit der Ausweisung einiger Korrespondenten der DDR zu beantworten, und empfahlen vielmehr, die Regierung solle dafür sorgen, dass mehr Korrespondenten in die DDR kämen.

Karl-Heinz Baum wehrte sich mit einer Satire (siehe »Ein Brief aus Ost-Berlin«). Weitere Reportagen belegen, dass es dem Korrespondenten trotz Restriktionen gelang, an die richtigen Informationen zu kommen (siehe »Das Ärgernis Kamera und Kugelschreiber«, »Durch den Tränenbunker in den freien Westen«, »Kabarett in Ost-Berlin«). Wie es ihm gelang, hat er in seinen Hintergrundbeiträgen eindrücklich beschrieben.

Jürgen Klammer

»Vom ›Krieg der Worte‹ war jetzt die Rede – Die Arbeitsmöglichkeiten der westlichen Journalisten in der DDR sind immer weiter eingeschränkt worden«

Frankfurter Rundschau, 17.4.1979

»Journalist, stumm, taub, seh- und gehbehindert, für interessante Tätigkeit in einem Ostblockstaat gesucht.« So stellte sich am Ostersonntag ein DDR-Gesprächspartner künftige Stellenanzeigen in westlichen Zeitungen vor, wenn eine Agentur in England, Frankreich oder eine westdeutsche Zeitung einen Korrespondentenposten in der DDR neu zu besetzen hat. Seiner Meinung nach ist das Dilemma der DDR-Führung mit den westlichen Journalisten leicht erklärbar: Sie hörten mehr als das Parteichinesisch, das die SED am liebsten in allen Berichten über ihren Staat wiederfinden würde; sie stellen Fragen, die ein Parteigänger nie stellen würde. Also nur noch taubstumme Journalisten aus dem Westen gehen in die DDR, die nur noch das berichten, was der SED genehm ist. Freilich könnten auch taubstumme, seh- und gehbehinderte Journalisten noch immer mehr sehen, als der DDR-Führung lieb ist.

Journalisten aus der Bundesrepublik und aus West-Berlin arbeiten seit nunmehr fünf Jahren in der DDR; im Westen gelegentlich beargwöhnt, in der DDR von der Staats- und Parteiführung gemeinhin als Prototypen des Klassenfeindes angesehen.

Im Zusammenhang mit dem Grundlagenvertrag vereinbarten die damaligen Unterhändler Egon Bahr (Bonn) und Michael Kohl (DDR) einen »Briefwechsel über die Arbeitsmöglichkeiten von Journalisten«. Darin sicherte Kohl zu: »Die Deutsche Demokratische Republik gewährt im Rahmen ihrer geltenden Rechtsordnung Journalisten aus der Bundesrepublik Deutschland und deren Hilfspersonen das Recht zur Ausübung der beruflichen Tätigkeit und der freien Information und Berichterstattung.« An anderer Stelle heißt es: »Für ständige Korrespondenten wird zugesichert: Arbeits- und Bewegungsmöglichkeiten in der Deutschen Demokratischen Republik ...« Die gleichen Rechte sichert die Bundesrepublik DDR-Journalisten zu.

Der Briefwechsel ist ein völkerrechtlich gültiger Vertrag. Die DDR hat inzwischen erklärt, die neue Verordnung stehe mit diesem Vertrag in Einklang. Aber sie wird es selbst bei der eigenen Bevölkerung schwer haben, zu erklären, was die Genehmigung jedes Interviews und jeder Befragung noch mit dem Recht auf freie Information und Berichterstattung zu tun hat. Auch mit den Bewegungsmöglichkeiten ist das so eine Sache. Natürlich ist es noch möglich, sich zu »bewegen«, wenn spätestens 24 Stunden zuvor eine Reise anzumelden ist. Ob das freilich mit der Vereinbarung gemeint war, als sie unterschrieben wurde, ist kaum anzunehmen.

Die Regelung zwischen den beiden Staaten betrifft indes nicht nur die 23 westdeutschen und die West-Berliner Korrespondenten in der DDR. Die neue Durchführungsverordnung gilt freilich für alle Journalisten aus anderen Staaten, die in der DDR arbeiten, und selbst für DDR-Journalisten, die für Presseerzeugnisse im Ausland arbeiten.

Die DDR gehört wie fast alle anderen europäischen Staaten zu den Unterzeichnern der Schlussakte von Helsinki. Darin sehen es die Unterzeichnerstaaten als notwendig an, zu »einer umfassenden Kenntnis und einem besseren Verstehen der verschiedenen Aspekte des Lebens in anderen Teilnehmerstaaten« zu kommen. Und sie setzen sich zum Ziel, »die freiere und umfassendere Verbreitung von Informationen aller Art zu erleichtern, die Zusammenarbeit im Bereich der Informationen und den Informationsaustausch mit anderen Ländern zu fördern sowie die Bedingungen zu verbessern, unter denen Journalisten aus einem Teilnehmerstaat ihren Beruf in einem anderen Teilnehmerstaat ausüben.«

Es versteht sich fast von selbst, dass das SED-Zentralorgan *Neues Deutschland* in seiner Montagsausgabe sich auch auf die Schlussakte von Helsinki beruft. Freilich werden nicht diese Passagen zitiert, wohl auch deshalb nicht, weil sich DDR-Bürger sehr schnell ein eigenes Bild davon machen könnten, dass die neue Durchführungsverordnung gewiss keine Verbesserung der journalistischen Arbeitsbedingungen bringt.

Seit der Vereinbarung von 1975 in Helsinki wurden die Arbeitsbedingungen in allen europäischen Ländern für die Journalisten vereinfacht. Zunächst auch in der DDR. Jetzt freilich, so behauptete ein in der DDR akkreditierter Journalist aus einem europäischen Land, seien die Bedingungen in der DDR im Vergleich zu anderen Ostblockstaaten schlechter. Nur in Albanien sei es noch schwieriger.

Tatsächlich ist das Verbot für Journalisten, Bürger eines Staates zu interviewen, höchstens im Kriegsfall üblich. Die DDR-Presse hatte sich in den vergangenen Monaten schon mehrfach auf die westlichen Korrespondenten eingeschossen: unter anderem war vom »Krieg der Worte« *(Leipziger Volks-*

zeitung) die Rede. Nach der Nachfolgekonferenz zu Helsinki in Belgrad hatten sich die Angriffe verschärft. Vorwürfe gegen westliche Journalisten lauteten: völkerrechtswidrige Einmischung in innere Angelegenheiten (ein Vorwurf, der jetzt auch zur Begründung der Durchführungsverordnung herangezogen wurde); vertragswidrige Störung der Entspannung; Verstoß gegen die Beschlüsse von Helsinki; ideologische Diversion und Desinformation oder gar psychologische Kriegsführung. Im *Neuen Deutschland* taucht jetzt auch eine Beschuldigung auf, die schon in den letzten Monaten in der DDR zu finden war, die »Herabwürdigung der DDR durch Lügen und Verleumdung«.

Über die bis zum Ostersamstag gültige Journalistenverordnung mit den dazugehörigen Durchführungsbestimmungen waren die in der DDR akkreditierten Journalisten aus anderen Staaten gewiss nicht glücklich: So musste man Dienstreisen grundsätzlich beim Außenministerium anmelden, und Vorhaben in staatlichen Organen und Einrichtungen, volkseigenen Kombinaten und Betrieben sowie Genossenschaften waren genehmigungspflichtig, »ebenso wie Interviews mit führenden Persönlichkeiten«. Dennoch ließ diese Verordnung noch Raum für journalistische Arbeit.

In den letzten Monaten hatte sich das Arbeitsklima in der DDR aus der Sicht westlicher Journalisten entspannt. Zwar hatte die DDR im August letzten Jahres ein Drehverbot für den Fernsehkorrespondenten der ARD, Lutz Lehmann, ausgesprochen, der sechs Schriftsteller zu einer in der Bundesrepublik erschienenen Anthologie befragen wollte. Bis zur Einführung des Gutscheinsystems für die Intershops hat es aber kein einziges Thema gegeben, das westliche Journalisten aufgegriffen hatten und das dann zu Spannungen mit dem DDR-Außenministerium führte.

Freilich, die freimütigen Äußerungen der DDR-Bürger vor westlichen Kameras zur Einführung von Gutscheinen bei Intershops haben die SED-Führung offenbar nervös gemacht. Wie heißt es doch in dem in der DDR erschienenen *Philosophischen Wörterbuch* (11. Auflage, S. 575) unter dem Stichwort »Inneres und Äußeres«? »Da alle – auch höchstorganisierte – Systeme einen Maßbereich besitzen, um Umwelteinflüsse zu verarbeiten, können dieses Maß überschreitende äußere Einwirkungen die Qualität des Dinges verändern«. Die westliche Berichterstattung über das Gutscheinsystem für die Intershops war offenbar dazu angetan, die Qualität des Dinges DDR zu verändern, nicht gerade ein Beweis für die Stärke dieses Staates in seinem 30. Jahr des Bestehens. Wie heißt es doch unter dem Stichwort im *Philoso-*

phischen Wörterbuch weiter, zwar umständlich, aber haargenau auf die DDR von heute zutreffend: »So kann das innere Wesen, die innere Struktur eines Systems durch Beobachtung seiner in der äußeren Erscheinung sich darbietenden Verhaltensweise erkannt werden ...«

»Ein Brief aus Ost-Berlin«

Frankfurter Rundschau, 18.4.1979

Liebe Freunde!
Seit das DDR-Außenministerium eine neue Durchführungsverordnung über die »Tätigkeit von Publikationsorganen anderer Staaten und deren Korrespondenten« erlassen hat, überlege ich, wie ich als in der DDR akkreditierter Korrespondent mich um die »Gesundung der internationalen Atmosphäre« – eine der Begründungen des SED-Zentralorgans *Neues Deutschland* für die Verordnung – verdient machen kann. Ich will meine Gedanken zwar auch dem DDR-Außenministerium (MfAA) zuschicken, damit sie dann als Empfehlungen der neuen Verordnung beigelegt werden können. Zunächst aber stelle ich sie Euch zur Diskussion.

Tagesablauf
1. Das MfAA richtet einen zentralen Weckdienst ein. Jeden Morgen erklingt um 7 Uhr über Stimme der DDR die »Internationale« zum Mitsingen. Wer den Text immer noch nicht auswendig kann, kann ihn gegen eine Schutzgebühr von fünf Mark, zahlbar in konvertierbarer Währung, im Internationalen Pressezentrum erwerben.
2. Zum Mitschneiden sendet Stimme der DDR um 7.30 Uhr eine vergleichende Übersicht der Meldungen aus dem *Neuen Deutschland* und aus den Zeitungen der Blockparteien. Die Sendung ersetzt ab sofort die morgendliche Sendung des Kölner Deutschlandfunks »Aus Ost-Berliner Zeitungen«.
3. Um 8 Uhr erinnert ein Glockenzeichen daran, dass jetzt der Fernschreiber der DDR-Nachrichtenagentur ADN durchzusehen ist. Dank der großartigen Leistungen der Werktätigen in der DDR wurde inzwischen eigens

für westliche Korrespondenten ein Computer entwickelt, der vom ADN-Fernschreiber nur Nachrichten von besonderem Interesse ausdruckt. Der Computer ist auf die Stichworte »Allseitige Planerfüllung«, »Beiderseitiges Interesse« und »30. Jahrestag« programmiert.
4. Zwischen 10 und 11.30 Uhr ist mit der eigenen Redaktion zu verhandeln, dass die Spitzenmeldung des *Neuen Deutschlands* an hervorragender Stelle platziert wird.
5. Während des Nachmittags besteht Gelegenheit zur Ausarbeitung eines Arbeitsplanes mit folgenden Punkten:
a) Verpflichtung zur Planerfüllung;
b) Aufstellung eines Gegenplanes mit gezielter wortreicher Überbietung des Planauftrages.
Gleichfalls können am Nachmittag Anträge für die Genehmigung von Interviews gestellt werden.
6. Die abendliche Nachrichtensendung des DDR-Fernsehens »Aktuelle Kamera« wird künftig für Korrespondenten aus anderen Staaten mit einem Preisrätsel verbunden. Wer zuerst den in den Meldungen versteckten Merksatz »Die Partei hat immer recht« entdeckt, kann am nächsten Morgen im Außenministerium die Genehmigung für ein Interview abholen.

B. Vereinfachung der Arbeitsbedingungen

1. Für beantragte und genehmigte Interviews werden weiße Zehnerkarten ausgegeben. Nach der Veröffentlichung des Interviews ist der Kontrollabschnitt im Pressezentrum zu hinterlegen. Wer zwanzig weiße Kontrollzettel hinterlegt hat, kann eine rote Zählkarte beantragen (Interview mit einem Schriftsteller oder einem Kirchenpräsidenten). Grüne Zählkarten (Interview mit einem dem Außenministerium unbekannten DDR-Bürger) können frühestens nach der Hinterlegung von sechzig weißen Kontrollzetteln ausgegeben werden.
2. Für die Beantwortung von Anfragen hat das Außenministerium einen Anrufbeantworter eingerichtet. Erklingt nach der Fragestellung ein Gongschlag, heißt die Antwort: »Sie können davon ausgehen.« Zwei Gongschläge bedeuten: »Hier ist keine Änderung der bekannten Haltung vorgesehen.« Drei Gongschläge besagen: »Die Beantwortung dauert mindestens vier Tage. Dann erneut nachfragen und auf Gongschläge achten.«

Grundsätzlich gilt: Zwecklos sind Anfragen zur Einführung der Sommerzeit, zur Einführung von Markwertschecks und zum Stand der Veterinärverhandlungen zwischen der DDR und der BRD.
3. Bis zum 4. eines Monats ist von jedem Korrespondenten ein Reiseplan einzureichen. Die Aufstellung eines monatlichen Reiseplanes wird deshalb empfohlen, weil es vor allem Korrespondenten aus kapitalistischen Staaten in der Regel nicht möglich sein wird, in der vom DDR-Außenministerium verfügten Vorlaufzeit von 24 Stunden die ganze historische Epoche, die die DDR anderen Staaten voraus ist, aufzuholen.
4. Anträge für Interviews und Hintergrundgespräche zu folgenden Themen können jederzeit eingereicht werden und sind kurzfristig realisierbar:
a) »Fleißig, fleißig, die DDR wird 30« (30. Jahrestag);
b) »Fleißig, fleißig, die DDR wird 30« (Geburtenzuwachs);
c) »Warum ist es in der DDR so schön?«
d) »Fröhliche Menschen zwischen Rügen und Vogtland« (vom Schreibtisch aus zu erledigen)
e) »Optimistische Werktätige zwischen Thüringen und der Lausitz« (ebenfalls vom Schreibtisch aus zu erledigen).

Ja, liebe Freunde, das sind meine Gedanken zur Arbeitsvereinfachung der Korrespondenten aus anderen Staaten in der DDR. Schreibt mir bald, wenn Ihr weitere Vorschläge habt, damit ich sie in diese Liste noch einarbeiten kann, bevor ich sie dem DDR-Außenministerium zustelle. Bis zum nächsten Mal ...
Euer Karl-Heinz Baum

Hintergrund
Dieser Beitrag enthält so ziemlich alle Phrasen, die täglich in den Zeitungen standen, von der Planerfüllung zum Gegenplan, von optimistisch in die lichte Zukunft schauenden Menschen bis zur ständigen Behauptung, der Sozialismus sei der kapitalistischen Welt um eine ganze Epoche voraus. Der Artikel gefiel auch den Kollegen. Viele riefen mich an und freuten sich, dass ich die neue Verordnung durch den Kakao zog. Das ZDF-Sekretariat in Ost-Berlin schickte mir einen Eilbrief: mit dem Vorschlag, alle Korrespondentenpost nicht in den Briefkasten zu werfen, sondern gleich beim Ministerium für Staatssicherheit abzugeben und ankommende Post dort abzuholen.

Unsere Post kam in der Regel eine Woche nach dem Stempel-Aufdruck an. Briefe mit einem Termin konnten einfach nicht rechtzeitig zugestellt werden. Immerhin löste der Beitrag auch im Außenministerium Schmunzeln aus: Wenn sie früh anriefen, sagten sie: »Wir wecken Sie heute nicht mit der Internationale, aber ...« Das ging über Jahre so.

»In die SPD will Bahro nicht«

Frankfurter Rundschau, 18.10.1979

»Rudolf, hier ist Tomas!« Der graumelierte Herr in den 50ern begrüßte den aus der DDR-Haft entlassenen Regimekritiker Rudolf Bahro im D-Zug Warschau – Köln auf dem Bahnhof Solingen-Ohligs um 17.48 Uhr. Rudolf Bahro, der seit Hannover ununterbrochen Fragen von zusteigenden Journalisten beantwortete, sah den Rosenstrauß, den ihm jener Tomas entgegenhielt, und fragte ungläubig: »Costa?« »Ja, so ist es.«

Tomas Costa ist der Verleger des gewerkschaftseigenen Bund-Verlages Köln, der als Europäische Verlagsanstalt vor zwei Jahren Bahros Buch *Die Alternative* auf den westdeutschen Markt gebracht hatte. »Rudolf, komm, wir steigen hier aus. Ich habe zwei Wagen draußen.« Bahro, immer noch ungläubig, weist auf die Koffer: »Wir müssen erst packen.« Darauf Costa: »Ich habe schon alles organisiert. Der Zug wartet so lange, bis du fertig bist.« Dann nahmen die fünf Personen, die am frühen Morgen in Berlin-Friedrichstraße im Ostteil Berlins den D-Zug bestiegen hatten, ihre Koffer und stiegen in die Wagen des Kölner Verlegers: Rudolf Bahro, seine geschiedene Ehefrau Gundula, seine Freundin Ursula Benecke, die mit ihm zusammen das Buch vorbereitet hatte, und seine beiden Kinder Bettina und André.

Seit Hannover war das Erster-Klasse-Abteil von Journalisten umlagert, und von Station zu Station stiegen mehr dazu. Die Fragen schwirrten nur so durchs Abteil. »Haben Sie den großen Rummel erwartet?« »Ja, natürlich.« »Wohin fahren Sie jetzt?« »Nach Köln, und dort werde ich empfangen.« Doch durch den Schachzug des Verlegers gingen die in Köln wartenden Journalisten leer aus. »Wie überraschend kam für Sie die Ausreisegenehmigung?« »Überhaupt nicht.« »Wie sind Sie in der Haft behandelt worden?« »Gut.«

»Warum kommen Sie in die Bundesrepublik?« »Ach, wieso, kann man hier als Sozialist nicht rein? Als deutscher Sozialist gehört man, wenn schon, in die Bundesrepublik.« »Was wollen Sie hier machen?« »Arbeiten, als politisch aktiver Mensch.« »Wollen Sie in die SPD eintreten?« »Nein.«

Über sein Buch sagt Bahro, es sei doch gelesen worden und werde weiterhin gelesen. Allerdings hätten noch viele Menschen keine Gelegenheit gehabt, sich damit auseinanderzusetzen. Und wörtlich: »Jene, die in der DDR als Gesellschaftswissenschaftler tätig sind, haben das Buch natürlich gelesen.« Zumindest würden sie die Thesen kennen. Deshalb habe er es auch gar nicht nötig, weiter von außen zu bohren.

Hintergrund

Am 22. August 1977 veröffentlichte der *Spiegel* Auszüge aus dem Buch *Die Alternative* des in Ost-Berlin lebenden Dissidenten Rudolf Bahro (1935–1997). Am Tag darauf wurde Bahro verhaftet. Zu der Zeit bereitete ich mich auf die DDR vor. Am 30. Juni 1978 wurde Bahro unter Ausschluss der Öffentlichkeit wegen »landesverräterischer Sammlung von Nachrichten« und »Geheimnisverrats« zu acht Jahren Freiheitsentzug verurteilt. Im Jahr darauf bescherte er mir zweimal Exklusiv-Artikel.

Zuerst am 11. Oktober 1979. Da klingelte es auf der Fischerinsel 6. Mein Bekannter Peter K. sagte: »Ich komme in der Mittagspause. Habe erfahren: Bahro und Hübner sind frei.« Drehte sich um und war weg. Nico Hübner war Wehrdienstverweigerer aus Ost-Berlin, der sich auf alliiertes Recht berief, Berliner dürften keinen Wehrdienst leisten. Das galt in West-Berlin. Die DDR kümmerte sich nicht darum, verhaftete und verurteilte ihn.

Mit der Information fuhr ich zum Kollegen Peter Nöldechen, Korrespondent der *Westfälischen Rundschau*. Beim Gang durchs Treppenhaus sagte ich, was ich wusste. »Da fahren wir erst mal nach West-Berlin.« Mein Stirnrunzeln quittierte er mit: »Wir müssen unsere Zeitungen informieren, damit sie Platz schaffen.« Gesagt, getan. Dann telefonierten wir von West nach Ost. Schließlich erreichten wir Bahros Anwalt Gregor Gysi. Seine Antwort: »Ich kann dazu nichts sagen. Rufen Sie das Außenministerium an!« war der erste Hinweis, dass die Information stimmte. Hätte er nichts gewusst, hätte er gesagt: »Alles Quatsch. Das müsste ich doch wissen.« Anruf beim Außenministerium. »Ich kann Ihnen versichern, dass die Herren Bahro und Hübner nicht in Haft der DDR sind.« Das war die Nachricht, die zum Aufmacher wurde.

Eine Woche später waren die DDR-Korrespondenten Gäste im Innerdeutschen Ministerium in Bonn. Am Nachmittag holte mich eine Dame aus dem Ministerbüro ans Telefon. Eine Bahro-Freundin aus West-Berlin sagte: »Rudolf sitzt im D-Zug. 18.11 Uhr in Köln! Schreib dir diesen Gruß auf und gib ihn ihm!« Um 18 Uhr war FR-Redaktionsschluss. Ich raste nach Hagen, stieg in den Zug, zwängte mich ins Abteil, übergab Bahro den Gruß.

Bahro beantwortete alle Fragen. In Solingen hieß der Verleger seines Buches den Clan aussteigen. »In Köln warten über 100 Journalisten.« Ich stieg mit aus, sah eine Telefonzelle, rief die Redaktion an. Die Kollegen schalteten sofort. »Das schaffen wir! Ich verbinde Sie mit der Aufnahme. Reden Sie einfach los.« Was ich redete, las ich am nächsten Morgen. Andere Blätter machten mit Überschriften dieser Art auf: »Der Tag, an dem Bahro nicht kam.«

»Das Ärgernis Fernsehkamera und Kugelschreiber – Der Grafiker Klaus Staeck in der DDR und die Schwierigkeiten für zwei westdeutsche Journalisten«

Frankfurter Rundschau, 19. 5. 1981

»Wenn man den Begriff Satire ernst nehmen will, dann muss man Schwierigkeiten haben. Das ist fast auf der ganzen Welt so. Satiriker sind nicht beliebt, und es wäre schlimm, wenn sie beliebt wären. Schwierigkeiten gehören dazu. Schwierigkeiten müssen auch sein.« Mit diesen Worten eröffnete der Heidelberger Polit-Grafiker Klaus Staeck vor wenigen Tagen eine Ausstellung seiner Plakate und politischen Karten in der Kleinen Galerie in der Rostocker Hermannstraße.

An Schwierigkeiten mit deutschen Politikern und Bürokraten ist der Polit-Satiriker gewöhnt: Erinnert sei nur an den Eklat während einer vom Goethe-Institut mitfinanzierten Ausstellung in London, an den »Bildersturm«, als CDU/CSU-Bundestagsabgeordnete in der Parlamentarischen Gesellschaft Staeck-Plakate von den Wänden rissen, und an oft jahrelang geführte Verfahren vor Gerichten in der Bundesrepublik, mit denen Behörden Staeck-Ausstellungen in städtischen Räumen verhindern wollten und oft auch verhindert haben.

Staeck hat Erfahrungen, dass deutsche Behörden – freilich unfreiwillig – oft bessere Satiren lieferten, als er sie sich ausdenken kann. So argumentierte einmal eine Stadtverwaltung, als es um einen Raum für Staeck ging, der Hausmeister sei tot. Und ein halbes Jahr später fand sich in einem Schriftsatz zur gleichen Sache der denkwürdige Satz: »Der Hausmeister ist immer noch tot.«

Als Staeck jetzt in Rostock seinen ersten großen Auftritt hatte, da geriet das Vorgehen der DDR-Behörden, vor allem das des DDR-Außenministeriums, ebenfalls unversehens zur Satire. Die SED hatte es noch hingenommen, dass der rührige Heinrich-Mann-Club, ein Literatur- und Künstlerzirkel in der Ostseestadt, die Ausstellung organisierte und der Künstler abends selbst auftrat: in der Reihe »Kunst im Dialog: Klaus Staeck (BRD) gibt Auskunft über seine Politik-Grafik«. Im Ankündigungsblatt des Kulturbundes Rostock hieß es dazu ausdrücklich: »Die Veranstaltungen sind öffentlich. Gäste sind jederzeit willkommen.« Und höheren Orts hatte man nichts dagegen, dass im Galerie-Café in der Rostocker Kröpeliner Straße Klaus Staeck am Nachmittag eigene Werke signieren konnte.

Die Satire begann, als sich zwei in der DDR akkreditierte Journalisten aus der Bundesrepublik – *Frankfurter Rundschau* und ARD-Fernsehen – für Staeck interessierten. Der *FR*-Korrespondent hatte zu der öffentlichen Veranstaltung eine offizielle Einladungskarte des Kulturbundes der DDR. Doch als Gast war er nicht so ohne weiteres willkommen, jedenfalls nicht nach Meinung der Abteilung »Journalistische Beziehungen« des DDR-Außenministeriums.

Dort hatte man auch keine Skrupel, die eigens für die Korrespondenten aus anderen Staaten ausgestellten Verordnungen und Grundsätze nicht zur Kenntnis zu nehmen – für Berichterstatter von Staeck-Veranstaltungen auch keine neue Erfahrung. Nach der seit gut zwei Jahren geltenden Journalistenverordnung, die die normale journalistische Arbeit ohnehin stark beschränkt, können akkreditierte Korrespondenten die DDR »bereisen«. Sie haben aber das Außenministerium bei Reisen außerhalb Ost-Berlins »nicht später als 24 Stunden vor Antritt der Fahrt unter genauer Angabe des Reiseziels und des Reisegrundes zu informieren«. Als Grundsatz der journalistischen Arbeit gilt, dass für öffentliche Veranstaltungen keine Genehmigung nötig ist.

Der *FR*-Korrespondent informierte also. Reiseziel: Rostock. Reisegrund: öffentliche Veranstaltung mit Klaus Staeck. Antwort des Außenministeriums: Das sei ein genehmigungspflichtiges Vorhaben. Da müsse ein Antrag gestellt werden. Der Hinweis, dass es sich um eine öffentliche Veranstaltung handele und dass ich im Besitz einer Eintrittskarte sei, wurde nicht akzeptiert. Die Abmeldung nach Rostock, so hieß es, werde nicht genehmigt. Von der Genehmigung einer Abmeldung steht in der Journalistenverordnung kein Wort. Ich stellte dennoch einen Antrag, und siehe da, er wurde nach eineinhalb Stunden genehmigt. (Für DDR-Verhältnisse eine Rekordzeit.)

Doch die Satire war noch nicht zu Ende. In Rostock meldete sich während der Signierstunde eine Dame vom Pressereferat des Bezirks. Sie hatte eine neue Variante parat. An der Abendveranstaltung werde der Korrespondent wahrscheinlich teilnehmen können. Allerdings dürfe das, was dort gesprochen werde, journalistisch nicht verwertet werden – eine ganz neue Möglichkeit der Informationsverwertung, einmalig in der Welt und deshalb weit über dem von der DDR oft und lautstark angestrebten »Weltniveau«.

Doch es kam anders. Unmittelbar vor Beginn des »Gesprächs mit Klaus Staeck« – so die Einladung – wurden der ARD-Kollege und ich in einen Nebenraum gebeten. »Ton- und Bildaufnahmen«, so hieß es, »werden nicht gewünscht, da sie den Ablauf der Veranstaltung stören. Allenfalls können die einführenden Worte aufgezeichnet werden.« Und irgendwann muss den Bürokraten dann noch die Idee gekommen sein, dass Zeitungsjournalisten ja mit Kugelschreiber arbeiten. Die Diskussion jedenfalls fiel aus, und offensichtlich nur, weil westdeutsche Korrespondenten anwesend waren.

Sosehr man in der DDR Klaus Staeck wegen seiner Schwierigkeiten in der Bundesrepublik als »den scharfsinnigen Enthüller und Ankläger« (Vorwort zum Staeck-Buch, erschienen im Eulenspiegel-Verlag 1980) sieht – die Gefahr war der SED wohl doch zu groß, dass der eine oder andere DDR-Bürger aus den Polit-Grafiken Schlüsse auf die DDR zieht. Das gilt zum Beispiel für die Abbildung einer »Wanze« mit dem Werbeslogan der Bundespost »Ruf doch mal an« oder für jenes Poster, das ein im Meer versinkendes Buch Heinrich Heines *(Deutschland, ein Wintermärchen)* mit der Merkzeile zeigt, »Die Freiheit stirbt zentimeterweise«. Dazu könnte man auch eines der zahlreichen Staeck-Poster zur Meinungsfreiheit zählen.

In einem Staat, den der Staatssicherheitsminister vor kurzem als einen »Hort der Freiheit« rühmte, sind solche »Gedankensprünge« naturgemäß ausgeschlossen. Wahrscheinlich fürchtete die SED, einer der rund 200 Teilnehmer der Diskussionsrunde – der knapp 40 Quadratmeter große Saal war mehr als überfüllt – hätte die Frage stellen können: »Glauben Sie, Herr Staeck, dass Sie diese Grafiken auch machen könnten, wenn sie Bürger der DDR wären?« Die SED weiß sehr genau, dass die Bevölkerung zwischen Rostock und Rudolstadt längst mündig geworden ist, die Angst vor spontanen Fragen ist nicht unbegründet.

Es war vermutlich das Äußerste, was die SED zurzeit zu ertragen vermag, dass Staeck den Versammelten in der Galerie im Heinrich-Mann-Club in Rostock sagte: »Schwierigkeiten und Kritik sind etwas Produktives. Das kann man gar nicht in genug Ohren rufen, auch in die mit den Wattepfropfen. Das ist ja das Verrückte an der Geschichte mit der Dialektik, dass man, wenn man etwas um jeden Preis bewahren will, es dann gerade nicht bewahrt. Man sollte nicht so viel Angst vor sich selber haben.«

Hintergrund

1981 schickte mir der in Heidelberg lebende Grafiker, Jurist und spätere Präsident der Akademie der Künste (2009–2015) Klaus Staeck die Fotokopie einer Einladung nach West-Berlin. In Rostock werde er am 14. Mai seine Plakate signieren, abends finde im Haus des DDR-Kulturbunds eine Ausstellung und eine Diskussion statt. Ich schickte eine Abmeldung per Fernschreiben von Frankfurt nach Ost-Berlin. Am nächsten Morgen meldete sich meine »Betreuerin« Marita Carl und fragte, warum ich hinfahren wolle. »Weil ich eine Einladung habe.« »Wer hat Ihnen denn die gegeben?« »Aber Frau Carl, Sie wissen doch, dass ich Ihnen das nicht sage.« »Die Abmeldung reicht nicht. Sie müssen einen Antrag auf Genehmigung stellen.« Das war eine weitere Verschärfung der Journalistenverordnung. Dafür wollte ich nicht verantwortlich sein. Ich fuhr nach Berlin-West und sprach mit FR-Chefredakteur Werner Holzer. »Ich fahre ohne Antrag!« »Sind Sie sicher, dass die DDR Sie dann nicht rauswirft?« »Sicher nicht! Aber sie wird es nicht tun. Der Anlass wäre zu gering.« »Das ist mir zu gefährlich. Sie stellen jetzt einen Antrag! Die DDR will den Antrag ablehnen. Dann führen wir sie vor, dass man nicht mal über Staeck in der DDR schreiben kann.«

Widerwillig schrieb ich den Antrag, rief mehrfach Frau Carl an: »Noch nicht entschieden.« Zweieinhalb Stunden vor Veranstaltungsbeginn: »Genehmigt! Sie können fahren!« Kaum in Rostock, sagte eine junge Dame zu mir: »Guten Tag Herr Baum, ich bin die Pressereferentin des Rats des Bezirks Rostock. Ich möchte wissen, was sie heute schreiben wollen.« »Da fragen Sie mich zu früh. Fragen Sie mich, wenn alles vorbei ist.« Die Dame zog enttäuscht ab. Eine leise Stimme hinter mir: »Ich bin Journalist in Rostock. Ich kenne die Frau nicht!« Ich drehe mich nicht um, aber ich weiß sofort, woher die Frau kommt.

Am Abend ging ich zum Kulturbund. Lutz Lehmann vom ARD-Fernsehstudio in Ost-Berlin traf gleichzeitig ein. Uns begrüßte ein Herr. Er sei der Hausherr und habe entschieden, dass technische Geräte nicht zugelassen seien. Die Stasi lobte die Leitung des Clubs: Sie habe die Westkorrespondenten in ihrer Arbeit behindert. Gespräche und Interviews wurden verboten, technische Geräte nicht zugelassen. Lehmann fand eine Lichtquelle. Als er zu filmen anfing, zog einer der Stasileute den Stecker raus. Da gab er auf.

Ich verneinte am Eingang frech die Frage nach technischen Geräten, zog den Kugelschreiber raus und fragte: »Ist das ein technisches Gerät? Sie können es dazu erklären, ich schaffe es ohne.« Der Kuli war erlaubt. So lenkte ich vom Kassettenrecorder ab. Den gab ich unbemerkt Staeck, der ihn den ganzen Abend vor sich hertrug. Ein Stasimann fragte, warum er das aufnehme. Das mache er immer so, um Fehler zu vermeiden. Abends höre er sich an, was er gesagt habe. Zufrieden notierte der Schnüffler: »Eine sehr plausible Erklärung.«

Da alle Gespräche mit Klaus Staeck auf mein Tonband kamen, auch die Frage »Glauben Sie ...?«, widmete ich mich der Ausstellung. Bald entdeckte ich das Plakat mit Staecks Lebenslauf: »1938 geboren in Pulsnitz, Kreis Kamenz, aufgewachsen in Bitterfeld, 1956 Abitur, Übersiedlung nach Heidelberg ...« Bei der nächsten Zeile musste ich grinsen. Da hörte ich die Stimme wieder, diesmal laut, wir waren allein im Raum. »Ich weiß, warum Sie grinsen!« »Das ist nicht schwer zu erraten!« »Macht es Ihnen was aus, wenn Sie die Zeile nicht erwähnen?« »Warum?« »Sie wissen doch, wie das bei uns ist! So etwas muss durch die ›Abnahme‹.« Ich nickte. »Abnahme« stand für ›Vorzensur‹.

Nun stellte er sich vor. »Ich bin Detlef Hamer, Kulturredakteur der *Norddeutschen Zeitung*. Ich habe die Ausstellung organisiert. Klaus Staeck schickte mir den Lebenslauf. Mir war klar: Der passiert nie die Abnahme. Aber versuchen wollte ich es. Obwohl mit allem fertig, ging ich immer nur mit ein paar Stücken zum Kultursekretär des Rates, Heinz Gundelach. Jedes Mal sagte er: »Ist das alles?« »Nein, da ist noch mehr, das ist noch in Arbeit.« Das sah er ein. Beim letzten Termin der Abnahme war ich immer noch nicht fertig. Aber er war ja bisher mit allem einverstanden. Den Lebenslauf zeigte ich ihm erst gestern, als letztes Stück. Er las es und sagte: »Der Satz geht nicht.« Ich stimmte zu: »Habe ich mir gedacht.« Er: »Das muss neu gedruckt werden! Ach, das geht ja nicht! Das ist zu kurzfristig.«

In der DDR war Drucken eine gefährliche Sache. Schon die kleinste Drucksache konnte die Diktatur ins Wanken bringen. Deshalb wurden Druckvorgänge bis zu Fotokopien genau und zeitaufwendig kontrolliert. Das wusste Hamer natürlich. Listig sagte er: »Sie haben Recht. Wenn es nicht mehr geht, überkleben wir es!« Der Zensor: »Das geht nicht! Es kommen Westkorrespondenten. Wenn sie das sehen, denken sie, in der DDR gibt es Zensur.« Einen solchen Anscheinsbeweis durften wir nicht finden. Er entschied: »Wir lassen das so. Sie können nur hoffen, dass kein Westkorrespondent das sieht. Steht es in der Westpresse, sind Sie dran!«

Was hatte Klaus Staeck nach »Übersiedlung nach Heidelberg« geschrieben? Es war eine Anzüglichkeit gegen die alte DDR-Propaganda vom »Bitterfelder Weg«, mit der mehr Arbeiter schriftstellerisch tätig werden sollten, auch in der Hoffnung, dass schreibende Arbeiter nicht so kritisch auftreten wie die echten Schriftsteller. Das Motto lautete damals: »Greif zur Feder, Kumpel, die sozialistische deutsche Nationalkultur braucht dich!« Staeck fand damals, sie brauche ihn nicht. So stand da: »Beschreitung des Bitterfelder Weges in umgekehrter Richtung.«

Ich folgte Hamers Bitte, konnte so verhindern, dass er »dran« ist: das konnte Disziplinarmaßnahmen, Verlust des Arbeitsplatzes oder Haft bedeuten. Das war keine Schönrederei, sondern diente allein Hamers Schutz. Mein Verzicht hieß auch, dass alle Besucher der Rostocker Ausstellung diesen Satz lesen konnten. Die Staatssicherheit bescheinigte Hamer, er habe sich bewusst zurückgehalten. Einer schrieb gar, »Hamer versteht es hervorragend, seine staatsfeindliche Haltung zu tarnen.« Er war mir bis zu seinem Tod 2013 ein treuer Freund.

Nachspiel 1

Der Artikel erschien am Dienstag darauf. Ein Redakteur im Deutschlandfunk las ihn und wollte Staeck interviewen. Sein Büro sagte, er sei noch beim Bruder in Bitterfeld. Dort erreichte der Sender Staeck und verabredete ein Interview für 15 Uhr.

Es war ein heißer Tag. Staeck saß im Garten. Kurz vor zwei erkletterte ein Techniker der Post mit Fangeisen an den Füßen einen Telefonmast in der Nähe, fummelte oben und stieg ab. Um drei kam kein Anruf. Erst kurz vor der 19-Uhr-Sendung klingelte das Telefon: »Hier ist der Deutschlandfunk.

Herr Staeck, wo waren Sie denn? Meine Finger sind ganz wund. Keiner ging ran. Aber es klappt ja noch. Ich verbinde Sie.« Da wusste Staeck, was der Mann mit den Fangeisen erledigt hatte. Er feixte, weil die, die den Mann hochschickten, nicht mit der Ausdauer einer westdeutschen Sekretärin gerechnet hatten.

Nachspiel 2

Während Rostocks Stasi stolz war, die ARD und mich behindert zu haben, muss es in Ost-Berlin richtig gekracht haben. Der Leiter des ARD-Studios Fritz Pleitgen sagte mir: »Deine Satire über die DDR hat gewirkt. Stell dir vor: Das Außenministerium hat von sich aus bei uns angerufen und versichert: Bei der nächsten Staeck-Ausstellung in der DDR können wir filmen.« So etwas hat es weder vorher noch nachher gegeben.

»Ungewöhnliches Verhalten des DDR-Zolls in Berlin« – Protest der *FR*-Chefredaktion

Frankfurter Rundschau, 8.12.1981

Frankfurt am Main, 7. Dezember *(FR):* Entgegen der seit mehr als sechs Jahren üblichen Praxis musste der DDR-Korrespondent der *Frankfurter Rundschau* am Sonntagabend beim Grenzübertritt an der Bornholmer Straße den Kofferraum seines Wagens öffnen. Der DDR-Zoll bestand auf dieser Anordnung auch noch, nachdem der Korrespondent auf die Tatsache hingewiesen hatte, dass er im Besitz einer Grenzempfehlung des DDR-Außenministeriums sei. Eine Begründung für diese Maßnahme wurde ihm nicht gegeben.

Die Chefredaktion der *FR* hat unverzüglich beim DDR-Außenministerium gegen diese Sonderbehandlung protestiert und dabei die Hoffnung ausgesprochen, dass es sich um einen Irrtum bei der Abfertigung handelte. Es liege doch wohl im beiderseitigen Interesse, so heißt es in dem Schreiben der *FR* an das DDR-Außenministerium, dass sich solche Vorfälle nicht wiederholen.

Außerdem hat die Chefredaktion der *FR* den Bundeskanzler, Helmut Schmidt, und den Leiter der Ständigen Vertretung bei der DDR, Klaus Bölling, von dem Vorfall und dem Schreiben an das DDR-Außenministerium unterrichtet.

Hintergrund

Korrespondenten anderer Staaten, nicht nur westdeutschen, übergab die DDR einen Presseausweis mit Lichtbild und eine »Grenzempfehlung«. Sie galt nur für innerstädtische Grenzübergänge und ersparte aufwendige Kontrollen beim Zoll. An Grenzübergängen von der DDR nach und von West-Berlin und nach und von Westdeutschland galt sie nicht. Zeigte man sie dort, sagte der Zöllner: »Dieser Grenzübergang ist gar nicht aufgeführt!« »Ich komme selten hier vorbei, habe sie hierfür nicht beantragt.« Dann galt sie in der Regel auch. »Reisekorrespondenten« wurden nur für ein »journalistisches Vorhaben« akkreditiert. Sie erhielten eine auf Person, Ort und Zeit begrenzte Pressekarte, aber keine Grenzempfehlung.

Im Herbst 1981 begannen plötzlich Zollkontrollen bei Journalisten. »Ich lasse mir das nicht gefallen und bleibe im Auto sitzen«, sagte ich. Doch es kam anders. Am 6. Dezember, einem Sonntag, war ich dran. Meine Frau und mein einjähriger Sohn waren mit. »Öffnen Sie bitte den Kofferraum!« Da konnte ich nicht sitzen bleiben. Ich stieg aus, fragte den Zöllner, ob ihm bewusst sei, dass ich eine Grenzempfehlung habe. Nach seinem »Ja« tat ich wie geheißen: Klappe hoch. »Ist gut!« Klappe runter. Der Kofferraum war leer.

Ich wollte mich nicht zu den Korrespondenten zählen lassen, die auf eine Bevorzugung, die für unsere Arbeit sehr wichtig war, einfach verzichteten. Ich sprach noch am Abend mit dem Pressereferenten der Ständigen Vertretung der BRD in der DDR Eberhard Grashoff und mit seinem Vorgänger Georg Maier. Beide bestärkten mich, das zu tun, was ich vorhatte. Maier riet, mich nicht auf die Grenzempfehlung zu berufen. Da werde sich die DDR herausreden, Empfehlungen könne sie handhaben wie sie wolle. Deshalb heißt es im Protest der Chefredaktion: »Entgegen der üblichen Praxis ...«, abgedruckt auf Seite 1.

Über den Protest berichteten andere Blätter. *Die Welt* fragte gar, ob die DDR den bevorstehenden Besuch des Bundeskanzlers Helmut Schmidt (12. Dezember 1981) absagen wolle. Auch der Deutsche Bundestag beschäftigte sich damit. Für mich jedenfalls war es das einzige und letzte Mal einer Zollkontrolle bei der Ein- oder Ausreise.

»Durch den ›Tränenbunker‹ in den freien Westen – Wie Asylsuchende vom Flughafen Schönefeld in Ost-Berlin an die Mauer gebracht werden«

Frankfurter Rundschau, 26.7.1986

»Allen ist gut bekannt, dass die DDR mit dem Zustrom von Asylanten nach Berlin (West) nichts zu tun hat.« Diese Erklärung gab ein Sprecher des DDR-Außenministeriums am 15. Juli dieses Jahres ab. Journalisten hatten angefragt, ob die DDR bereit sei, den Asylantenstrom aus Ländern der Dritten Welt zu stoppen, die zu einem großen Teil über den DDR-Flughafen Schönefeld nach West-Berlin kommen. Dies sei ein Problem, das Berlin (West) lösen müsse, lautete die lapidare Antwort, »und zwar diejenigen, die dort aus bekannten Gründen zu bestimmen haben«. Gemeint sind die drei westlichen Alliierten des Zweiten Weltkrieges, also Großbritannien, Frankreich und die USA.

Was hat die DDR mit den Flüchtlingen zu tun? Sie verdient zunächst mal Devisen, und zwar ganz ordentlich, auch wenn die von westlichen Gesellschaften geforderten Preise unterboten werden. 574 DM kostet der Flug Damaskus – Berlin, 885 Mark der Flug von Lagos.

»Unser Service beginnt mit fachgerechter Beratung.« So wirbt auf dem Flughafen Schönefeld, der nur gut einen Kilometer von der Mauer entfernt liegt, die DDR-Fluggesellschaft Interflug. An diesem Vormittag wird der Flug 829 aus Damaskus mit Zwischenlandung in Larnaka (Zypern) erwartet. Die Ankunft verzögert sich. Auf der Ankunftstafel wird die Zeit von 8.25 Uhr auf 10.30 Uhr verändert.

In der Zwischenzeit landen Maschinen aus Moskau, Prag und Budapest. Von der Besucherterrasse kann man die aussteigenden Passagiere beobachten. Asylsuchende mit dem Zielort West-Berlin sind, soweit erkennbar, nicht darunter. Die vierstrahlige Interflug-Maschine aus Damaskus (Typ: Iljuschin 62 M) rollt kurz vor halb elf auf der Landepiste aus. Sie kann 158 Passagiere befördern. Die Türen öffnen sich, die fahrbaren Treppen werden herangeschoben, die ersten Passagiere steigen aus. Vor dem Flugzeug bilden sich mehrere Gruppen, die offenkundig auf jene warten, die noch nicht ausgestiegen sind. Da treffen sich in zwei Zirkeln junge Männer um die zwanzig, auch auf diese Entfernung als Araber erkennbar. In der dritten Gruppe sind Männer und Frauen zwischen zwanzig und vierzig: Eine Frau hält einen

Säugling auf dem Arm; Kinder tragen Taschen oder Rucksäcke; ein kleines Mädchen drückt ein Plüschtier fest an sich; ein halbwüchsiger Junge nimmt in einem Rollstuhl Platz. 155 Personen zähle ich. Die Maschine war also fast bis zum letzten Platz besetzt. Nach und nach begeben sich alle zur Grenzabfertigung im Flughafengebäude. Was die DDR-Grenzsoldaten und -Zöllner dort tun, ist von außen nicht einzusehen. Milchglaswände trennen diesen Raum von der Wartehalle ab.

Von der Abfertigung führt der Weg entweder in die Ankunftshalle oder für jene, die direkt nach West-Berlin wollen, durch einen besonderen Gang in ein abgetrenntes Transitgelände. Dieses ist von außen nur von einer Stelle einsehbar, dort, wo Schranken die Einfahrt verwehren und sich nur für Busse öffnen. Alle halbe Stunde fährt ein Reisebus der Interflug über den Grenzübergang Rudower Chaussee im Süden Berlins direkt zum West-Berliner Busbahnhof am Funkturm.

Auf dem Transitgelände stehen aber noch mehrere Ost-Berliner Stadtbusse in den Farben Orange und Beige, »Sonderfahrt« ist statt eines Ziels angegeben. Eine halbe Stunde nach der Landung der Maschine aus Damaskus fährt einer dieser Busse direkt vor das Transitgebäude.

Es dauert eine weitere halbe Stunde, bis die ersten Fluggäste aus Damaskus die Ankunftshalle betreten, von Verwandten oder Freunden ungeduldig erwartet. Nach und nach sammeln sich die beiden Männergruppen. Sie werden von Funktionären mit SED-Abzeichen begrüßt, steigen in Busse mit Dresdner und Erfurter Kennzeichen. Keine Flüchtlinge also, sondern Delegationen, die die DDR besuchen.

Auf dem Transitgelände ist noch alles ruhig. Es ist inzwischen Mittag geworden, da steigen die ersten Fahrgäste in den bereitstehenden Bus zum Funkturm: Geschäftsreisende aus Syrien, Urlauber, die von Zypern kommen. Jetzt ist auch die Gruppe mit den Kindern dort zu sehen. DDR-Grenzsoldaten machen eindeutige Handbewegungen, fordern diese Fluggäste auf, in den Stadtbus der Berliner Verkehrsbetriebe (Typ Ikarus, gebaut in Ungarn) zu steigen. Genau 105 Minuten nach Landung der Maschine aus Damaskus verlässt der Bus das Transitgelände, mit 30 Fahrgästen, die wohl für diesen Sonderservice keinen Fahrpreis entrichten müssen. Wohin wird der Bus fahren? Nach links, wo der Wegweiser die Richtung zum Grenzübergang Rudower Chaussee angibt?

Das wäre für die Asylanten der schnellste Weg ans Ziel ihrer Wünsche, nach West-Berlin. Schon nach gut einem Kilometer ist dieser Übergang erreicht. Nur dieser Übergang hat einen Haken: Er gilt auch aus westlicher Sicht als Grenze und nicht als Demarkationslinie wie die Sektorenübergänge nach dem Bau der Mauer vor 25 Jahren. Da könnte ja einer, der da so zuvorkommend befördert wird, bei der Ankunft im Westen das Wort »Asyl« vergessen und von der West-Berliner Polizei zurückgeschickt werden.

Dieses Risiko ist den Verantwortlichen in der DDR wohl zu groß – müssten sie doch in einem solchen Fall für den Rücktransport sorgen. In der DDR bleiben könnte der Flüchtling wohl kaum. Denn der zweite deutsche Staat hat bisher nur einmal politisch verfolgte Ausländer aufgenommen, nach dem Putsch Pinochets in Chile, als tausende Anhänger des ermordeten Präsidenten Salvador Allende ihr Land verließen. Zwar benötigt die DDR-Gesellschaft Interflug, wie auf einem Schild in der Nähe des Flughafens zu lesen ist, »Ladearbeiter, Maschinisten, Sekretärinnen«, aber mit den Menschen aus Libanon wird man solche Stellen nicht besetzen.

Der Busfahrer setzt den rechten Blinker. Die Fahrt geht nach Ost-Berlin, nach westlicher Auffassung Teil des Gebiets, für das alle vier Mächte zuständig sind. Nach fünfunddreißig Minuten Fahrt durch Ost-Berlins Stadtteile Altglienicke, Grünau, Adlershof, Schöneweide, Treptow und Mitte hält der Bus vor einer Wellblechwand direkt unter dem Brückenbogen des Bahnhofs Friedrichstraße.

Die Zufahrt zu dieser Wand versperrt ein Schild »Durchfahrt verboten« (roter Kreis auf weißem Grund). Ausnahmen sind nur für »Versorgungsfahrzeuge« und die »Grenztruppen« zugelassen. In der Wellblechwand öffnet sich eine Tür, gerade so breit wie der Bus. Der fährt wieder an und hält nach hundert Metern erneut. Das Tor schließt sich. Der »Ikarus«-Bus steht am Spreeufer, das hier »Reichstagufer« heißt.

Das für jedermann zugängliche Stadtgebiet Ost-Berlins hat keiner der Fahrgäste betreten. Sie sind, sieht man von den Zöllnern, den Grenzsoldaten und dem Busfahrer ab, mit keinem Menschen aus dem zweiten deutschen Staat zusammengetroffen. Das mag damit zusammenhängen, dass die Verantwortlichen fürchten, der eine oder andere Asylbewerber könnte versuchen, im Lande zu bleiben. Und besonders ausländerfreundlich sind die Deutschen in der DDR auch nicht gerade, wenn man nur an die vielen bösen Worte denkt, die man hören konnte, als noch Millionen Polen Jahr für Jahr in die DDR einreisten.

Der Bahnhof Friedrichstraße war einst das Herz Berlins. Heute ist er das Verbindungsglied für alle, die mit der S- oder U-Bahn von einem Teil der

Stadt in den anderen fahren oder den D-Zug nehmen wollen. Der Glaskasten vor dem Bahnhof heißt im Volksmund »Tränenbunker«, denn hier spielen sich oft herzzerreißende Abschiedsszenen ab, überwacht von einer Unzahl Kameras.

Für den normalen DDR-Bürger ist vom Bahnhof Friedrichstraße nur noch ein S-Bahnsteig zugänglich – jener, von dem die Wagen in östliche Richtung abfahren. Die anderen Bahnsteige erreicht man nur über den »Tränenbunker«, nach einer Pass- und Zoll-Kontrolle. Vor der ersten Kontrolle befindet sich eine blaue Tür. Durch diese Tür kommen nun die Bus-Fahrgäste. Draußen hatten Grenzsoldaten eine Gasse gebildet, so konnte keiner in die Irre gehen.

Als Erste kommen zwei 20-jährige Männer im Jeans-Anzug, dann die Familien, die Mutter mit dem Säugling auf dem Arm, der Vater mit drei Kindern an der Hand. Ein Mann um die 40 trägt auf dem Rücken den Halbwüchsigen, der auf dem Flugplatz im Rollstuhl befördert wurde. Der Junge, offenbar querschnittsgelähmt, ist nur mit einem Kaftan bekleidet, barfuß. Die Strapazen der langen Reise sind ihm deutlich anzusehen.

An der Friedrichstraße geht dann alles sehr schnell. Der Grenzsoldat am ersten Schalter (»Bevorzugt für Diplomaten und Dienstreiseverkehr«) schaut nur kurz in die libanesischen Pässe, in denen jeweils ein Transitvisum der DDR liegt. Nur einmal gibt es Probleme. Einer der Grenzsoldaten ruft: »Was, der hat ja überhaupt keinen Pass?« Aber auch dieser Mann darf passieren – eine Vorzugsbehandlung, die andere Grenzgänger nicht erwarten dürfen. Die Zöllnerin eine Treppe tiefer winkt freundlich, lässt alle ohne Kontrolle weitergehen.

Noch ein Blick auf die Pässe, dann sind alle in dem Teil des Bahnhofs, der zwar in Ost-Berlin liegt, aber nur vom Westteil der Stadt ohne Kontrolle erreichbar ist. Hier endet der »Service« der DDR.

Der junge Libanese, der als Erster durch die Grenze kam, zeigt einem patrouillierenden Soldaten seinen Pass, wohl um zu erfahren, wie er sich weiter im Tunnellabyrinth zurechtfinden soll. Doch der Soldat hat nur eine knappe Handbewegung übrig: weg hier. Der zweite Versuch seines Kumpels, er hat ein paar Dollar-Noten in den Pass gelegt: »Nein, nein. Es ist alles in Ordnung. Dort geht's nach West-Berlin.« Dorthin, wo das Schild »Einreise in die DDR« steht, führt kein Weg zurück.

Die Libanesen verteilten sich auf die S- und U-Bahn-Linien, einige erst, nachdem sie von Wartenden freudig begrüßt wurden. Der Vater des querschnittsgelähmten Jungen besorgt beim Schalter der Interflug im Bahnhof ein Glas Wasser, lehnt aber das Angebot einer Rotkreuz-Schwester ab, dass sich der Junge in einem Raum erholen könne. Man will schnell nach West-Berlin, andere, die den Bahnsteig zum D-Zug ersteigen, offenbar weiter ins Bundesgebiet. Für sie ist die lange Reise wohl erst in Helmstedt, Büchen oder Bebra zu Ende, den Grenzorten zur DDR in der Bundesrepublik.

Hintergrund

Der Anruf kam von der *Westdeutschen Allgemeinen* Essen. Für die *WAZ*, damals wie heute größte Regionalzeitung, arbeitete ich von 1984 bis 1989 auch als DDR-Korrespondent. Den eigenen Korrespondenten Heinz Dravenau zogen sie ab und fragten die *Frankfurter Rundschau*, ob ich das für sie machen könnte: »Herr Baum, jeden Tag kommen Flüchtlinge in West-Berlin an. Können Sie herausfinden, wie sie über die DDR kommen?« Solche Aufträge waren nicht leicht zu lösen. Wir Korrespondenten wussten: Die DDR tut alles, um uns in die Irre zu führen. Der Flughafen Schönefeld liegt außerhalb Ost-Berlins. Deshalb mussten wir uns dorthin abmelden. Allein hätte ich das nicht geschafft und fragte Ingomar Schwelz von Associated Press (AP), ob wir das gemeinsam machen könnten. Wir hatten es auf eine Maschine aus Beirut abgesehen, weil die meisten Flüchtlinge Libanesen waren. Aber die DDR-Fluggesellschaft Interflug, so erfuhren wir bei der Auskunft, flöge wegen des Bürgerkriegs Beirut nicht mehr an. Den ganzen Tag trieben wir uns dort rum, aber Menschen, die Flüchtlinge sein könnten, sahen wir nicht. Am Abend fragten wir Polizisten in West-Berlin, die in der U-Bahn kontrollierten, ob Flüchtlinge gekommen seien. »Ja, ganz viele.« Abends hatten wir uns mit dem jungen Schriftsteller Rüdiger Rosenthal verabredet, erzählten ihm von unserer Pleite und fragten ihn, ob er uns am nächsten Tag helfen könne.

Tags darauf neuer Versuch mit Rüdiger. Wir gingen zu dritt auf die Terrasse und beobachteten das Flugfeld. Viel Hoffnung hatten wir nicht. Landende Flugzeuge rollten direkt unter die Terrasse. Nach einer Stunde blieb eine aus Damaskus kommende Iljuschin auf dem Flugfeld stehen. Wir fanden das komisch. Ein Bus fuhr zum Flugzeug. Wer vorn ausstieg, beachtete den Bus nicht, ging schnellen Schrittes zum Hauptgebäude. Der Bus war für die hinten Aussteigenden. Sie betraten unsicher die Gangway, schauten sich mehrfach um, gingen langsam die Stufen hinab. Ein Mann trug einen offenbar querschnittsgelähmten Jungen auf dem Rücken.

Wir waren sicher: Das waren die Flüchtlinge, die die DDR verschweigen wollte. Aber wie kamen sie in den Westen? Mit Argusaugen bewachten wir die Ausgänge. Wieder fiel uns nichts auf. Bis Rüdiger kam und flüsterte: »In den Westteil ist ein gelber Bus gefahren.« Mit »Westteil« meinte er den Teil des DDR-Flughafens, in dem Fluggäste von und nach West-Berlin abgefertigt wurden. Sie durften in anderen, besser aussehenden Bussen zum ZOB Charlottenburg fahren. So ein Bus war das nicht. Es war ein Stadtbus aus Ost-Berlin. Solche Busse fuhren dort an sich nicht vor. Wir gingen Richtung Westteil. Rüdiger hatte einen zwei Zentimeter breiten Schlitz entdeckt. Zu dritt standen wir da, taten so, als ob wir uns angeregt unterhielten: Doch der Blick ging zum Bus, von dem wir die offenen Türen sahen. Wir erkannten die Leute von der hinteren Gangway. Kaum war der Letzte drin, fuhr der Bus ab. Ingo und ich rannten zum Auto, sprangen hinein, schafften mühsam die Verfolgung.

Der Bus fuhr nicht zum Übergang im Süden Berlins, sondern in die Ost-Berliner Innenstadt. Auf dem Adlergestell bemerkte der Fahrer, dass wir hinter ihm waren. Er fuhr bei hellrot über die Ampel, wir bei dunkelrot. Ziel war der Bahnhof Friedrichstraße. Auf der Spreeseite des Bahnhofs öffnete sich eine Pforte, groß genug für den Bus. Wir ließen das Auto stehen, rannten zum Eingang des »Tränenbunkers«, bekamen die Abfertigung mit. Zwei Monate später stellte die DDR das Schleusen ein.

»Kabarett in Ost-Berlin – Der ›Distel‹ die Stacheln gezogen«

Frankfurter Rundschau, 27.12.1988

Einmal im Monat erscheint in Ost-Berlin ein Veranstaltungskalender »Wohin in Berlin?« Er enthält Informationen über alle Theater- und Kinovorstellungen, Ausstellungen und was es sonst noch Ankündigungswertes gibt. Gleich neunmal stand im Novemberheft ein Wort, das die SED-Oberen gegenwärtig nicht gerade gern hören: »Mündigkeit«. Lesen konnte man es bei den Theaterspielplänen, unter denen auch das Programm des Ost-Berliner Kabaretts »Die Distel« zu finden ist. Dieses Kabarett fiel in der Vergangenheit nicht gerade durch besonders »stachlige« Beiträge auf. Wer die hören wollte, musste sich schon auf den Weg nach Magdeburg oder Dresden machen.

Für den 15. November und für weitere acht Abende war das neue »Distel«-Programm unter dem Titel »Keine Mündigkeit vorschützen« angekündigt worden, und die SED-Blätter *Neues Deutschland* sowie *Berliner Zeitung* meldeten »ausverkauft« – freilich mit einer winzigen Änderung: Bei beiden Blättern fehlte das »n«, und schon war aus Mündigkeit »Müdigkeit« geworden. Da ahnten die, die für die Generalprobe Karten besaßen, dass dem Herbstprogramm der »Distel« nur ein kurzes Leben beschieden sein werde. Am Tag danach machten es beide Zeitungen aktenkundig: Das neue Programm hatte die Generalprobe nicht überlebt, für den 16. November wurde eine »Spielplanänderung« angekündigt. Plötzlich waren auch wieder »einige Karten« zu haben.

Noch einen Tag später konnte man in der Zeitung der liberal-demokratischen Blockpartei *Der Morgen* lesen: »In der ›Distel‹ entfallen die für Samstag und Sonntag vorgesehenen Premieren-Veranstaltungen von ›Keine Mündigkeit vorschützen‹. Karten dafür sowie für die Aufführungen heute sowie Freitag können zurückgegeben werden.« Wenigstens hatte *Der Morgen* das kleine »n« nicht vergessen.

Eine Begründung für die Absetzung hat es bis heute nicht gegeben. Inzwischen jedoch machen die verbotenen Texte über Mundpropaganda die Runde, und das ist in der DDR oft viel wirkungsvoller als 20 Aufführungen. Einige Zuhörer – es waren zumeist Kabarettisten und ihre Freunde – hatten ihr Gedächtnis strapaziert und die treffendsten Pointen aufgeschrieben, um sie möglichst korrekt weiterzugeben. Immerhin waren bei der einzigen Vorstellung dieses Programms an die 400 Zuhörer dabei gewesen. »Wahnsinnspreise«, so versicherte jetzt ein Teilnehmer, erhalte man inzwischen für das an jenem Abend verteilte Programmheft.

In diesem Heft können schon die Grafiken von Barbara Henniger die Gefühle der Partei strapaziert haben. Und geärgert hat die SED vermutlich auch, dass das Thema »Mündigkeit« gleich mehrfach angesprochen wird – ohne Kommentar der Kabarettmacher, dafür aber mit Äußerungen berühmter historischer Persönlichkeiten wie von Karl Marx und Friedrich Engels, von August Bebel oder Immanuel Kant, der 1784 in Königsberg zu Papier brachte: »Aufklärung ist der Ausgang des Menschen aus seiner selbstverschuldeten Unmündigkeit. Unmündigkeit ist das Unvermögen, sich seines Verstandes ohne Leistung eines anderen zu bedienen.«

Die beiden Autoren der »Kabarettistischen Szenenfolge« (Programmheft), Inge Ristock und Hans Rascher, haben sich offenbar zu üppig des eigenen

Verstandes ohne Leitung der Partei bedient. Da werden selbstkritische Fragen gestellt, warum das Engagement nachlasse oder erst gar nicht da sei, wenn es etwas zu verändern gelte nach dem Motto: »Mit Resignation kommt man nicht weiter, aber durch.« Da wird auch der Satz aus dem Munde des KPdSU-Generalsekretärs Gorbatschow übel aufgestoßen sein, wonach es Fortschritt im Sozialismus nur geben könne, wenn man Fehler und Mängel schonungslos aufdecke. Hier ist die SED gegenwärtig besonders schwerhörig.

Zum ersten Mal, so erinnert sich einer, wurde wohl auf einer Kabarettbühne der DDR auch das heikle Thema Ausreiseanträge ausgesprochen und Ursachenforschung verlangt mit dem Ziel, herauszufinden, warum diese Menschen die Geborgenheit im Sozialismus ablehnen. Und die Schmerzgrenze könnte erreicht worden sein, als es über die DDR-Demokratie, deren Propagandisten gern von einer Demokratie ohne Gegenstimmen sprechen, den Satz zu hören gab: man zähle die Stimmen ja immer genau nach. Es würden einfach nicht weniger als 99,99 Prozent. Was man da nur machen könne.

Zum Schluss sollen alle Zuhörer geradezu frenetisch Beifall geklatscht haben, minutenlang. Die meisten seien sogar aufgesprungen, aber genützt hat dies freilich nichts: denn eine »Distel« ohne Stacheln war davor schon beschlossene Sache.

Hintergrund

Eines Abends im Dezember 1988 stehe ich im vierten Stock des Hauses Breite Straße 13 in Berlin-Pankow, in Ost-Berlin. Am Namensschild Ristock klingele ich. Plötzlich eine Stimme: »Wer ist da?« Ich kenne die Dame, war aber noch nie in ihrer Wohnung. Ich flüstere meinen Namen, sie versteht ihn nicht. »Sie müssen laut sprechen! Wer ist da?« Ihre Stimme hört man im ganzen Treppenhaus. Für mich ist Vorsicht geboten. Was weiß ich, wer da alles wohnt? Es braucht niemand zu wissen, dass der DDR-Korrespondent der *Frankfurter Rundschau* im Hause ist. Vor drei Tagen fragte mich ein Freund auf einem Empfang: »Weißt du, dass sie das neue Programm der ›Distel‹ verboten haben?« Das Programm der »Distel« verboten, ausgerechnet das des Renommierkabaretts der DDR mit dem Domizil am Bahnhof Friedrichstraße gegenüber dem »Tränenbunker«, dort wo West-Besucher sich oft sofort um Karten bemühen, um zu sehen, wie Satire im real existierenden Sozialismus daherkommt? Die »Distel« war bisher immer linientreu. Da muss ich mehr erfahren. Mir fällt die Kabarett-Autorin Inge Ristock (1934–2005) ein. Sie war von 1968 bis 1974 Dramaturgin der »Distel« und hatte auch Texte für das Kabarett geschrieben. Ich bin sicher, sie weiß, was los ist. So stehe ich und warte: Erneut ruft sie: »Sagen Sie laut Ihren Namen, sonst öffne ich nicht!« Ich flüstere wieder. Ihre Schritte entfernen sich, ich höre sie aufgeregt am Telefon. Der Angerufene muss sie beruhigt haben. Sie öffnet langsam einen Spalt. Als sie mich erkennt, geht die Tür ganz auf.

Ihr erster Satz klingt vorwurfsvoll: »Jetzt kommst du auch noch.« Doch ich sehe ihr die Erleichterung an, dass ein Bekannter vor ihr steht. Sie beginnt zu erklären: Sie sei in heller Aufregung, habe zum ersten Mal richtig Angst. Nach 14 Jahren habe sie sich breitschlagen lassen, doch wieder für die »Distel« zu arbeiten – zusammen mit dem Kollegen Hans Rascher. Doch das neue Programm werde nicht gespielt, sei abgesetzt. Eben habe sie Rascher angerufen. Er habe gesagt: »Die Stasi flüstert nicht, die bricht die Tür auf!«

Ich begreife: Ich bin im Auge eines Taifuns, der die »Distel« erfasst hat. Ihr Programm sei bei der »Abnahme«, der Vorzensur, durchgefallen. Es habe aber eine öffentliche Generalprobe gegeben, weil schon 400 Karten verkauft waren. Sie verschweigt mir, dass sich das Ensemble verweigerte, die Generalprobe abzusagen. »Ich brauche die Texte!« Sehr bestimmt kommt von ihr: »Nein! Dann komm ich in den Knast. Die Texte sind jetzt Konterbande«, ein DDR-Ausdruck für verbotene Literatur, deren Verbreitung als »staatsfeindliche Hetze« galt. Die Höchststrafe liegt bei zehn Jahren. Ich wiederhole meine Bitte mehrfach und versichere: »Sie werden es nicht merken. Ich bin schon zehn Jahre hier.« Das überzeugt sie. Langsam geht sie zum Schreibtisch, bückt sich zum untersten Schubfach. Dort räumt sie – zögernd – aus, bis sie ganz unten die Textblätter hochholt. Beim flüchtigen Blättern merke ich: Inge Ristock und Hans Rascher haben für ein Publikum geschrieben, das auf Michail Gorbatschows Glasnost und Perestroika im eigenen Land hofft. Im Mittelpunkt steht die Frage: »Wie mündig ist der DDR-Bürger?« Ich lese und mache mir Notizen. Sie flüstert: »Wenn das rauskommt, wenn das rauskommt ...« und sagt nach meinen ersten zehn Zeilen: »Jetzt ist aber genug.« Mein Protest beeindruckt sie nicht. Nach jeder weiteren Zeile reißt sie meinen Arm weg. Ich schreibe die nächste. So kämpfen wir uns durch den Text. Im Notizblock endet jede Zeile mit einem dicken Kugelschreiberstrich.

In der DDR war Informantenschutz lebenswichtig. Also vertusche ich die Quelle. Die Stasi soll denken: Das Original kann er nicht gehabt haben.

Die spätere Einsicht in meine Stasi-Akten zeigt: Der Kontakt Ristock–Baum blieb unerkannt.

Auf der Trauerfeier für Inge Ristock im Oktober 2005 bescheinigt Kabarettist Peter Ensikat der DDR-Zensur, sie sei »gar nicht so blöd« gewesen: DDR-Sozialismus sei »mit dieser Art Kabarett wirklich nicht zu machen gewesen!«

Als Inge Ristock im Frühjahr 1989 zum ersten Mal nach West-Berlin darf, lädt Kabarettist Dieter Hildebrandt sie zur »Scheibenwischer«-Sendung. Mich, ihren einzigen Bekannten in West-Berlin, nimmt sie mit. Hildebrandts Managerin Cathérine Miville ist umsichtig. »Ich setze Sie so, dass keine Kamera Sie erfassen kann.«

Im vereinten Deutschland wird Inge Ristock neben ihrer Arbeit für die nun von der Zensur befreite »Distel« bekannt als Autorin der ZDF-Serien »Salto Postale« und »Salto Kommunale«.

»Wir wurden unterstützt vom sozialistischen Lager«
FR-Interview mit dem Generalsekretär der Rettungsfront von Kampuchea, Ros Samoy

Frankfurter Rundschau, 7.2.1979

Wir wurden unterstützt vom sozialistischen Lager
FR-Interview mit dem Generalsekretär der Rettungsfront von Kampuchea, Ros Samoy

Von Karl-Heinz Baum (Berlin)

Auf der außerordentlichen Tagung des Weltfriedensrates, die von Freitag bis Montag in Ost-Berlin stattfand, hat als Vertreter der Nationalen Einheitsfront Kampucheas für nationale Rettung deren Generalsekretär Ros Samoy teilgenommen. Ros, 1934 geboren, entstammt einer armen Bauernfamilie aus der Provinz Takeo. Er führte ein Gespräch über die Situation im heutigen Kampuchea mit unserem DDR-Korrespondenten. Samoy ist Vorsitzender der Kommission des Friedensrates in Kampuchea und des Kongresses für afro-asiatische Solidarität.

Hintergrund

Das Interview »Wir wurden unterstützt vom sozialistischen Lager« vermittelte mir das DDR-Außenministerium: »Herr Baum, der neue Vorsitzende der KP Kampucheas ist Gast der DDR. Wollen Sie ein Interview mit ihm?« Bis dahin war der neue Mann noch mit keinem westlichen Journalisten zusammengetroffen. Rückfrage bei meiner Redaktion: »Wollt ihr?« »Das wäre toll!« Die Redaktion übermittelte mir noch drei Fragen, dann ging es los. Im Pressezentrum erwarteten mich vier Herren: der Mitarbeiter des Außenministers, der Interviewpartner mit Namen Ros Samoy, der nur seine Heimatsprache sprach, ein Vietnamese, der das Kambodschanische aus dem Vietnamesischen ins Französische übersetzte, und ein zweiter Dolmetscher, der vom Französischen ins Deutsche übersetzte. Das Interview dauerte ziemlich lange, dreimal hin und dreimal her übersetzt.

Spannend waren die Antworten nicht. Die *FR*-Redaktion legte besonderen Wert auf die Frage, wo die kambodschanischen Truppen seien. Die nichtssagende Antwort: »Die sind geflohen über die Berge.« Die Redaktion entschloss sich, Samoys erstes Interview mit einem westlichen Blatt auf der Seite 3, der wichtigsten Seite in der Zeitung, zu platzieren. Nach fünf Wochen traf ich im Pressezentrum jenen Mitarbeiter des Außenministeriums. Er kam auf mich zu: »Herr Baum, mir ist das peinlich, aber ich muss Ihnen sagen. Der Mensch, mit dem Sie geredet haben, war nicht der neue KP-Vorsitzende Kampucheas. Das war ein Hochstapler, der sich dafür ausgegeben hat. Wir sind darauf reingefallen. Das war keine böse Absicht.«

Die Chefredaktion entschied: »Jetzt machen wir nichts mehr. Das ist längst vergessen.«

Arbeitsanregungen

1. Erweitern Sie Ihre Aufzeichnungen zu Abschnitt 1.
2. Geben Sie die in den Artikeln genannten rechtlichen Grundlagen und deren Kernpunkte für die Arbeit von Journalisten an.
   Vergleichen Sie diese mit Artikel 27 und 28 der DDR-Verfassung vom 7. Oktober 1974 (siehe beiliegendes Informationsblatt).
3. Klären Sie anhand von Beispielen, wie staatliche Organe sowie DDR-Bürger und Westjournalisten mit diesen Rechtsgarantien umgehen, und geben Sie dafür jeweils Gründe an.

4. Stellen Sie aus den Artikeln zusammen, wie staatliche Organe ihr Vorgehen – auch sprachlich – begründen.
Beurteilen Sie, ob sich diese Begründungen aus der Formulierung »im Rahmen ihrer geltenden Rechtsordnung« (vgl. einen Text zu den rechtlichen Grundlagen) herleiten lassen könnten.
5. Verfassen Sie ein Informationsblatt für einen westlichen Journalisten, das ihn in alle Arbeitsbedingungen als DDR-Korrespondent einführt und wie er sich verhalten soll. Weisen Sie ihn dabei auch auf mögliche Quellen für seine Berichterstattung hin und auf Themen, die staatliche Organe heftig reagieren lassen, und führen Sie dafür Beispiele an.
Ergänzen Sie diese Angaben anhand von Artikeln in den folgenden Abschnitten.
6. Überprüfen Sie, in welchen Ländern derzeit die »Arbeit eines freien Journalisten in einem gelenkten System« aktuell ist.

Hinweis
Informieren Sie sich im Internet oder in einem Nachschlagewerk über:
– Grundlagenvertrag zwischen der Bundesrepublik Deutschland und der Deutschen Demokratischen Republik, u. a. Ständige Vertretungen
– *Neues Deutschland/ND*
– das Berliner Kabarett »Die Distel«

Weiterführende Quellen und Literatur
Verordnung über die Tätigkeit von Publikationsorganen anderer Staaten und deren Korrespondenten in der Deutschen Demokratischen Republik vom 21. Februar 1973 (http://www.verfassungen.de/de/DDR/akkreditierung-presse73.htm)
Durchführungsbestimmung zur Verordnung vom 21. Februar 1973 über die Tätigkeit von Publikationsorganen anderer Staaten und deren Korrespondenten in der Deutschen Demokratischen Republik vom 11. April 1979 (nur in Neues Deutschland vom 14./15. April 1979, S. 6)
Karl-Heinz Baum: Fortan wollte die Frau nicht mehr Gudrun heißen. Wie die DDR-Justiz das Recht beugte und mit harten Strafen klare Worte für immer verbieten wollte, in: Frankfurter Rundschau vom 19. 5. 1994.
Lothar Loewe: Abends kommt der Klassenfeind. Eindrücke zwischen Elbe und Oder, Berlin 1979 (Vorabdruck im Spiegel, Nummer 33, 34, 35, 36/1977).
Eberhard Grashoff, Rolf Muth (Hg.): Drinnen vor der Tür. Über die Arbeit der Korrespondenten aus der Bundesrepublik in der DDR zwischen 1972 und 1990, Berlin 2000.

»Das Ideal ist ausgebrochen oder Wie die Distel noch kurz vor Toresschluss zu ihrem ersten Programmverbot kam und damit mündig wurde«, in: Jürgen Klammer, Beim Barte des Proleten, Leipzig, 2013, S. 235 ff.

Informationsblatt
Auszüge aus der Verfassung der DDR vom 7. Oktober 1974:
Artikel 18
(1) Die sozialistische Nationalkultur gehört zu den Grundlagen der sozialistischen Gesellschaft. Die Deutsche Demokratische Republik fördert und schützt die sozialistische Kultur, die dem Frieden, dem Humanismus und der Entwicklung der sozialistischen Gesellschaft dient. Sie bekämpft die imperialistische Unkultur, die der psychologischen Kriegsführung und der Herabwürdigung des Menschen dient. Die sozialistische Gesellschaft fördert das kulturelle Leben der Werktätigen, pflegt alle humanistischen Werte des nationalen Kulturerbes und der Weltkultur und entwickelt die sozialistische Nationalkultur als Sache des ganzen Volkes.
Artikel 20
(1) Jeder Bürger der Deutschen Demokratischen Republik hat unabhängig von seiner Nationalität, seiner Rasse, seinem weltanschaulichen und religiösen Bekenntnis, seiner sozialen Herkunft und Stellung die gleichen Rechte und Pflichten. Gewissens- und Glaubensfreiheit sind gewährleistet. Alle Bürger sind vor dem Gesetz gleich.
(3) Die Jugend wird in ihrer gesellschaftlichen und beruflichen Entwicklung besonders gefördert. Sie hat alle Möglichkeiten, an der Entwicklung der sozialistischen Gesellschaftsordnung verantwortungsbewusst teilzunehmen.
Artikel 22
(1) Jeder Bürger der Deutschen Demokratischen Republik, der am Wahltage das 18. Lebensjahr vollendet hat, ist wahlberechtigt.
(3) Die Leitung der Wahlen durch demokratisch gebildete Wahlkommissionen, die Volksaussprache über die Grundfragen der Politik und die Aufstellung und Prüfung der Kandidaten durch die Wähler sind unverzichtbare sozialistische Wahlprinzipien.
Artikel 27
(1) Jeder Bürger der Deutschen Demokratischen Republik hat das Recht, den Grundsätzen dieser Verfassung gemäß seine Meinung frei und öffentlich zu äußern. Dieses Recht wird durch kein Dienst- und Arbeitsverhältnis beschränkt. Niemand darf benachteiligt werden, wenn er von diesem Recht Gebrauch macht.
(2) Die Freiheit der Presse, des Rundfunks und des Fernsehens ist gewährleistet.

Artikel 28
(1) Alle Bürger haben das Recht, sich im Rahmen der Grundsätze und Ziele der Verfassung friedlich zu versammeln.
(2) Die Nutzung der materiellen Voraussetzungen zur unbehinderten Ausübung dieses Rechts, der Versammlungsgebäude, Straßen- und Kundgebungsplätze, Druckereien und Nachrichtenmittel wird gewährleistet.

Schule und Jugend

Schule in der DDR war nahezu ein Tabubereich, Schulfremden war der Zutritt verboten. Der linientreue DDR-Schriftsteller Helmut Sakowski (1924–2005) beschrieb 1984 was passiert, wenn ein westdeutscher Autofahrer (ein Klassenfeind) wegen eines dringenden Bedürfnisses verzweifelt eine Schule aufsucht und zur Toilette will. Die Schulleitung wird gerügt, weil sie den Fremden hineinließ. Der Vorabdruck seines Buches *Wie ein Vogel im Schwarm* wird daraufhin gestoppt. Das Buch erschien erst 1990.

Der Schriftsteller Erik Neutsch (1931–2013), auch er linientreu, nimmt in der Novelle *Zwei leere Stühle* ein Abitur-Treffen zum Anlass, um zwei Lebenswege aufzuzeichnen. Der eine, fleißig, diszipliniert, bester Schüler, nur Einsen, große Karriere, darf zu einer Tagung im Westen und – bleibt da. Der andere, aufmüpfig, schlechte Noten, rettet einem Mitmenschen das Leben und kommt dabei um. Neutsch wollte damit sagen, dass die besten Schüler nicht auf dem besten Weg waren, gute Sozialisten zu werden, sondern nur die am besten angepassten. Menschen, die bei der ersten Gelegenheit zum Klassenfeind überlaufen. Schlechtere Schüler sind deshalb womöglich die besseren Sozialisten. Das Buch konnte in jeder Buchhandlung gekauft werden.

Ziel des Staates und damit Aufgabe der Schule war es, den neuen sozialistischen Menschen zu schaffen. Daran wirkten nach offiziellen Angaben gut 170 000 vollbeschäftigte Lehrkräfte an knapp 5200 Polytechnischen Oberschulen in 94 500 Klassen mit. Die Klassenstärke lag bei durchschnittlich 20,7 Schülern.

Ein übliches Schulritual war der Fahnenappell. Meist zum Wochenbeginn mussten alle – Lehrer wie Schüler – in geschlossener Formation und strammer Haltung auf dem Schulhof antreten. Unter der DDR-Fahne sprach der Direktor über die politische Lage. Schüler traten nach vorn, verpflichteten sich, bessere schulische Leistungen zu bringen und so den Sozialismus zu stärken. Die Besten wurden gelobt, Aufmüpfige mussten unter die Fahne treten, erhielten eine Rüge, sollten Selbstkritik üben. Dem Fahnenappell durfte sich niemand entziehen. Nach der Friedlichen Revolution sagte mir eine Lehrerin in Mecklenburg, ihr Sohn, 17, habe beim Fahnenappell zu einem Mitschüler leise gesagt: »Ich geh besser pinkeln.« Das hörte ein Lehrer und zog ihn an den Haaren über den Schulhof. Dieser Lehrer wurde im vereinten Deutschland Schulrat, wohl auch, weil alle Mitwisser schwiegen. Ich wollte darüber schreiben. Doch ich fand keine Zeugen.

Westliche Journalisten erhielten so gut wie keinen Zugang zu Schulen. Vielmehr bot das DDR-Außenministerium alle fünf Jahre den »legalen Basen des Feindes« einen Besuch in zwei Schulen an. Im Vorfeld wurden die ausgewählten Direktoren, Lehrer und Schüler auf die Besucher eingestimmt. Mein Besuch in einer allgemeinbildenden Polytechnischen Oberschule in Frankfurt an der Oder 1979 geriet zur Realsatire: Die Lehrerin hatte die Texte, die die Schüler vortragen sollten, den Schülern aufgeschrieben. Als die Schüler dennoch unerwartete Antworten gaben, verlor sie die Kontrolle über den Unterricht, womöglich auch, weil sie nicht mehr nach jeder Antwort sagen konnte: »Das ist richtig!« Das war nicht der normale Schulalltag. Die meisten Lehrer waren fachlich durchaus versiert. Doch ein ruhiges Leben hatten sie nur, wenn sie Mitglieder der SED oder zumindest der Blockparteien waren und genau das taten, was die Partei von ihnen verlangte. Die meisten parteilich ungebundenen Lehrer verhielten sich opportunistisch. Mutig war kaum einer. Wer über ein nicht festgelegtes Maß hinaus aneckte, wer »provozierte«, musste mit Konsequenzen rechnen: Entlassung aus dem Schuldienst. Aufmüpfige Schüler und Studenten flogen von der Schule oder der Universität. Feind war bereits, wer anders denkt. Es gab nicht wenige Lehrer, die Schüler kujonierten. Schon westliche Kleidung konnte Anlass zur Rüge sein. Was soll man von Lehrern halten, die sagen: »Wenn du weiter mit der Tochter des Pfarrers befreundet bist, erhältst du nur noch schlechte Noten.« Der Besitzer eines Kunstverlages in Zittau, Klaus Pfleumer, berichtete 1991 vor der Enquete-Kommission des Deutschen Bundestages über die Erlebnisse seiner Kinder in der Frühzeit der DDR: »Für meine Kinder, die zur Schule gingen, war ich Kapitalist. Da waren meine Kinder immer die Kapitalistenkinder. ›Wollt ihr einen Kapitalisten sehen? Christine, steh mal auf! Das ist ein Kapitalistenkind.‹«

Die meisten Lehrer gehörten zur DDR-typischen »Nischengesellschaft«, sie wussten zwar, was einige Kollegen trieben, dagegen aufgetreten sind sie nicht. Dass einige Lehrer am Zwiespalt zwischen Auftrag und Verantwortung für die Anvertrauten scheiterten, war ein offenes Geheimnis. Nicht wenige hörten vor Erschöpfung auf, die Selbstmordrate soll unter Lehrern hoch gewesen sein. Zahlen gibt es nicht.

Westliche Beobachter des DDR-Schulwesens wunderten sich stets über die Disziplin und darüber, dass schon untere Klassen eifrig Anpassung einübten. Zehnjährige hatten zwei Sprachen: eine für zu Hause, die andere für draußen, die öffentliche. Draußen sagten sie »antifaschistischer Schutzwall«, zu Hause »Mauer«. Wenn Lehrer fragten, ob die Fernsehuhr Striche oder Punkte habe, war »Punkte« die richtige Antwort: Da konnte der Lehrer annehmen, die Familie sehe das DDR-Fernsehen und nicht Westsender.

Nach der herrschenden Lehre war der Faschismus »mit Stumpf und Stiel« ausgerottet. Die Realität sah anders aus: Gerade Jugendliche ließen sich von rechtsradikalen Parolen beeinflussen, doch das schwiegen die Medien tot oder schoben es dem Westen in die Schuhe. Nur kirchliche Kreise berichteten über Hakenkreuzschmierereien oder über Sprechchöre vor einer Kirche am Heiligabend: »Gebt uns die Neger raus!« Meine drei Artikel über Neonazis sind bewusst in diese Sammlung mit aufgenommen – das Problem wurde nie richtig aufgearbeitet und wirkt bis heute fort.

Es gab wenig Ausländer in der DDR: gut ein Prozent der Gesamtbevölkerung. Das waren politische Flüchtlinge, Studenten und »Vertragsarbeiter«. Politische Flüchtlinge kamen vor allem aus Griechenland, Spanien und Chile, flohen vor Bürgerkrieg und Diktatur. Die zweite Gruppe waren 70 000 Studenten aus 125 Staaten, die von 1951 bis 1989 einen DDR-Abschluss erwarben. Die größte Gruppe waren »Vertragsarbeiter«, die zunächst aus Polen, Ungarn und Algerien kamen, später aus Kuba, Syrien, Mosambik und Vietnam. Untergebracht waren sie in Wohnheimen, sie arbeiteten in DDR-Betrieben und hatten wenig Kontakt zur Bevölkerung. Ein Großteil kehrte zum Ende der DDR in die Heimat zurück.

Karl-Heinz Baum

»Schule der Anpassung«

Frankfurter Rundschau, 11.8.1979

»Ich melde: Die Klasse 3b ist zum Unterricht bereit.« Unterrichtsbeginn in der dritten Klasse der allgemeinbildenden Polytechnischen Oberschule »Thomas Müntzer« in Worin, einer kleinen Gemeinde im Kreis Seelow, DDR-Bezirk Frankfurt (Oder). Die Lehrerin sagt »Danke«, die Schüler wollen sich setzen, doch sie werden aufgefordert: »Dreht euch mal um! Und jetzt begrüßen wir unseren Gast.« Dem Gast, einem Journalisten aus dem andern deutschen Staat, schallt aus 26 Kinderkehlen ein »Guten Morgen« entgegen. Jetzt können sich die Schüler setzen. Die Klasse 3b hat Mathematik.

Der Unterricht beginnt mit Kopfrechnen. Simone, eine der Besten im Rechnen, wird nach vorn gerufen und darf Mitschülern Aufgaben stellen. Ohne dass die Lehrerin ein Wort sagt, erheben sich die beiden Mädchen in der ersten linken Bankreihe. Auf Simones »8 mal 7« ruft eine der beiden »56«, geht in die nächste Reihe zu den beiden, die schon aufgestanden sind, Simone stellt so lange Aufgaben, bis die erste Bank rechts an der Reihe ist. Dann erhält sie ein »dickes Lob«. Wer so schwierige Aufgaben stellt, muss ja selbst immer die Lösung wissen.

Kerstin, die bei diesem »Bankrutschen« drei Reihen weiter kam, ehe einer der beiden Mitbewerber schneller die Lösung wusste, bekommt ebenfalls »ein dickes Lob für den ersten Platz«. Dann das Lob für alle: »Im Großen und Ganzen können wir zufrieden sein; aber einige müssen sich noch bemühen, schneller zu rechnen.«

Mathematik und Politik
Die Lehrerin wendet sich der Tafel zu. Dort steht die Aufgabe: »450 dt Dünger sollen vom Flugzeug aus gestreut werden. Wie viel Flüge sind nötig, wenn jedes Mal 5 dt geladen werden?« (dt ist die Abkürzung für Dezitonnen, also 100 Kilogramm.) »Was ist das für ein Aufgabentyp?« – »Eine Sachaufgabe.« – »Richtig: Womit erleichtern wir uns Sachaufgaben?«, fragt die Lehrerin und klappt den rechten Flügel der Tafel auf. Dort sind diese Gedankenschritte aufgeschrieben: »Was weißt du? Wie heißt die Frage? Bilde die Gleichung! Löse die Gleichung! Schreibe die Lösung auf!« Schnell wissen die Schüler, dass jetzt 450 durch 5 zu teilen ist.

Doch jetzt fragt die Lehrerin: »War es eigentlich früher, als die Landwirtschaft der DDR noch nicht genossenschaftlich organisiert war, möglich, vom Flugzeug aus Dünger zu streuen?« »Nein, da gab's noch keine Flugzeuge.«

Die Lehrerin: »Als ich zur Schule ging, in den 50er Jahren, da gab es schon Flugzeuge. Sie waren nicht so groß wie heute. Warum hat man damals keine Flugzeuge für die Düngung eingesetzt? »Weil sie nicht so schwere Lasten tragen konnten.« »Das wäre eine Möglichkeit. Gibt es noch andere?« »Die Felder waren zu klein.« »Das ist richtig. Stellt euch vor, man setzt ein Flugzeug ein, um ein Feld zu düngen, das so groß wie der Schulhof ist. Wär' das sinnvoll?« Gleichzeitig rufen mehrere Schüler: »Nein.«

Es folgen noch zwei Sätze Politik im Mathematikunterricht: »Früher wurden die Felder mit der Hand bestellt. Jetzt haben wir Traktoren und Maschinen – das nur kurz nebenbei.«

Später, in Frankfurt an der Oder, bei einem Gespräch mit dem Bezirksschulrat, dem Stellvertreter des Bezirksschulrats und mit den Lehrern heißt der Kernsatz: »Das staatsbürgerkundliche Prinzip gilt für den gesamten Unterricht. Immer ist die Frage zu beantworten: ›Was nutzt es, solche Aufgaben zu rechnen?‹« Ob die Schüler der Klasse 3b nun glauben, nur in einer genossenschaftlich organisierten Landwirtschaft kann das Flugzeug zur Düngung eingesetzt werden? Wenn ja, werden sie sich später wundern, dass auch im in der Schule verpönten Kapitalismus Flugzeuge zur Düngung eingesetzt werden.

Lob für »Brigade 1«
In Worin geht der Unterricht mit Tabellenrechnen und Rechnen mit Variablen weiter. Die Lehrerin verteilt Vordrucke mit Aufgaben, die sie dann kontrolliert. Sie vergibt ein »großes Lob« an die »Brigade 1 und die Brigade 3«. Die »Brigade 1«, das sind die Schüler der linken Bankreihe, und die »Brigade 3«, das sind die Schüler der rechten Bankreihe. Die Schüler der »Brigade 2« sitzen in der Mitte, und sie machten wohl einige Fehler. Zum Schluss der Stunde wird noch einmal Kopfrechnen geübt – wieder nach dem Prinzip des Bankrutschens.

Was den Raum von einem westdeutschen Klassenzimmer unterscheidet, sind die Fotos und die Losungen an den Wänden. Hinter der Lehrerin – sie steht, abgesehen vom Ausgeben und Einsammeln der Rechenaufgaben, immer vorn am Lehrertisch – hängt ein Bild Erich Honeckers, des ersten Mannes der DDR, SED-Generalsekretär und Staatsratsvorsitzender. Rechts

Losung in den Fenstern einer Berliner Schule, 1979.

und links neben dem Bild Honeckers hängen Bilder Willy Stophs, des DDR-Ministerpräsidenten, und Horst Sindermanns, des Volkskammer-Präsidenten. Diese beiden Bilder sind durch einen Vorhang halb verdeckt. An der Wand, die das Zimmer zum Gang hin abtrennt, hängen Bilder und Fotos mit diesen Unterzeilen: »Berlin – Hauptstadt der DDR«, »Ernst Thälmann – unser Vorbild«, »Karl Marx – Friedrich Engels«. Dort ist auch das Zeichen der »Jungen Pioniere« – der staatlichen Schülerorganisation – angebracht mit der Inschrift »Seid bereit«. Daneben hängen Bilder der DDR-Streitkräfte, der Nationalen Volksarmee. Sie zeigen Grenztruppen vor einem Wachtturm, Panzer und Marinekreuzer.

Im Klassenzimmer der neunten Klasse fehlen die Fotos. Stattdessen zwei Tafeln: eine mit den Adverbialbestimmungen, die andere stellt die besten Schüler unter der Losung »Vollbringt Pioniertaten für den Sozialismus« vor. Kerstin und Anke haben wohl die meisten Pioniertaten vollbracht, mit einem Notendurchschnitt von 1,3, dicht gefolgt von Jörg (1,6), Cordula (1,7) und Martina (1,8).

Der Ort Worin, so sagt nach den Unterrichtsstunden der Direktor, der den Namen Schüler trägt, hat für die Entwicklung der DDR eine besondere

Bedeutung. Denn hier wurde am 27. Juni 1952 die erste landwirtschaftliche Produktionsgenossenschaft der DDR gebildet. Zum Einzugsbereich dieser polytechnischen Oberschule gehören acht Orte. Die neue Schule gibt es seit 1972, »um«, wie Schüler sagt, »unser maximales Bildungsziel, die allseitige Bildung der Persönlichkeit, zu erreichen«. Und er erinnert daran, dass zuvor die Kinder in Heimatschulen unterrichtet wurden, alle Schüler der Klassen eins bis acht in einem Raum. »Mit Beginn des sozialistischen Frühlings verbesserten sich nicht nur die sozialen Verhältnisse in der Republik zusehends. Auch im Bildungswesen gab es grundlegende Veränderungen wie die Brechung des Bildungsmonopols.«

Direktor Schüler ist stolz darauf, dass seine Schule in den letzten Jahren »fast alle Schüler in die neunte Klasse« überführen konnte. Aus jeder zehnten Abschlussklasse kommen in der Regel zwei Schüler auf die erweiterte Oberschule, die dann mit den Klassen elf und zwölf normalerweise den Zugang zum Universitätsstudium ermöglicht.

Auch in der Bezirksstadt Frankfurt an der Oder führt das DDR-Volksbildungsministerium den Korrespondenten aus anderen Staaten Unterricht vor. In der vierten Klasse ist Heimatkunde dran. Das Thema lautet: »Wir und unser Staat.« Erklärung der Lehrerin zu Beginn der Stunde: »Wir wollen heute in Heimatkunde untersuchen, warum die Werktätigen auf das, was sie geschaffen haben, stolz sein können, was geschaffen wurde, wodurch es erreicht wurde und warum.« Grundlage der Unterrichtsstunde ist der »Wahlaufruf« der Nationalen Front, ein Zusammenschluss der SED und der anderen Blockparteien, die dann zur »Wahl« mit einer Einheitsliste antreten.

Die Lehrerin fordert einen Schüler auf, über seinen »Forschungsauftrag« zu berichten, darüber, wie sich die sozialpolitischen Maßnahmen des Staates auch auf die Schüler auswirken. Der Schüler trägt einen vorbereiteten Text – die Handschrift stammt übrigens von einem Erwachsenen – vor, aus dem hervorgeht, dass 150 Schüler von 700, die am Schulmittagessen teilnehmen, »Freiesser« sind. Sie brauchen den wöchentlichen Obolus von 2,75 Mark nicht zu entrichten, weil sie aus kinderreichen Familien stammen.

Sabine liest dann ebenfalls den Text ab, auch er ist von Erwachsenenhand präpariert worden. Dabei geht es ums Milchtrinken. Sabine: »Ich war bei der Schulleitung und erfuhr erst einmal, dass an unserer Schule 902 Schüler lernen. Von diesen 902 Schülern trinken 550 Schüler Milch. Und von diesen 550 Kindern trinken 157 Schüler frei. Familien mit vier oder mehr Kindern brauchen in der Schule kein Milchgeld zu bezahlen. Da die Eltern dann für alle vier Kinder je eine Mark vierzehn pro Woche bezahlen müssten, gibt der Staat den Kindern die Milch.«

Die Lehrerin, vielleicht nervös, weil Journalisten zuhören, in relativ scharfem Ton: »Wer ist der Staat?« Schweigen. Neuer Versuch: »Wer ist der Staat? Du, ich! Torsten, na, Dirk!«

»Erich Honecker!« »Ooh!?« Einige Schüler lachen. Lehrerin: »Was meinst du? Damit bin ich nicht einverstanden. Wer hat uns das alles geschaffen, dass wir heute so glücklich hier sitzen können, dass wir lernen können? Dass du Freimilch bekommst, dass du frei essen darfst, dass du zum Training gehst und so weiter? Heike?« »Das haben wir selbst gemacht, indem die Werktätigen fleißig arbeiten in den Betrieben und auch, indem wir Pioniere unser Pionierobjekt pflegen und sauber halten.« Die Lehrerin ist glücklich: »Aha! Richtig. Wir! Die werktätigen Menschen unserer Republik. Jawohl! Mutti, Vati, ich und ihr. Schon, dass ihr die Pioniergesetze achtet und ihr eure Schule als Pionierobjekt Nummer eins wählt. Nicht? Denn das ist ja am Vormittag und an einem Teil des Nachmittags euer Zuhause. Das ist wichtig! Einverstanden?« Die Schüler nicken langsam. »Dirk! Wir! Alle! Und warum?« Schweigen in der Klasse. »Warum denn nun?« Die Schüler schweigen. »Es ist ja alles so selbstverständlich, dass es uns so gut geht. Warum denn nun?«

Die Schüler schweigen immer noch. »Warum arbeitet man fleißig?« Noch immer meldet sich keiner. »Warum ist man bereit, auch manchmal eigene Interessen zurückzustellen? Hmm? Warum sind wir das? Daniel?« »Weil wir alle zufrieden leben wollen.« »Ja, mehr! Weiter! Ingo?« Ingo, der sich gemeldet hatte, sagt: »Weil kein Krieg mehr kommen soll.« »Torsten?« Auch Torsten hatte sich zaghaft gemeldet: »Weil wir unseren Staat stärken wollen.« »Ja. Zum Wohle und Nutzen des ganzen Volkes nach dem IX. Parteitag« (gemeint ist der neunte SED-Parteitag, der 1975 stattfand). »Na? Wer hat noch nichts gesagt? Thomas! Bitte!« Thomas liest einen Text vor: »Dreißig Jahre sozialistische DDR. Fleißig arbeiten alle Bürger der DDR zum Wohl und Nutzen des ganzen Volkes. Ein Staat sozialer Sicherheit. Ein Staat der Jugend. Ein Staat des Volkes.« Jetzt sollen die Schüler die Sätze, die an der Tafel stehen, in ihr Heft übertragen. Die Lehrerin: »Daraus erwächst auch die Hausaufgabe!« Während die Schüler die Losungen abschreiben, schaltet die Lehrerin Lautsprecher ein, die die Internationale übertragen.

Es ist offensichtlich: Die Schüler sind auf diese Stunden intensiv vorbereitet worden. Die DDR-Schule hat sich hier so dargestellt, wie sie gesehen werden will. Der Stundenablauf in den DDR-Schulen ist beileibe nicht immer so, aber er ist gelegentlich auch so.

Den Korrespondenten in Worin und in Frankfurt (Oder) fiel die Disziplin der Schüler auf. Geradezu brav saßen die Schüler, die Arme verschränkt auf dem Tisch, auf ihren Stühlen. Wer sich meldete, hob lediglich den rechten Unterarm, ein Bild, von dem westdeutsche Lehrer höchstens träumen, es sich wohl aber nicht wünschen. Wünschen könnte sich höchstens der eine oder andere westdeutsche Lehrer, der mit dem Unterricht Schwierigkeiten hat, dass es in bundesdeutschen Schulen auch solche Bestimmungen gäbe wie in der Hausordnung der Woriner Oberschule. Dort werden Disziplinarstrafen schon bei »frechen Antworten gegenüber dem Lehrer« angedroht.

Äußerungen der Lehrer im Unterricht, wie »Wer ist der Staat? Du, ich!« und das immer wiederkehrende »Richtig« nach einer Schülerantwort belegen den Eindruck: Das politische System in der DDR, das nach einem ausgeklügelten Prämiensystem funktioniert, übt diese Verhaltensweisen schon in der Schule ein.

»»Achtung!‹ – Da erschraken zwei Mitglieder der GEW-Delegation etwas«

Frankfurter Rundschau, 15.4.1978

Paul Ruhig, seit 1964 Vorsitzender des Zentralvorstandes der Gewerkschaft Unterricht und Erziehung der DDR, amüsierte sich noch beim Empfang in der Ständigen Vertretung der Bundesrepublik in Ost-Berlin über seine westdeutschen Kollegen von der Gewerkschaft Erziehung und Wissenschaft (GEW): »Gestern«, so berichtete er Journalisten, »stand die Besichtigung einer polytechnischen Oberschule in Potsdam an.« Dabei nahmen die westdeutschen Gewerkschaftsvertreter auch am Unterricht teil. Wie in der DDR üblich, machte der Klassensprecher bei der Ankunft des Lehrers Meldung. »Er hat ›Achtung‹ gerufen«, stellte Ruhig fest. »Na, und da haben sich zwei von denen erschrocken.« Einer der Erschreckten, Dieter Galas vom Vorstand der GEW, ist Hauptmann der Reserve. Paul Ruhig weiter: »Am Abend haben wir dann gewitzelt, da brauchen wir in der DDR doch eigentlich keine Angst vor dem Imperialismus der Bundesrepublik mehr zu haben, wenn schon ein Hauptmann der Reserve beim Wort ›Achtung‹ erschrickt.«

Der DDR-Gewerkschaftsvorsitzende berichtete auch, dass die westdeutschen Vertreter am Abend den FDJ-Sekretär nach seiner Meinung zu diesem »Meldungmachen« fragten. »Sie glaubten wohl, unser Jugendverband hat eine andere Meinung.« Doch der sagte laut Ruhig nur: »Ganz richtig hat es der Klassensprecher nicht gemacht, er hätte außer ›Achtung‹ auch noch ›Freundschaft‹ rufen müssen.«

Mit dem Besuch der GEW-Delegation in Ost-Berlin wurden erstmals offizielle Beziehungen zwischen den beiden Gewerkschaften aus der Bundesrepublik und der DDR aufgenommen. Nach einem einwöchigen Gedankenaustausch kam man überein, diese Kontakte auf breiterer Basis durch Studiengänge zu bildungspolitischen und pädagogischen Einzelfragen zu erweitern. Das erklärten Ruhig und der GEW-Vorsitzende Erich Frister. (...) Die Delegationsmitglieder, neben Frister und Galas Vorstandsmitglied Franz von Auer und Ernst Kahrs, wunderten sich beim Hospitieren im Unterricht vor allem über die Disziplin in den Klassen und darüber, dass die Lehrer nur frontal (der Lehrer vor der Klasse) unterrichteten. Paul Ruhig kommentierte dies mit dem Hinweis, dass in der DDR der heute im Westen übliche Gruppenunterricht schon in den frühen 50er Jahren aufgegeben worden sei.

Verwundert war man auf pädagogischer Seite auch darüber, dass der Lehrer viele Schülerantworten vorgab und sofort jede einzelne Antwort bewertete: »Das ist gut« – »Das ist sehr gut.« So habe eine Diskussion über die Thesen gar nicht aufkommen können, meinten die GEW-Mitglieder, wenn sie auch davor warnten, diese Eindrücke zu verallgemeinern.

Bei dem Gespräch zwischen der westdeutschen Delegation und dem FDGB-Vorsitzenden Harry Tisch ging es nach den Worten des GEW-Vorsitzenden Erich Frister »ein wenig rau« zu. Da habe man erst einmal Zahlen über das Thema »Berufsverbote« richtigstellen müssen. »Wir sagten, dass man nicht alles glauben müsse, was die DKP nach Ost-Berlin melde.« Als das Thema dann vertieft wurde, habe man deutlich gemacht, dass man sich dann natürlich auch über Ausbürgerungen aus der DDR unterhalten müsse. (...)

»Im Wehrkabinett heißt es ›Genosse Major‹ – Beginn des Pflichtunterrichts über sozialistische Verteidigung in der DDR«

Frankfurter Rundschau, 4.9.1978

Mit Beginn des neuen Schuljahres in der DDR betreten in diesen Tagen die Schüler der neunten Klasse auf den Oberschulen zum ersten Male den Raum, der jetzt »Wehrkabinett« heißt. Der Raum, in dem künftig der obligatorische Wehrunterricht erteilt wird, ist mit Schautafeln und Anschauungsmaterial ausgerüstet. Er unterliegt einer besonderen Schlüsselordnung und wird, wenn er nicht benutzt wird, versiegelt.

In den vier Doppelstunden jedes Schuljahres werden »Fragen der sozialistischen Landesverteidigung« behandelt, mit Themen wie: »Der Sinn der sozialistischen Landesverteidigung – sicherer militärischer Schutz des Sozialismus und des Friedens«, »Die Anforderungen an die Soldaten der sozialistischen Streitkräfte und Einsatzkräfte der Zivilverteidigung«, »Bewaffnung und Ausrüstung der Soldaten der Armeen der sozialistischen Verteidigungskoalition« oder »Waffenbrüderschaft mit der Sowjetarmee – festes Fundament für die Sicherheit der sozialistischen Staatengemeinschaft«.

Für den Wehrunterricht seien, so heißt es in einer Agitationsbroschüre, inzwischen auch »die erforderlichen personellen und ökonomischen Bedingungen vorhanden«. Und an anderer Stelle: »Die theoretische und praktische Ausbildung wird von qualifizierten Kräften durchgeführt«, was wohl so viel heißt, dass Offiziere der Nationalen Volksarmee den Unterricht gestalten. Da versteht es sich fast von selbst, dass die Schüler bei ihren Antworten aufzustehen und »Grundhaltung« einzunehmen haben. Auch müssen sie die Ausbilder mit dem Dienstgrad anreden. Im »Wehrkabinett« heißt es also künftig: »Genosse Leutnant« oder »Genosse Major«. Die Aufgabe der Ausbilder ist es, so jedenfalls das Agitationsheftchen für die Funktionäre, die Stunden »vielseitig und erlebnisreich« zu gestalten.

Auch wenn die DDR-Medien bisher nur in versteckten Andeutungen über den Wehrunterricht berichtet haben: Über die Einführung des neuen Fachs weiß die Bevölkerung Bescheid. Die offizielle Information erfolgte wieder einmal über den »direkten Informationsstrang«: über Partei und Schule. Zunächst wurden die Direktoren informiert mit der von der DDR-Volksbildungsministerin Margot Honecker am 28. Februar in Kraft gesetzten »Direktive Nummer 2« und dazugehörenden »Hinweisen« sowie einer »Themenübersicht« über die Lehrgänge in »Zivilverteidigung«.

Der Direktor informierte die Lehrer, die Genossen sind. Als dort eine einheitliche Linie erarbeitet war, unterrichtete man die übrigen Lehrer. Über die Partei erfuhren es dann die Eltern, die der SED angehören, und deren Kinder, die jetzt den Wehrunterricht besuchen. Erst Ende Juni werden dann kurz vor Beginn der großen Ferien die übrigen betroffenen Eltern informiert. Zu diesem Zeitpunkt bereitete man dann auch die jeweiligen FDJ-Gruppen an den Schulen »für ein gutes Gelingen des Wehrunterrichts politisch-ideologisch vor«, wie es in den Hinweisen für die Direktoren heißt.

Schon vorher hatte die CDU der DDR ein Argumentationspapier für ihre Mitglieder erarbeitet. Vorteil dieser in der DDR nicht gerade selten angewandten Unterrichtsmethode für die Staatsführung: »Negativen« Diskussionsbeiträgen können die längst informierten Genossen ideologisch und politisch widersprechen. Es hat, soweit bekannt, keinen Fall gegeben, dass sich etwa ein ganzes Elternkollektiv gegen den Wehrunterricht aussprach.

Wie diese positive Argumentation aussieht, lässt sich wieder in der Agitationsbroschüre nachlesen: In diesem Alter seien »die politischen Einsichten und Haltungen der Schüler schon weiter ausgereift«. Es entwickele sich zunehmend die Bereitschaft, sich für die Ideale des Sozialismus, für die Erhaltung des Friedens und den Schutz unserer Errungenschaften aktiv einzusetzen. Und das erfordere eben die Wehrbereitschaft und Wehrfähigkeit der 15-Jährigen systematisch und planmäßig zu entwickeln.

Und weiter heißt es in DDR-Deutsch: »Angesichts der unverminderten Aggressivität des Imperialismus und der gegen die Fortführung des Entspannungsprozesses gerichteten zunehmenden friedensbedrohenden Aktivitäten reaktionärer Kreise ist und bleibt die unablässige Stärkung der Verteidigungsbereitschaft die entscheidende Garantie für die dauerhafte Sicherung des Friedens. Sich gegen derartige Bestrebungen nicht zu schützen, nicht für den Schutz unseres friedlichen Lebens vorbereitet zu sein, käme einer Selbstaufgabe gleich.«

Widerstand regte sich vor allem in kirchlichen Kreisen. Die Konferenz der Evangelischen Kirchenleitungen ließ ein »Wort an die Gemeinden« von der Kanzel verlesen. Die katholische Kirche schrieb einen Protestbrief an die Staatsregierung. In einer vom Bund der Evangelischen Kirchen her-

Jugendfestival der DDR in Ost-Berlin unter dem Motto »Wir schützen unser sozialistisches Vaterland«, 1979.

ausgegebenen »Orientierungshilfe« wurde die Frage gestellt, ob eine klare Orientierung auf die Erziehung zum Frieden den Vorrang behalten könne, wenn eine verstärkte Wehrerziehung die Bewusstseinsbildung einseitig beeinflusse. Und der Kirchenbund sieht die Gefahr der »frühzeitigen Fixierung auf Freund-Feind-Denken, Gewöhnung an Gewalt als Mittel zur Lösung von Konflikten.«

Die Proteste waren offenbar nicht ganz fruchtlos. Inzwischen ist in Ost-Berlin zu erfahren, dass die Staatsführung zu – wenn auch kleinen – Kompromissen bereit ist: So sollen sich die ersten vier Stunden nicht mit militärischen Inhalten, sondern mit Erster Hilfe und Katastrophenschutz beschäftigen. Im zweiten Halbjahr – dort wird es wieder vier Unterrichtsstunden geben – werden dann zwar militärische Fragen im Vordergrund stehen; doch soll dabei die Erziehung zum Frieden und die Notwendigkeit einer Abrüstung in den Unterricht mit einbezogen werden. Außerdem habe die Staatsführung angedeutet, dass man an den Schulen ein anderes Feindbild als bei der Ausbildung in der Nationalen Volksarmee der DDR vermitteln will. Hinzu kommt, dass gerade die evangelische Kirche das seit dem

Jugendweihefeier in der Pestalozzi-Oberschule im Filmtheater in Prenzlau, Mai 1981.

6. März (an diesem Tag empfing SED-Chef Honecker die Evangelische Kirchenleitung unter Bischof Schönherr zum ersten Mal) gebesserte Verhältnis zwischen Staat und Kirche nicht schon wieder aufs Spiel setzen will. In dieser Frage sitzt der Staat ohnehin am längeren Hebel. Zum einen gibt es Wehrerziehung in der DDR schon seit Jahren in vielfältiger Form: in der Gesellschaft für Sport und Technik und in freiwilligen Arbeitsgemeinschaften in den Schulen, bei denen dann Orientierungsmärsche, Hindernisübungen und wehrpolitische Foren veranstaltet und militärhistorische Gedenkstätten besucht werden.

Zum anderen fürchten vor allem Eltern und mit ihnen die betroffenen Kinder, dass ein Aufbegehren gegen den Wehrunterricht schulischem und beruflichem Fortkommen Schwierigkeiten bereiten könnte – auch wenn es keine Zensuren gibt. Da, so weiß man aus der Erfahrung mit der Einführung der Jugendweihe, gibt es ganz andere Möglichkeiten. Selbst in den Kreisen, in denen man den Wehrunterricht für die eigenen Kinder ablehnt, hat man sogar ein gewisses Verständnis für den Versuch der Staatsführung, die Jugend wieder enger an den Staat zu binden, denn die immer wieder zu erkennende Aufsässigkeit der im Sozialismus erzogenen Jugend liegt nicht nur den verantwortlichen Genossen im Magen.

Fraglich bleibt freilich, ob nicht mit dem Pflichtfach »Wehrunterricht« gerade das Gegenteil dessen erreicht wird, was man eigentlich anstrebt: eine weitere Abstumpfung der Jugend, eine Entwicklung, die vor allem in den am Ende des Schuljahres veranstalteten geschlossenen Kursen in den Lagern entstehen könnte: im vormilitärischen Lager (freiwillig für Jungen) mit »militärischem Reglement in Ablauf, Ordnung, Anrede, Uniform, kein Urlaub, kein Besuch, kein Alkohol, kein Rauchen« und Ausbildung mit Kleinkaliberwaffen oder im Kursus Zivilverteidigung (Pflicht für Mädchen und die anderen Jungen). Zwar ohne Waffenausbildung, aber mit Stunden wie »Heldentum«, »Arbeit mit dem Marschkompass« oder »Antreten, Blickwendungen, Ausrichten, Wegtreten.«

»Von Beat-Musik, Kultur und Politik in der DDR«

Frankfurter Rundschau, 11.12.1980

»Meine Freunde und ich«, so sagte am Dienstagabend ein 30-jähriger Ost-Berliner, »sind heute ganz niedergeschlagen und traurig.« Mit diesem Satz zum Tode von John Lennon mag er dem größten Teil der jungen Generation der DDR, den heute 20- bis 35-Jährigen, aus dem Herzen gesprochen haben. Denn auch in der DDR haben die Beatles eine Menge Anhänger.

Gerade mit der Beatles-Welle ist in der DDR ein historischer Sieg der Jugend über die Partei verbunden, ähnlich dem Siegeszug der Jeans zehn Jahre zuvor. Das ist wohl auch der Grund, warum Jugendliche und Erwachsene in der DDR sich vom Tod Lennons anders berührt fühlen als die gleiche Altersgruppe im Westen. Alle Abwehrgefechte, die die Partei gegen Rock- und Beatmusik jahrelang lieferte, brachen zusammen, als die Pilzköpfe aus Liverpool im internationalen Showgeschäft erschienen.

Bis dahin waren Rock und Beat in der DDR »Ausdruck bürgerlicher Dekadenz« und »Ausdruck des Amerikanismus«. Als nach einem Rockkonzert der Rolling Stones in der West-Berliner Waldbühne 1965 die Einrichtung zu Bruch ging, geißelte die SED-Presse die Anhänger der Rockmusik noch

Die Musiker der Ost-Berliner Rockgruppe City, 1979.

»als zum Verbrechertum neigend«. Fast jeder DDR-Bürger, der damals in der sechsten bis zwölften Schulklasse war, erinnert sich noch heute an den drohend erhobenen Zeigefinger des Lehrers am Tag nach dem Waldbühnen-Konzert.

Freilich, das alles nützte nichts. Die Musik der Beatles setzte sich in der DDR wie in den anderen Ostblockstaaten durch. Die Partei musste schließlich Frieden mit dem Beat machen: Sie entdeckte die Arbeiterkinder aus Liverpool und verschwieg beharrlich, dass diese Arbeiterkinder inzwischen Millionen scheffelten.

Der Tod von John Lennon war denn auch am Mittwoch allen DDR-Zeitungen einen Zweispalter wert. Die *Junge Welt* erinnert: »Gemeinsam mit Paul McCartney, George Harrison und Ringo Starr änderte Lennon die Musikszene völlig mit den überwältigenden Hits, die auf mehr als 250 Millionen Schallplatten verkauft wurden: ›I want to hold your hand‹, ›Yesterday‹, ›Let it be‹ und viele andere.« Für die Jugendsendung von Radio DDR »DT 64« war John Lennon »zu Lebzeiten legendär«. Dort legte man zur Erinnerung an ihn den Song »Woman is the nigger oft the world« (»Die Frau ist der Neger der Welt«) auf.

Auch in der DDR ist eine Langspielplatte mit Beatles-Titeln erschienen. Freilich war sie nur unter dem Ladentisch zu haben, ist aber gewiss tausendfach auf Tonbändern umgeschnitten worden, so wie die DDR-Jugend bei Rock- und Beatsendungen westlicher Rundfunkstationen nächtelang vor den Radios hockt und die Songs mitschneidet. Was im Westen Deutschlands die Beatles-Schallplatte ist, in den DDR-Wohnstuben sind es die Kassetten mit Beatles-Songs.

Die Beatles-Welle in der DDR krempelte die offizielle Jugend- und Kulturpolitik um. Die Partei entschloss sich schließlich zur Einrichtung von Diskotheken, von denen es heute in der DDR über 5000 gibt. Das Gebot, dass mindestens 60 Prozent heimische, also DDR-Hits zu spielen sind, führte zur Bildung eigener Rockgruppen wie der Renft-Combo oder heute den Puhdys, den Gruppen Kreis oder City, die eine Art deutschen Rock kreierten.

Die DDR-Zeitungen vom Mittwoch heben vor allem John Lennons Engagement »gegen den US-Krieg in Vietnam«, »Für den Kampf in Nordirland«, »Für die Rechte der Frauen wie Angela Davis«, »Gegen die Lügen der Medien in England und den USA« hervor. Freilich mit den heutigen Arten des Rocks, beispielsweise dem Punkrock, hat die offizielle DDR weiterhin so ihre Schwierigkeiten und verteufelt ihn wie weiland die Rock- und Beat-Musik. Auch als Ende August auf der West-Berliner Seite der Mauer die Barclay James Harvest-Band aufspielte, verhinderten DDR-Polizisten und FDJ-Ordner durch Straßensperren, dass die angereisten Jugendlichen auch nur einen Ton hören konnten.

»Was Goethe schon vom realen Sozialismus ahnen konnte – Das schwierige Verhältnis der DDR zu einem Klassiker und die große Mühe, ihn zu bewältigen«

Frankfurter Rundschau, 20.3.1982

Am Montagabend wird die DDR-Partei- und Staatsführung Johann Wolfgang von Goethe ehren, in einem Festakt zum 150. Todestag. Am letzten Wochenende meldete sich das SED-Zentralorgan *Neues Deutschland* zu Wort. »Sein Weimar liegt heute im sozialistischen Deutschland«, heißt es in einem Beitrag, der sich mit den letzten Zeilen des *Faust* beschäftigt: »Auf freiem Grund mit freiem Volke stehen«. In der dialektischen Sicht des SED-Blattes stand, was gemeint ist: »Diese Worte sind so schwergewichtig für uns, weil wir darin eine Zukunftsvision sehen, die wir zu gestalten berufen sind.« Und: »Es ist Goethe nicht möglich, die befreite Menschheit deutlicher zu umreißen; sie liegt noch hinter dem Horizont und zeigt sich ihm nur als heller Schein.« Da ist es dann nicht mehr schwer, eine direkte Beziehung von Goethe zu Marx herzustellen: »Schon 15 Jahre nach Goethes Tod formulierten Marx und Engels das Kommunistische Manifest.«

Die Beziehung deutscher Kommunisten zu Goethe lässt sich – seit den 20er Jahren bis zum Goethe-Bild der DDR heute – keineswegs als gerade Linie darstellen, da gibt es Kurven und Schleifen, ja sogar Kehrtwendungen. Bertolt Brecht etwa oder Johannes R. Becher und Friedrich Wolf zeichnen sich zu Zeiten der Weimarer Republik als rigorose Gegner Goethes aus. Da galt er als »Fürstenknecht« und »Aristokrat«, als – so Becher damals – »Inbegriff der deutschen Spießigkeit«. Sein Werk wurde als »elitär«, »illusionistisch« und »desorientierend« abgetan.

Gewandelt hat sich das Bild erst, als in Deutschland die Nationalsozialisten an der Macht waren. Zum einen wollte man Goethe den Braunen nicht allein überlassen; zum anderen musste man im Bündnis der antifaschistischen Kräfte beweisen, dass man humanistische Werte und Traditionen zu bewahren wusste. Es war vor allem Becher, für den »Goethe fortan als die Zentralgestalt des nationalliterarischen Erbes (galt), an die in den Kämpfen der Gegenwart unmittelbar anzuknüpfen sei«, wie es Bernd Leistner in seinem in der DDR erschienenen Band über Goethes Bezug in der DDR-Literatur *(Unruhe um einen Klassiker)* beschreibt. Der kommunistische Philosoph Georg Lukács fordert eine Literatur, die sich organisch und bruchlos an die Tradition des »großen Realismus« anschließen sollte, und dazu zählte er die Werke von Goethe, Balzac und Tolstoi.

Nach 1945 – in der sowjetischen Besatzungszone und in der späteren DDR – sorgte Becher als der entscheidende Kulturpolitiker – er war lange Jahre DDR-Kulturminister – dafür, dass der reale Sozialismus als »Vollstrecker« der humanistischen Ideale Goethes anzusehen war. 1959 lobte SED-Chef Walter Ulbricht den *Faust* und die Dramen Schillers als große Muster: »Ist es nicht heute erst recht notwendig, dass die Schriftsteller in den vordersten Reihen derjenigen sind, die das Neue in der Gesellschaft verkünden und den Kampf gegen das Alte, Überlebte, Verfaulte und Dekadente führen?

In unserer Republik haben sich neue gesellschaftliche Beziehungen der Menschen entwickelt. Aber wo gibt es eine solche Darstellung dieser Entwicklung in künstlerischer Form, wie sie die Klassiker des Bürgertums über die Entwicklung ihrer Klasse im Kampf gegen die feudale Gesellschaftsordnung gestaltet haben?«

Auch wenn die DDR-Schüler sie noch lernen – im offiziellen Kulturleben werden solche Ansichten eher belächelt. Dafür haben eine Reihe bedeutender Schriftsteller gesorgt, Stephan Hermlin etwa oder Volker Braun, Peter Hacks und Gerhard Wolf, um nur ein paar Namen zu nennen. Ihnen war der »Absolutheitsanspruch«, der »Klassikkult« immer ein Dorn im Auge, zumal er mit der Verteufelung der Romantik als »krank«, »reaktionär«, »zersetzend«, als »feudalaristokratische Reaktion« einherging.

Hinzu kam, dass zur Zeit der »Vollstrecker-Theorie« auch nur der halbe Goethe angesehen war: vor allem der *Faust* natürlich, während anderes unbeachtet liegenblieb, ja als »morbide« galt: die *Wilhelm Meister*-Stücke etwa oder die *Wahlverwandtschaften*, aber auch das Trauerspiel *Stella*, das, so damals der Vorwurf der DDR-Sozialisten, zu viele konservative Züge habe. Selbst *Hermann und Dorothea* standen in schlechtem Ruf.

Diese Zeiten sind freilich längst vorbei. »Es gibt heute keine einheitliche Linie mehr«, lobte während der Buchmesse ein Goethe-Experte. Als Radio DDR in dieser Woche *Stella* ausstrahlte, hieß es einleitend, das Schauspiel sei »zu Unrecht« in den vergangenen Jahren nicht beachtet worden. Auch dies ein Hinweis, dass man sich in der DDR heute um ein differenziertes Goethe-Bild bemüht. Hinzu kommt, dass die Goethe-Forschung im zweiten deutschen Staat sich ständig über den Erkenntnisstand in der Bundesrepublik und in anderen westlichen Staaten auf dem Laufenden hält. Davon wird wohl auch das Goethe-Seminar in der nächsten Woche in Weimar Zeugnis ablegen. Doch wird es noch eine Weile dauern, bis – aus DDR-Sicht – Schattenseiten des Dichters auch im Lehrplan der Schulen Eingang finden. Dass Goethe beispielsweise die Befreiungskriege ablehnte, erfahren DDR-Schüler in der Regel nicht.

Von der Vollstrecker-Theorie, das versicherte der stellvertretende DDR-Kulturminister Klaus Höpcke nachdrücklich auf der Pressekonferenz während der Buchmesse in Leipzig, sei man in der DDR inzwischen wieder abgekommen. Freilich gibt es hie und da Äußerungen, die dem Vollstreckergedanken recht nahe kommen, und dazu gehört denn auch der jüngste Kommentar im SED-Zentralorgan.

Im Lehrplan für die 10. Klasse heißt das Lehrziel für die Schüler: »Sie begreifen, dass im Entwurf eines zukunftsweisenden Menschenbildes als Leit- und Zielvorstellungen menschlichen Strebens die größte Leistung Goethes und Schillers besteht: das klassisch-bürgerliche Humanitätsideal fasst den Menschen als eine lebensbejahende, schöpferisch tätige, allseitig ausgebildete und harmonische Persönlichkeit ... Die Schüler sollen erkennen, dass die Arbeiterklasse mit der Verwirklichung ihrer historischen Mission auch die Vorstellungen und Hoffnungen der bürgerlich-humanistischen Künstler in die Tat umsetzt.«

Dass dennoch nicht alles so hell und hehr ist, macht die in Weimar lebende Schriftstellerin Inge von Wangenheim deutlich. In einem Beitrag »Genosse Jemand und die Klassik« schrieb sie, in der DDR werde es allmählich zur Gewohnheit, Wissen und Bildung zu verwechseln. Die klassische Literatur werde nicht mehr verstanden: »Wir produzieren Halbbildung.«

Die Ost-Berliner SED-Zeitung *BZ am Abend* mokierte sich über einen Goethe-Abend im Jugendklub: »Die Neugier am Thema ließ bald nach. Denn leider gelang es dem Referenten nicht, an das Wissen der jungen Leute anzuknüpfen. Jede Frage wurde mit hochgeschraubten kulturellen Erläuterungen beantwortet.«

Die Redakteure der *BZ am Abend* werden ebenso wie Inge von Wangenheim und andere Schriftsteller gelächelt haben, als sie am letzten Wochenende den Grundsatzbeitrag im SED-Zentralorgan gelesen haben.

»Porträts aus dem Bilderbuch – Jugend in der DDR: Die Übereinstimmung mit der Partei ist äußerlich«

Frankfurter Rundschau, 25. 5. 1985

»Gibt es einen Generationskonflikt?«, so fragt die Broschüre *Jugend in der DDR heute,* die in diesen Tagen westliche Korrespondenten in der DDR erhielten. Und kurz und bündig heißt es dann: »Einen grundsätzlichen Konflikt gibt es nicht, und man kann ihn auch nicht konstruieren.« Weiter: »Typisch für die DDR ist das Bündnis von Jung und Alt, natürlich kein vollständig konfliktloses Bündnis. Manchmal bedarf es eines deftigen Meinungsstreits, um in nützlicher Weise die Erfahrung der Alten mit dem Elan der Jungen zu verbinden.«

So wie in der Jugendbroschüre der Generationenkonflikt erklärt wird, so geht es auch auf dem sogenannten FDJ-Parlament zu, also einer Art Kongress des staatlichen Jugendverbandes in der DDR. 4000 Jugendliche, zumeist Funktionäre aus den Jugendgruppen, sind in den Ost-Berliner Palast der Republik gerufen worden, um wieder einmal Probleme der Jugend im zweiten deutschen Staat zu beraten. Aber beraten wird da wenig: Eberhard Aurich, seit anderthalb Jahren Vorsitzender des Verbandes, sprach vier Stunden und er zeichnete eine heile Welt der DDR-Jugend.

Zur FDJ gehören nach offiziellen Angaben 2,3 Millionen Jugendliche. Das sind rund drei Viertel aller 14- bis 25-Jährigen. Eine Zwangsmitgliedschaft, das belegen schon diese Zahlen, gibt es nicht. Wer freilich im zweiten deutschen Staat Karriere machen will, wer sich um einen Studienplatz bemüht, dem bleibt in der Regel nur der Weg über den Jugendverband. Die SED bezieht aus der FDJ ihren Führungsnachwuchs: SED-Generalsekretär Erich Honecker war der erste Chef der FDJ vor und nach der Staatsgründung. Und am Freitag sagte er in Ost-Berlin: »Mit Freude stellen wir fest, dass unser sozialistischer Jugendverband seine Verpflichtung, Helfer und Kampfreserve unserer Partei zu sein, in Ehren erfüllt.«

Wie die SED die Jugend am liebsten hätte, konnte man im Vorfeld des Kongresses in der Zeitung des Verbandes, der *Jungen Welt*, nachlesen. Dort wurden 17 Jugendliche porträtiert. Dazu zwei Leseproben dieser Jugendlichen:
1. »Für die Schülerin Kathrin ist Ordnung die exakt erledigte Hausaufgabe, der immer funktionstüchtige Inhalt der Federtasche, die adrette Kleidung, der fest geflochtene Zopf, das immer aufgeräumte Zimmer ...« Kathrin ist 15 Jahre alt und Schülerin in Schwerin.
2. »Dort, wo sie seit Januar 85 arbeitet und lernt, in einem Außenhandelsbetrieb, fühlt sie sich wohl. Sie ist beliebt, auch weil sie allen, die es wünschen, Geburtstagskarten malt oder Einladungen zur Jugendweihe verziert. Das tut sie ausschließlich nach Feierabend. Sie betont: Im Büro bin ich, um was zu leisten, um was aus mir zu machen.« Esther ist 19 Jahre und Facharbeiterin für Schreibtechnik.

Jugendporträts aus dem sozialistischen Bilderbuch. Sind die 14- bis 25-Jährigen im zweiten deutschen Staat wirklich so brav, diszipliniert und lammfromm? Auf den Gedanken kann allenfalls kommen, wer die verlesenen und vorher von oben abgesegneten Diskussionsbeiträge für bare Münze nimmt.

Ein 18-Jähriger, dem ich die Porträts vorlegte, fragte schnippisch: »Aus welchem Jahrhundert stammen diese Texte?«

Das, was die DDR-Jugend wirklich bewegt, kann man gelegentlich auf kirchlichen Tagungen hören. Da tritt dann eine vom Staat unabhängige Jugend auf, die sich für die Abschaffung der Waffen in Ost und West einsetzt oder für verstärkten Umweltschutz. Da fragte auf der Synode des DDR-Kirchenbundes 1983 der damalige Schweriner Bischof Heinrich Rathke, warum in der DDR-Innenpolitik »so oft Misstrauen, Verdächtigungen und strikte Abgrenzung vor allem der Jugend gegenüber« herrschten. Der Vorsitzende des Kirchenbundes, der sächsische Landesbischof Johannes Hempel, sprach auf der gleichen Tagung von der »selbstschädigenden Verkümmerung von Potenzen«, die er für die Enttäuschung und Verbitterung vieler DDR-Bürger verantwortlich machte. Auf Kirchenveranstaltungen wird ein Thema der DDR-Gesellschaft auch angesprochen, das für die offizielle Publizistik tabu ist, die Jugendlichen dafür aber umso mehr interessiert: die fehlenden Reisemöglichkeiten in Richtung Westen.

»Das Schlimme ist«, meinte kürzlich eine 19-Jährige, die sich ehrlich bemüht, eine gute Sozialistin zu sein, »dass sie uns in der Schule die Leitbilder durch ständige Wiederholung verhunzt haben. Wer da nicht Lippenbekenntnisse ablegt, kann schnell an den Rand der Gesellschaft gedrängt werden.« Das Neue an der DDR-Gesellschaft des Jahres 1985 ist, dass es vielen nichts mehr ausmacht, an diesen Rand zu kommen. Die westliche Aussteigermentalität ist auch im zweiten deutschen Staat anzutreffen, obwohl die Staatsmacht sie unnachsichtig mit dem Strafgesetz verfolgt. Davon können nicht nur »Punker« ein Lied singen, die sich schnell als Asoziale verunglimpft sehen. Dass auch unter DDR-Jugendlichen die Selbstmordrate erstaunlich hoch sein soll, wird manchmal intern erörtert, gehört aber gleichfalls zu den Tabuthemen.

Auf dem FDJ-Parlament sprach man dann lieber von Optimismus, von Geborgenheit, von der Freude an der Arbeit, von disziplinierter Planerfüllung und sozialer Sicherheit, von den – so Honecker – »lichten Höhen des Kommunismus«. Eberhard Aurich versicherte, für die DDR-Jugend seien »Weltschmerz und Fluchten aller Art« kein Thema.

Doch die so gern gezeigte vollständige Übereinstimmung zwischen Jugend und Partei ist oft nur äußerlich. Die Rechnung der SED, dass aus dieser äußerlichen Anpassung im Laufe der Jahre innere Überzeugung werde, geht oft nicht auf. Seiner Partei schrieb [der Wirtschaftswissenschaftler und Publizist] Jürgen Kuczynski [1904–1997] vor einem Jahr ins Stammbuch: »In der Überbewertung der Kontinuität ... wie auch in dem Abscheu vor Widersprüchen kommt nur eine defensive, kampfunlustige, auf Ruhe bedachte Haltung zum Ausdruck.« Bei einem Teil der DDR-Jugend sieht Kuczynski »eine Krankheit, Apathie genannt, grassieren«. Diese Krankheit verstecke sich »manchmal hinter ausgezeichneten Noten in der Schule oder beim Studium, hinter hohen Produktionsergebnissen, hinter tönenden Reden«. Und »besonders bedauerlich« fand er, dass manchmal »ordentliche saubere junge Leute« keine gesellschaftliche Aktivität zeigten, so als wäre es ihnen »peinlich, dass man sie der Anpassung verdächtigen könnte«. Der Jugendkongress in Ost-Berlin hat nicht dazu beigetragen, diese Krankheiten zu heilen.

»Neonazistische Umtriebe in der DDR drakonisch geahndet – Haftstrafen gegen fünf Ost-Berliner Jugendliche / Gericht: Faschistische Leitbilder durch westliche Sender vermittelt«

Frankfurter Rundschau, 6.7.1988

Mit drakonischen Strafen hat die DDR am Dienstag Grabschändungen auf dem Jüdischen Friedhof im Ost-Berliner Stadtteil Prenzlauer Berg geahndet. Das dortige Stadtbezirksgericht verhängte Haftstrafen zwischen zweieinhalb und sechseinhalb Jahren gegen fünf Jugendliche, von denen nur die Vornamen sowie der erste Buchstabe der Nachnamen, nicht aber das Alter angegeben wurden. Wie es in einer Meldung der DDR-Nachrichtenagentur ADN heißt, erging das Urteil wegen »Rowdytums, öffentlicher Herabwürdigung und anderer Straftaten«.

Den fünf Angeklagten seien die ihnen zur Last gelegten Taten »in vollem Umfang nachgewiesen« worden, schrieb ADN. Sie hätten auf dem an der Schönhauser Allee gelegenen jüdischen Friedhof insgesamt 222 Grabsteine beschmutzt, beschädigt und zerstört. Dabei seien sie »mehrmals nachts gemeinschaftlich« in den Friedhof eingedrungen und hätten »unter Alkoholeinfluss sich gegenseitig bestärkend faschistische und antisemitische Parolen« gegrölt.

Um welche Parolen es sich dabei handelte, verschweigt die Nachrichtenagentur ebenso wie die Ost-Berliner Zeitung *Junge Welt*, die in der vergangenen Woche mehrmals in Kurzberichten auf den Prozess eingegangen war. So hieß es in der *Jungen Welt* unter anderem: »Man überbot sich darin, Grabmäler umzustoßen, um ›zu zeigen, was man drauf hat‹, ›vor den anderen gut dazustehen‹, in der Gruppe ›anerkannt‹ zu sein.« Aus der Zeitung geht ferner hervor, dass die Jugendlichen in der Zeit von Januar bis März dieses Jahres insgesamt viermal Grabsteine auf dem jüdischen Friedhof beschädigten. Dabei hatten sich, wie ADN meldet, jene Täter, die jetzt zu sechseinhalb und fünfeinhalb Jahren Haft verurteilt wurden, besonders hervorgetan. Darüber hinaus hätten drei der Jugendlichen »Bürger auf öffentlicher Straße tätlich angegriffen und die öffentliche Ordnung erheblich gestört«. (...)

Das Gericht wies laut ADN in der Urteilsbegründung darauf hin, dass solche Straftaten in der DDR keinen Boden hätten. Die Jugendlichen hätten sich »an durch westliche Medien vermittelten faschistischen und neonazistischen Leitbildern« orientiert. Im Gerichtsbericht der *Jungen Welt* hatte es geheißen: »Immer wieder kam die Sprache auf Filme, die die Nazizeit verherrlichen und von westlichen Sendern ausgestrahlt wurden. Denken und Handeln der Angeklagten wurden davon stark beeinflusst.«

In der DDR, in der Faschismus, Rassismus und Antisemitismus »für immer ausgerottet« seien, so hatte der Staatsanwalt argumentiert, seien diese schweren Straftaten nicht typisch. Die Angeklagten hätten nicht nur kulturhistorische Werte zerstört. Mit ihren faschistischen und antisemitischen Haltungen und Handlungen hätten sie sich »außerhalb unserer Gesellschaft gestellt, der die Verherrlichung von Faschismus und Rassismus zutiefst wesensfremd ist«.

In dem Urteil, das haargenau den Anträgen des Staatsanwalts entspricht, wird laut ADN hervorgehoben, dass das antifaschistische Vermächtnis und das Gedenken an die sechs Millionen jüdischen Opfer des Faschismus »im sozialistischen deutschen Staat für alle Zeit hochgeachtet, gewahrt und gepflegt« werde. Dabei wird die »umfassende Hilfe und Unterstützung durch Staat und Gesellschaft für das Leben und Wirken der jüdischen Gemeinden« besonders hervorgehoben. (...)

Bereits im Mai hatte das Kreisgericht Oranienburg harte Strafen gegen eine Skinhead-Gruppe gefällt, die »bandenmäßig organisiert nach dem Beispiel westlicher Skinheads brutal und überfallartig wahllos gegen unbeteiligte Bürger vorgegangen« war.

»Leidensweg eines Schwarzen«

Frankfurter Rundschau, 18.7.1989

»Lerne Dinge zu akzeptieren, die du nicht ändern kannst, und spare deine Kraft für Dinge, die du ändern musst.« Nach dieser Devise lebt der 21-jährige Lamin in der DDR, von Geburt an DDR-Bürger, jedoch schwarzer und nicht weißer Hautfarbe. Die Dinge, die er nicht ändern kann, sind »innere Haltungen von Menschen zu anderen Menschen«, sagte er jetzt in einer Sendung des DDR-Jugendradios. »Ausländerfeindlichkeit« wollte er in diesen Haltungen nicht sehen, »denn ich bin ja kein Ausländer«. Dennoch sprach der junge DDR-Bürger von »Parallelen zur Ausländerfeindlichkeit« in der Bundesrepublik Deutschland und anderen Staaten, das könnten »auch sozialistische Staaten sein«.

Ausländerfeindlichkeit haben die DDR-Medien bisher in aller Regel nur in der Bundesrepublik ausgemacht, besonders seit die »Republikaner« im deutschen Westen Wahlerfolge erzielen. Der offiziellen DDR-Propaganda ist, von einigen Entgleisungen zu Beginn der 80er Jahre gegen die polnische Gewerkschaft Solidarność abgesehen, Feindseligkeit gegenüber den 160 000 im Lande lebenden Ausländern (ein Prozent der Bevölkerung) nicht nachzusagen. Das gilt freilich nicht in gleichem Maße für die Bevölkerung; da sind vielfältige Formen von Ausländerfeindlichkeit latent vorhanden.

Der schwarze DDR-Bürger schilderte im Rundfunk seinen Lebens- oder besser: Leidensweg. Bis zur vierten Klasse, also bis zum Alter von zehn Jahren, »habe ich sehr viel Prügel bekommen von anderen, die meist zu mehreren waren und oft auch stärker«. In der achten Klasse in Ost-Berlin sei er von älteren Schülern »stark angefeindet« worden; man habe ihn als »Neger« beschimpft und »auf dem Schulhof hin- und hergeschubst«. Allerdings hätten andere Schüler den Direktor informiert, so dass die Übeltäter aus dem Jugendverband FDJ ausgeschlossen wurden und Verweise erhalten hätten.

Lamin berichtete auch von einer Zugfahrt, da habe ihm ein betrunkener Fußballfan gesagt: »So etwas wie dich hätten wir früher vergast«; dann habe jener noch hinzugefügt: »Dich vergase ich auch noch.« Der DDR-Bürger schwarzer Hautfarbe meinte bei dieser Schilderung, er sei eine solche »Situation eigentlich nicht gewöhnt« und: »Oft bin ich schon so kalt dagegen und trotzdem so erregt.«

Auf einer Kirchenveranstaltung war im vorigen Jahr berichtet worden, dass in Rathenow Jugendliche am Heiligen Abend mit dem Ruf »gebt uns die Neger raus« vor der Kirche randaliert hätten, als dort mehrere Mosambikaner am Gottesdienst teilnahmen. Die DDR-Presse meldete vor Jahresfrist, Jugendliche bei Riesa hätten einen Mosambikaner aus dem Zug gestoßen.

Lamins Freundin erzählte in der Sendung von ihrer »Angst, angegriffen zu werden«, wenn sie in Begleitung ihres Freundes Betrunkenen auf der Straße begegne. Doch es geht nicht nur um Betrunkene: »Wenn man jetzt zusammen so die Straße langgeht, dann sieht man die Blicke der Leute, also, es ist ganz schön finster. Besonders die Blicke von älteren Frauen, die empört sind«, sagte sie.

»Ich möchte beachtet werden«, erklärte Lamin, »aber nicht als Exot, sondern als gleichberechtigter Mitbürger, nicht nur nach der Verfassung integriert, sondern integriert, was die innere Haltung des Einzelnen angeht. Die Integration, die mir fehlt, ist, dass ich als ganz normaler Bürger behandelt werde, und es überhaupt keine Rolle spielt, wo mein Vater herkommt.« Wenn all dies kein Ausländerhass sei, meint der Schwarze mit dem DDR-Ausweis, dann müsste man es wohl als Rassismus bezeichnen.

In der Sendung trat auch eine in der DDR lebende Chilenin auf. Sie sagte, schon oft habe sie sich angegriffen gefühlt: »Das passiert sehr oft, natürlich.« Sie berichtete von einer Probe einer Spielszene über Ausländerhass in der Jugendgruppe. Da seien Leuten, von denen man »niemals denken würde, dass das Rassisten sind, die schönsten Beschimpfungen eingefallen«. Da stecke jedoch mehr drin, auch wenn es diesmal nur ein Spiel gewesen sei.

Latente Ausländerfeindlichkeit, wie sie in der Sendung des DDR-Jugendfunks aus der Sicht Betroffener offenbar wurde, war bisher kein Thema der DDR-Publizistik. Dass jetzt erstmals offen darüber gesprochen wurde, ist ein kleines Stück »Glasnost«.

»Auch Lehrer unter verhafteten Neonazis in der DDR-Kreisstadt«

Frankfurter Rundschau, 30.9.1989

Eine Gruppe von elf Neonazis soll in der DDR-Kreisstadt Wolgast an der Ostseeküste verhaftet worden sein. Das berichteten die *Umweltblätter*, ein hektografiertes Blatt, das von der Umweltbibliothek an der Ost-Berliner Zionskirche herausgegeben wird, in ihrer jüngsten Ausgabe. Unter Berufung auf »interne SED-Informationen« heißt es dort, unter den Verhafteten befänden sich »angesehene Bürger« der Stadt, darunter auch Lehrer.

Bei den Verhaftungen seien neben Protokollen auch »Uniformen und Hieb- und Stichwaffen« gefunden worden, heißt es in den *Umweltblättern*. In der Gruppe habe es »Schulungen und Traditionspflege« gegeben. Die Organisation habe auch versucht, »zum BRD-Republikaner Schönhuber« Kontakt aufzunehmen. Nach Angaben der *Umweltblätter* ist noch nicht klar, ob »der Kopf der neonazistischen Organisation« habe verhaftet werden können. Die Untersuchungen in Wolgast dauerten an.

Hintergrund

Dieser Artikel und der Artikel »Neonazistische Umtriebe in der DDR« (*FR*, 6.7.1988) werden hier abgedruckt, um darauf hinzuweisen, dass auch in der DDR Neonazis aktiv waren. Heute wundern sich manche, dass in den neuen Ländern eine relativ große Gruppe Menschen bereit ist, rechtsextreme (NPD) oder rechts außen angesiedelte (AfD) Gruppen zu wählen und in die Parlamente zu schicken.

Zur DDR-Lehre gehörte: »Der Faschismus ist mit Stumpf und Stiel ausgerottet.« Das war glatt gelogen. Die DDR vertuschte neonazistische Umtriebe. Darüber berichtet wurde allenfalls, wenn eine Neonazi-Gruppe einen westdeutschen Kontakt hatte. So ließ sich das Problem als »Westimport« darstellen.

Wenige Tage nach dem Mauerfall erlebte ich auf einem Ost-Berliner U-Bahnhof, wie eine Gruppe junger Leute das »Horst-Wessel-Lied« grölte. Von Passanten darauf angesprochen, schrien sie: »Das ist jetzt in der DDR erlaubt!« Es war natürlich nicht erlaubt, aber im revolutionären Herbst waren andere Probleme wichtiger. Niemand widersprach den Feinden der Demokratie.

»Im Blickpunkt: Redefreiheit in der DDR – Aus für ›Speakers' Corner‹«

Frankfurter Rundschau, 28.10.1988

In der Ost-Berliner Carl-von-Ossietzky-Schule wurde für einige Wochen Meinungsfreiheit geprobt. An einer eigens dafür reservierten Säule konnten Schüler Beiträge veröffentlichen, die nicht unbedingt mit der offiziellen SED-Linie übereinstimmten. Doch das Experiment ging schief: Für sieben Schüler endete es mit empfindlichen Strafen. Sie hatten an der Notwendigkeit von Militärparaden gezweifelt.

Das Bild vom Lehrer, der »feinfühlig« und »taktvoll« sei, der »den Fragen der Schüler nicht ausweicht«, malte dieser Tage Schulrätin Monika Krause aus der Kreisstadt Luckenwalde im DDR-Fernsehen. Bereits Ende August hatte die Ost-Berliner Schulleiterin Margot Böttcher über den Rundfunksender Stimme der DDR vom »Widerspruch der Schüler« gesprochen, den der Lehrer nutzen, ja herausfordern müsse. »Man muss nicht gleich erschrocken sein, wenn Schüler mal Dinge sagen, die uns vielleicht nicht so ganz gefallen.«

Dass zwischen Denken und Tun in der DDR noch immer ein himmelweiter Unterschied klafft, hatten die sieben Ost-Berliner Schüler der erweiterten Oberschule in der Pankower Florastraße zu diesem Zeitpunkt bereits erfahren. Denn noch immer sind die Schulen in der DDR das wichtigste Instrument des Staates, um Anpassung einzuüben. Die Pankower Schule trägt den Namen des Publizisten Carl von Ossietzky, der 1938 an den Folgen der Haft in NS-Konzentrationslagern gestorben ist.

An der Schule hatte man im Foyer eine Art Wandzeitung angebracht, die den anspruchsvollen Namen »Speakers' Corner« trug – in Anlehnung an die berühmte Redeecke im Londoner Hyde-Park. Dort sollten Schüler ihre Meinungen äußern. Die erste Probe bestand die Schulleitung: Zwei Beiträge über die Ereignisse in Polen und die Berichterstattung der DDR-Medien dazu, die nicht die offizielle Lesart wiedergaben, konnten ein paar Tage im Foyer hängen.

Mitte September – der DDR-Gründungstag, der 7. Oktober, mit seiner jährlichen Militärparade war nahe – heftete einer der Schüler einen Beitrag an die Säule und fragte, ob Militärparaden notwendig seien. Auch darüber diskutierten Schüler. Dann freilich schrieben einige den Beitrag ab, sammelten Unterschriften. Sie wollten ein Gespräch mit dem DDR-Verteidigungsministerium erreichen. Als die Schulleitung davon Wind bekam, ließ sie sich die Unterschriften aushändigen. Bis dahin hatten 37 Schüler das Papier unterzeichnet.

Vor Jahresfrist hatte die DDR-Volksbildungsministerin Margot Honecker öffentlich gesagt: »Wer damit liebäugelt, unter der Flagge der Freiheit, unter dem Motto nach mehr Öffnung an den Grundfesten, den Grundlagen der Demokratie und Freiheit, also an der Herrschaft des Volkes zu rütteln, dem werden durch die Herrschaft der Arbeiterklasse und aller Werktätigen die Grenzen gezeigt.«

Und so sahen in Pankow die Grenzen aus: Die Schüler wurden aufgefordert, ihre Unterschrift zurückzuziehen. Jene, bei denen das nicht fruchtete, wurden aus dem Unterricht geholt, vom Direktor, vier Lehrern und drei »Gästen« regelrecht verhört. Doch sieben blieben standhaft.

Drei Tage später wurde einer der sieben für zwei Tage beurlaubt, damit »Ruhe einkehrt«. Die anderen sechs solidarisierten sich.

Wieder drei Tage später fanden in den Klassen außerordentliche Versammlungen des staatlichen Jugendverbandes FDJ statt. Die Betroffenen mussten sich scharfe Vorwürfe wie den des »antisozialistischen Verhaltens« gefallen lassen. Die an den Pranger Gestellten durften nicht einmal Stellung nehmen.

Am letzten Tag im September wurden alle Schüler in die Aula gerufen, zwei der sieben erhielten einen strengen Verweis, drei mussten die Schule wechseln, den anderen vier wurde »vor versammelter Mannschaft« der Verweis von der Schule angekündigt. Sie mussten noch am gleichen Tag das Haus verlassen. Der Verweis wurde zwölf Tage später offiziell. Eingaben der Eltern nutzten nichts mehr. An der »Speakers' Corner« der Oberschule in der Florastraße hängt inzwischen Unbedenkliches: die Öffnungszeiten der Sporthalle, die Abendkurse an der Universität und Hinweise zur Studienorientierung.

»DDR-Lehrer zwischen Auftrag und Selbstmord«

Frankfurter Rundschau, 19.6.1989

Zum Schluss gab es eine Willenserklärung: »Wir verfügen über alles, was notwendig ist, um auch in den kommenden Jahren und mit Blick in das nächste Jahrtausend eine erfolgreiche Arbeit zu leisten, Antworten auf neue Fragen zu finden und auftretende Probleme in konstruktiver Weise zu lösen. Wir tun dies auf dem festen Fundament einer stabilen, kontinuierlichen und dynamischen Entwicklung unseres Heimatlandes, auf dem Boden einer wissenschaftlich begründeten und durch Jahrzehnte erfolgreicher Entwicklung abgesicherten Gesellschaftsstrategie, auf dem Boden der eigenen Traditionen und der schöpferischen Anwendungen und Erfahrungen unserer Freunde in den sozialistischen Bruderländern.« So selbstgerecht stand es auf der Seite 1 des SED-Zentralorgans *Neues Deutschland*, unterstützt von 4300 zu einem Kongress befohlenen Lehrern, Pädagogen und Vertretern des gesellschaftlichen Lebens. Der Kongress bescheinigte sich zudem, er habe sich in »Ehrlichkeit und Offenheit« konstruktiv und kritisch den Erfordernissen der Gegenwart und Zukunft gestellt«.

Doch gerade davon war auf dem dreitägigem Pädagogen-Kongress in Ost-Berlin, der am Wochenende zu Ende ging, nichts zu spüren, obwohl das SED-Blatt an drei Tagen insgesamt 13 Seiten diesem Ereignis widmete und die abendlichen Nachrichtensendungen des Fernsehens jeweils die erste Viertelstunde. »Furchtbar, furchtbar«, entfuhr es einem renommierten Schriftsteller im anderen deutschen Staat, »das Gegenstück zu unserem Kongress vor anderthalb Jahren.« Auf dem Schriftstellerkongress hatte man solch heikle Themen wie Zensur oder Berichterstattung über Umweltfragen offen angepackt.

Ein Kirchenmann schüttelte gleichfalls den Kopf: »Nichts von dem, was zwischen Staat und Kirche über die Volksbildung im Gespräch ist, hat sich in den Diskussionsbeiträgen niedergeschlagen.«

Der Normalbürger weiß, dass es zwischen Wismar und Weimar kaum noch eine Schulstunde in den höheren Klassen gibt, in denen die Schüler nicht fragen, »wann Glasnost und Perestroika endlich auch zu uns kommen«. Doch DDR-Volksbildungsministerin Margot Honecker, Ehefrau des SED-Generalsekretärs, der am gesamten Kongress ebenso wie SED-Chefideologe Kurt Hager als aufmerksamer Zuhörer teilnahm, hatte dafür nur diese Sätze übrig: »Aber warum sollten wir der Jugend nicht klar sagen, dass sie sich zu Recht Sorgen macht darüber, wenn unter dem Motto der Vielfalt Konterrevolutionäre versuchen, ihr Süppchen zu kochen? ... Nicht immer ist gleich durchschaubar, was da einige Leute im Sinn haben mit freier Marktwirtschaft und Pluralismus, die unter der Fahne der Umgestaltung (!) nicht Stärkung des Sozialismus, sondern zurück zum Kapitalismus meinen.«

Der Pädagogik-Papst der DDR, Gerhard Neuner, wandte sich gar gegen »pauschale, teilweise negierende Kritik« in anderen sozialistischen Ländern an der bisherigen »administrativen Kommandopädagogik«. Neuner setzte immerhin den Begriff in Anführungszeichen, aber das war's. »Manche dieser ›radikalen Alternativen‹ entsprechen eher kleinbürgerlichen Vorstellungen als den Erfordernissen einer sozialistischen Schule und Pädagogik«, sagte er.

Dass Lehrer ihren Schülern den Umgang mit Kindern aus Pfarrershäusern mit schlechten Noten vergelten, dass ein Gedicht »Ich liebe dich, meine Kalaschnikow« zum Lehrplan gehört (so wurde auf der Ökumenischen Versammlung der christlichen Kirchen [im Mai] in Dresden erzählt), dass Kinder die Schule nach der Devise besuchen: Nur nicht auffallen, nur nicht anecken, alles brav nachplappern – all das war kein Thema im »demokratischen Meinungsaustausch«. Und schon gar nicht, dass unter DDR-Lehrern die Selbstmordrate erstaunlich hoch ist, so hoch, dass sie schon in der Literatur beschrieben wird.

Arbeitsanregungen

1. Leitbilder für Bildung und Erziehung in der DDR
1.1 Informieren Sie sich zunächst im Internet über das Bildungssystem in der DDR.
1.2 Klären Sie, welches Menschenbild Leitbild für das Bildungswesen sein soll. Geben Sie dabei die wesentlichen Merkmale dieses Menschenbildes an. Erklären Sie, welche Aufgabe sich die DDR nach ihrem Selbstverständnis als Ziel aller Bildung stellt. (Lehrplan für Klasse 10 im Goethe-Artikel und Artikel 18 (1) der DDR-Verfassung vom 7. Oktober 1974, s. Informationsblatt S. 56).

2. Vergleich von Leitbild und Ziel für Bildung und Erziehung und ihre Vermittlung
2.1 in der Schule
2.1.1 Stellen Sie anhand von Beispielen Verhalten und Maßnahmen von Lehrern (auch Ausgestaltung der Klassenzimmer), Schulleitung und staatlicher Organe zusammen.
Beurteilen Sie, wie sich diese zu den Leit- und Zielvorstellungen verhalten. Beziehen Sie dabei »das staatsbürgerliche Prinzip« für den gesamten Unterricht mit der Frage ein, was es nutzt, und beantworten Sie diese.
2.1.2 Erklären Sie Funktion und beabsichtigtes Ziel des Wehrunterrichts in Klasse 9 und 10 seit dem Schuljahr 1978/79 und wie er abläuft.
Klären Sie, welche Vorgehens- und Verhaltensweisen schon in der Schule geübt wurden und warum.
Beurteilen Sie anhand Ihrer bisherigen Arbeitsergebnisse, inwieweit sich die Befürchtungen der evangelischen Kirche als berechtigt erweisen (Artikel »Im Wehrkabinett heißt es ›Genosse Major‹«).
2.2 in der FDJ
2.2.1 Geben Sie an, wie Erich Honecker 1985 Funktion und Aufgabe der FDJ kennzeichnet (Artikel »Porträts aus dem Bilderbuch«).
Erklären Sie, warum die Mehrheit der Jugendlichen in die FDJ eintritt.
2.3 Nehmen Sie Stellung zu Befunden zweier Bischöfe und des SED-Mitglieds Professor Kuczynski 1984 (Artikel »Porträts aus dem Bilderbuch«).
3. Selbstbildnisse und Wunschbilder – Funktion der Medienpolitik
3.1 Geben Sie kurz das von offizieller Seite auf dem Lehrerkongress 1989 gezeichnete Bild von Schule und Leistungen der Lehrer wieder, und vergleichen Sie es mit dem Bild eines Lehrers, das eine Schulrätin und eine Schulleiterin 1988 im DDR-Fernsehen und Rundfunk (Stimme der DDR) entworfen haben (in »Speakers' Corner«). Erörtern Sie Gründe für diese Veröffentlichung.
Führen Sie in einem Rollenspiel ein Interview mit einem oder mehreren Lehrern, was noch alles zum Bildungs- und Erziehungsauftrag des Lehrers zu sagen ist, wenn sie sich Leit- und Zielvorstellungen verpflichtet fühlen.
3.2 Stellen Sie das Wunschbild der SED von Jugendlichen kurz vor (Artikel »Porträts aus dem Bilderbuch«) und ebenso das im »FDJ-Parlament« angegebene Bild von der Welt Jugendlicher.
Vergleichen Sie diese Bilder mit dem, was Jugendliche wirklich bewegt.
Nennen Sie dabei Beispiele für Eigeninitiativen Jugendlicher und Folgen.
Beziehen Sie weitere Mittel staatlicherseits gegenüber Jugendlichen mit eigenwilligem Verhalten und Handeln sowie die Folgen für die Betroffenen ein.

3.3 Geben Sie an, wobei die Partei Jugendlichen Zugeständnisse machte und wobei nicht. Erklären Sie die Gründe dafür und die Folgen.
3.4 Vergleichen Sie die Berichte von der Wirklichkeit mit Artikel 20 (3) der Verfassung der DDR vom 7. Oktober 1974 (s. Informationsblatt S. 56).
3.5 Fassen Sie die Beurteilungen der Volksbildungsministerin Margot Honecker von Vorstellungen und Bestrebungen zu Veränderungen zusammen (Artikel »Speakers' Corner« und »DDR-Lehrer zwischen Auftrag und Selbstmord«). Vergleichen Sie diese mit der Stellungnahme des »Pädagogik-Papstes« in der DDR, Gerhard Neuner (auch im letztgenannten Artikel).
3.6 Diskutieren Sie Gründe für diese Auffassungen und deren Veröffentlichung. Berücksichtigen Sie dabei Selbstverständnis und Selbstbild der DDR. Beziehen Sie in Ihre Überlegungen auch ein, wann bzw. wie über neonazistische Vorkommnisse in Medien berichtet werden konnte.
3.7 Fassen Sie die Ergebnisse Ihrer Diskussion so zusammen, dass die Funktion dieser Medienpolitik klar gekennzeichnet wird.
Überprüfen Sie, wie und warum sie sich auf Jugendliche und deren Verhalten auswirkte.

Hinweis
Informieren Sie sich im Internet oder einem Nachschlagewerk über:
– Brigade
– Die Internationale (Gedicht/Lied)
– FDJ/FDJ-Parlamente/FDJ-Ordnungsgruppen
– Gesellschaft für Sport und Technik (GST)
– Michail Gorbatschow, Glasnost und Perestroika
– Jürgen Kuczynski (1904–1997)
– NVA

Weiterführende Quellen und Literatur
Gert Geißler, Ulrich Wiegmann: Schule und Erziehung in der DDR. Studien und Dokumente, Neuwied/Kriftel/Berlin 1995.
Jörn Kalkbrenner: Margot Honecker gegen Ossietzky-Schüler: Urteil ohne Prozess, Berlin 1990.
Reiner Kunze: Die wunderbaren Jahre, Frankfurt am Main 1976.
Ulrich Mählert, Gerd-Rüdiger Stephan: Blaue Hemden – Rote Fahnen. Die Geschichte der Freien Deutschen Jugend, Opladen 1996.

Alltag und Leben

Der Historiker Stefan Wolle bringt es auf den Punkt: »Wohl kaum eines charakterisiert die Honecker-Ära treffender als die typisch sächsische Wendung ›Es geht seinen Gang‹. Erich Loest hat sie mit dem Gespür des echten Volksschriftstellers zum Titel eines im Frühjahr 1978 erschienenen Romans gemacht und darin bemerkt: ›Es geht seinen Gang sagten die Leute, wenn sie ausdrücken wollten, dass es bei der Besorgung eines Autoreifens, eines Sacks Zements, eines Kastens guten Bieres und eines Klempners zwar nicht kalkulierbare Schwierigkeiten geben werde, aber irgendwie werde man es schon hinkriegen.‹« In seiner Publikation *Die heile Welt der Diktatur. Alltag und Herrschaft in der DDR 1971–1989* zitiert Wolle auch den Schriftsteller Günter de Bruyn. Dieser schreibt in seinem Lebensbericht *Vierzig Jahre*, er habe bei vielen Menschen »eine Resignation« beobachtet, »die zur Bejahung des Bestehenden neigte, ein bequemes Eingewöhnen in die Zwangslage gestattete und Gedanken an Veränderungen verbot. (...) Die Beherrschten hatten gelernt, sich in Genügsamkeit zu bescheiden, und auch die Herrschenden begannen, sich mit dem Volk abzufinden. Sie verkündeten zwar weiter die unantastbare Lehre, weil ihre Legitimation einzig darauf beruhte, sahen aber von ihren kühnen politischen Zielen weitgehend ab. (...) Es gab eine Art Stillhalteabkommen zwischen oben und unten. Wer die bestehende Machtkonstellation anerkannte und ihre Regeln befolgte, wurde weitgehend in Ruhe gelassen.«

Am wohlsten fühlte sich der normale DDR-Bürger im Privaten: in der Familie, im Freundeskreis, auf der Datsche, beim Kleingärtnern, im FKK-Urlaub, beim Sonntagsausflug mit dem Auto, aber auch beim geselligen Beisammensein im Arbeitskollektiv, offiziell bezeichnet als Brigadefeier oder »Sozialistisch Leben«. »Sozialistisch« lebte der DDR-Bürger nämlich beim »Kampf« um den Titel »Kollektiv der sozialistischen Arbeit«, an dem sich bis 1989 die überwiegende Zahl der Berufstätigen in der DDR, organisiert in 270 000 Brigaden, abarbeiteten. Aber mehr als die mit einer Geldprämie verbundene Medaille hat die von der Gewerkschaft aufwendig organisierte »Massenbewegung« nicht eingebracht.

1983 hat Günter Gaus, der langjährige Bonner Vertreter in der DDR, mit dem Begriff »Nischengesellschaft« das »Staatsvolk der kleinen Leute« erstmals treffend beschrieben. Ausgestattet mit Pudel oder Foxterrier (siehe »Die Attraktion ist ein Hund, der nicht bellt«), mit Konsumgütern aus Intershop, Exquisit- und Delikatläden (siehe »Schlussverkauf ...«), mit »echten« Jeans aus der »Jumo«, dem Jugendmodezentrum (siehe »Der Antwort ›Levis‹-Jeans ...«) oder von den Verwandten aus dem »Milch-und-Honig-Land« (siehe »Schielen ...«) ließ es sich, wenn auch bescheiden, ganz gut leben zwischen Ostsee und Thüringer Wald. Nichts war wichtiger als der Feierabend (siehe »Der Feierabend ...«), die gelungene Beschaffung von Raufaser-Tapete, Tomaten-Ketchup oder dem Waschmittel »Spee« (»In wenigen Stunden ...«).

Für ausgefallene Wünsche wie beispielsweise Sensenbäume, Klobecken oder Pilsner Urquell fuhr der DDR-Bürger auf traditionsreiche Jahrmärkte wie in Havelberg und Weimar (siehe »Sensenbäume ...«), oder er wurde Teil einer Kette im stets gut funktionierenden »Ringtausch« (siehe »Klobecken ...«). Selbst die knappen Wohnungen konnten mit nötigem Einfallsreichtum beschafft werden (siehe »Mit der Toleranz ...«).

Das alltägliche Leben in der DDR war grau und bunt zugleich. Eine paradoxe Wahrheit. Sie ist noch heute, im Nachhinein, Gegenstand unerschöpflicher Geschichten.

Jürgen Klammer

»Die Attraktion ist ein Hund, der nicht bellt«

Frankfurter Rundschau, 16. 5. 1978

Die Hundeliebe der Berliner, ob in West oder Ost, ist sprichwörtlich. Das wurde bestätigt, als jetzt zu Pfingsten Ost-Berliner in Scharen zur 13. Allgemeinen Rassehunde-Ausstellung des Verbandes der Kleingärtner, Siedler und Kleintierzüchter in den Volkspark Berlin-Biesdorf strömten. Mehr als 30 000 Besucher sollen es nach Schätzungen gewesen sein, die die 1889 gemeldeten Hunde vom Affenpinscher (vier Meldungen) bis zum Zwergteckel (sieben Meldungen) für ein Eintrittsgeld von zwei Mark bewundern wollten.

Am stärksten freilich mit 499 Meldungen war in Biesdorf der deutsche Pudel vertreten, gefolgt vom Chow-Chow (121), dem Cockerspaniel (89) und dem Foxterrier (82). Doch die Veranstalter präsentierten auch Hunde, die es in der DDR bisher nicht zu sehen gab, wie den französischen Schäferhund. Mit seiner Züchtung soll in der DDR bald begonnen werden.

Vorgestellt wurde auch der »Basenji« als »die Attraktion der Attraktionen, der einzige Hund der Welt, der nicht bellt. Ideal geeignet für unsere Neubauwohnungen«.

Eltern mussten alle Kunst dafür aufwenden, ihre Kinder davon zu überzeugen, dass in der Neubauwohnung ein Hund auf keinen Fall auch noch Platz hat. Ein bedrängter Vater zur neunjährigen Tochter: »Du musst die Verpflegung dann vom Taschengeld zahlen.« Die Kleine war nicht sonderlich beeindruckt. So schob er das Argument Hundesteuer (monatlich zehn Mark) hinterher. Antwort: »Brauche ich eben mehr Taschengeld.«

Für DDR-Bürger ist die Anschaffung eines Hundes nicht gerade billig. Ein Schnauzer im Welpenalter von acht Wochen kostet 350 Mark der DDR. Der »Hovawart« ist für 400 Mark zu haben und ein Bernhardiner für 450 Mark. Die Bedlengton-Terrier oder die Chow-Chow-Welpen kosten im Schnitt 500 Mark, doch, so ein Züchter, erreichen sie gelegentlich auch Preise von 700 Mark, dann allerdings »ohne Papiere«.

Als bei der Siegerehrung in der Freilichtbühne zum dritten Mal ein Besitzer mit Doktortitel vorgestellt wurde, meinte ein Pärchen: »Da sieht man doch, wer sich Hunde leisten kann.« Und bei der Vorstellung eines anderen Besitzers, von Beruf Taxifahrer, tönt es aus der hinteren Reihe: »Bezahlt er vom Trinkgeld.«

Am Wettbewerb, in dem Titel wie »Bester der Hauptstadt der DDR 1978« und »Jugendbester« sowie Anwartschaften für die Vergabe des Titels »Champion der DDR« vergeben wurden, nahmen Rassehunde aus der ganzen DDR, aber auch aus Polen, der ČSSR, Rumänien und der Sowjetunion teil.

Ziel der Ausstellung war es auch, so der Katalog, der bereits nach zwei Stunden vergriffen war, den Besuchern »Einblick zu verschaffen in die Möglichkeiten einer sinnvollen Freizeitgestaltung in der Hundehaltung und -zucht, welche sich einer immer größeren Beliebtheit bei unseren Bürgern erfreut«.

In der Tat: Die Hundezüchter der DDR können den Vorbestellungen kaum folgen, wie der Obmann des Verbandes in Biesdorf mehrfach betonte. Im Katalog gab ein Züchter »aus gegebener Veranlassung« bekannt: »Ich verkaufe grundsätzlich nur noch Jungtiere nach erfolgter Nachzuchtbeurteilung.« Für seine Kollegen schrieb er: »Meine Deckrüden stehen Züchtern, welche sich aus Bequemlichkeit oder anderen Motiven nur Hündinnen halten, nicht mehr zur Verfügung.«

Dass die Nachfrage bald bewältigt werden kann, steht – glaubt man einem Spruchband in Biesdorf – fest: »Unser sozialistischer Staat schafft die Voraussetzungen zur Steigerung unserer Zucht.«

»Schlussverkaufsstimmung herrscht in den Intershops – Die Devisenläden in der DDR bieten auch der obersten Führungsgruppe immer wieder Stoff zum Nachdenken«

Frankfurter Rundschau, 11. 9. 1978

»Bei uns im Intershop«, so erzählten zwei Messegäste aus einer südlich Leipzigs gelegenen Kreisstadt, »war in der letzten Woche fast alles ausverkauft: Es gab keine Seife mehr, keinen Kakao, kein Waschpulver, kein Haarspray, keine Ölsardinen; vom Kaffee nur noch eine Sorte, ebenso von der Schokolade.« Inzwischen sind die Regale zwar wieder aufgefüllt, doch die beiden erzählten weiter, die Leute – und sie selbst natürlich auch – hätten stundenlang im Regen gestanden und die begehrten Westwaren körbeweise weggetragen. Eine Bekannte, Berlinerin von über 80 Jahren, erstand eine Perlenkette für 820 Mark, »um das Geld rechtzeitig anzulegen«.

Der Andrang in den Läden, in denen westliche Wohlstandsgüter nur gegen DM aus der Bundesrepublik verkauft werden, begann nach einem Beitrag in allen DDR-Zeitungen, mit dem auf einen geschmacklosen Artikel in der *Bild*-Zeitung (Titel: »Heißer Sex am Alex«) reagiert wurde. Damals – Anfang August – hieß es, die DDR könnte sich überlegen, ob die Intershop-Läden nur noch für Ausländer zugänglich sein sollten. Schon damals fragten sich Beobachter, ob nicht gezielte DDR-Informationen dem Springer-Blatt untergeschoben worden waren, um die Devisenkassen wieder aufzufüllen; denn die Reaktion der DDR auf den Sex-Artikel des Boulevardblattes, das in der DDR nicht gelesen werden kann, kam allzu schnell.

Seitdem aber halten sich in der DDR-Bevölkerung hartnäckig Gerüchte –

Besucher vor einem Intershop in Ost-Berlin, 1976.

auch wenn gelegentlich unterstützt durch westliche Presseberichte –, die Intershops würden für die DDR-Bürger geschlossen.

Es ist dabei ein offenes Geheimnis, dass in der SED-Führungsspitze die »Intershop-Ideologie« umstritten ist; denn die Verfechter der reinen Lehre des Kommunismus sehen darin den Einzug des Klassenfeindes nicht nur in das Portemonnaie, sondern auch in die Herzen der Bürger. Auf der anderen Seite kommt es natürlich darauf an, im westlichsten Teil des kommunistischen Herrschaftsbereichs Ruhe zu halten. Und dazu hat gewiss der vom DDR-Staatsratsvorsitzenden und SED-Generalsekretär Erich Honecker propagierte Kurs einer Öffnung zum Konsum hin beigetragen.

Für DDR-Bürger würde die Schließung der Intershops einen alten Zustand wiederherstellen. Als die Läden zu Beginn der 60er Jahre eingerichtet wurden, durften nur Bürger aus westlichen Staaten gegen Vorlage der Reisepapiere dort einkaufen; es gab vor allem Zigaretten und Alkoholika. Die Preise waren in Dollar ausgezeichnet. Die Intershops wurden in den Interhotels der Bezirksstädte und in den Raststätten der Autobahnen sowie im Sperrgebiet der Grenzübergänge eingerichtet.

Erst nachdem Erich Honecker Walter Ulbricht abgelöst hatte, wurden die Läden, wie zuvor schon in anderen Ländern des Ostblocks, für die eigene

Bevölkerung geöffnet. Das war 1974. Noch jahrelang hing in allen Intershops eine Leseranfrage an die Ost-Berliner Zeitung *Der Morgen* (Organ der Liberaldemokratischen Partei der DDR) und die Antwort darauf. Tenor: Nach einer Änderung der Devisenverordnung könnten sich DDR-Bürger selbstverständlich Devisen schenken lassen und sie auch in den Intershops ausgeben. Die Intershops schossen wie Pilze aus dem Boden. Die Preise sind seitdem in DM ausgezeichnet. Sie liegen bei Alkoholika und Zigaretten unter den westdeutschen Preisen, bei anderen Waren, wie Textilien, Autozubehör, Kosmetika, Schokolade oder Rundfunkzubehör über den vergleichbaren Preisen in westdeutschen Supermärkten.

Einkaufen kann jetzt jeder, der Westgeld hat. Das freilich ist der Stein des Anstoßes, denn am leichtesten kommen gerade jene an die begehrte Westmark, die nicht mehr zur werktätigen Bevölkerung gehören: die Rentner, die mit 65 (Männer) oder 60 Jahren (Frauen) ins westliche Ausland reisen dürfen. Wer in Westdeutschland genügend Verwandte und Freunde besucht, kann eine erkleckliche Summe mitbringen. Der Staat wiederum braucht diese Gelder, um möglichst billig im Westen Maschinen und »Know-how« erstehen zu können. So traf sich die Lockerung der Devisenbestimmungen für die Bevölkerung gut mit den politischen und finanziellen Bedürfnissen des Staates.

In die Röhre guckten die treuesten Diener des Staates, die SED-Mitglieder und die Mitglieder der anderen Blockparteien. Vielen von ihnen ist der Kontakt mit dem »Klassenfeind«, also Bürgern aus kapitalistischen Staaten, streng untersagt. So werden Beschäftigte bei der Armee sofort in andere Betriebe versetzt, wenn sie die Verwandtschaft aus dem Westen treffen. Freilich gibt es solche Treffen häufiger, als die Staatsorgane sie bemerken.

Für jene Gruppen wurden daher inzwischen die sogenannten Exquisit- und Delikatläden ausgebaut. Diese Läden, im Volksmund einst »Uwubus« (Ulbrichts Wucherbuden) genannt, verkaufen Luxusgüter zu bewusst überhöhten Preisen, um Kaufkraft abzuschöpfen: die Flasche schottischen Whisky zu 80 Mark oder das Päckchen Schlagschaum für drei Mark, ein halbes Pfund Kaffee zu 27 Mark. Freilich sind diese Preise für den normalen DDR-Bürger, der keine Westverwandten hat, nur zu besonderen Anlässen erschwinglich. Und zu dieser Gruppe gehören dann auch die Parteigenossen an der Basis.

Bereits vor einem Jahr gab Erich Honecker in seiner Dresdner Rede das Startzeichen für einen neuen Kurs in der Intershop-Politik. Interhops, so meinte er, seien kein ständiger Begleiter des Sozialismus. Und er kündigte einen weiteren Ausbau der Exquisit- und Delikatläden an. In seinem Interview vom 5. Juli mit der *Saarbrücker Zeitung* sagte der SED-Chef auf die Frage, ob das Intershop-Netz noch ausgebaut werden solle, die Zahl der Geschäfte sei inzwischen auf 100 in der ganzen Republik begrenzt worden. An eine Ausweitung sei nicht gedacht: »Im Gegenteil.« Und Honecker fügte hinzu, dass man natürlich die vor Jahren eingeführten Devisenerleichterungen aufheben könne.

Es gibt mit Sicherheit SED-Spitzengenossen, die die Intershops für die eigene Bevölkerung ganz abschaffen und strengere Devisenkontrollen einführen möchten. Hinzu kommt, dass »die Freunde« – in der DDR Umschreibung für die Sowjets – schon mehrfach über den Westgeldumlauf in der DDR die Stirn überdeutlich gerunzelt haben. Für sie bedeutet der Verkehr mit der Währung aus dem anderen deutschen Staat unter anderem auch allzu viel deutsch-deutsche Gemeinsamkeit.

In diesen Tagen glaubten die Vertreter des Deutschen Industrie- und Handelstages (DIHT) auf der Leipziger Messe freilich, Entwarnung geben zu können: »Intershopwaren, vor allem Nahrungs- und Genussmittel, werden in der Bundesrepublik unverändert, teilweise zunehmend bestellt.« Der DIHT schloss messerscharf: »Da auch die ausländische Konkurrenz spürbar ins Geschäft kommt, dürften die jüngsten Intershop-Gerüchte widerlegt sein.« Doch ganz so einfach ist das wohl nicht.

Denn selbst größere Bestellungen können die DDR-Führung natürlich nicht daran hindern, die Struktur der Intershops zu verändern oder Warenströme in die Delikat- und Exquisitläden umzuleiten. In der Führungsspitze werden offenbar Pläne diskutiert, das Westgeld durch ein Bezugsscheinsystem zu ersetzen, damit nicht mehr direkt die DM als feste Währung im Umlauf ist. Die Bezugsscheine könnten dann bei der Staatsbank, aber auch bei westlichen Banken erworben werden, und vor allem: Die Partei könnte verdienten Genossen solche Bezugsscheine für den Kauf in Intershops zukommen lassen.

Vorteil einer solchen Lösung für die sehr ökonomisch-pragmatisch denkende Gruppe in der SED-Führung: Die Kuh, die die Milch gibt, wird nicht geschlachtet. Andererseits könnte der »Sommerschlussverkauf«-Andrang in den Intershops der letzten Wochen die Genossen auch auf andere Gedanken bringen. Meinte ein DDR-Bürger in Leipzig: »Eigentlich müsste unsere Führung recht lange daran interessiert sein, das Geschäft am Kochen zu halten;

denn jetzt werden doch alle Westverwandten und Bekannten gebeten, möglichst viel Geld dazulassen, mit dem Hinweis, es ist das letzte Mal.« Die devisenarme DDR braucht jede D-Mark.

Anmerkung
Dieser Beitrag aus dem September 1978 nimmt vorweg, was im April 1979 wirklich geschah: Die Einführung von »Forum«-Schecks, ausgegeben gegen westliche Währungen, ließ vor allem die D-Mark aus dem öffentlichen, aber nicht aus dem privaten Finanzkreislauf der DDR verschwinden. Auch die Vorteile einer solchen Lösung für den Staat zeigt der Artikel auf. Die »Forum«-Schecks sahen äußerlich aus wie Scheine aus dem Gesellschaftsspiel »Monopoly«.

»Rudolf Bahros Lied wurde abgeschafft – Die Kampfgruppen in der DDR/›Stolz und robust. Hand am Gewehr‹«

Frankfurter Rundschau, 4.10.1978

»Genossen, ihr seid nicht umsonst marschiert, wo wir unsere Fäuste ballen, da wird euer Kampf zu Ende geführt. Ihr seid nicht umsonst gefallen.« So lautet ein Abschnitt des alten Kampfgruppenliedes jener militärischen Gruppen in der DDR, die vor 25 Jahren zunächst als »Arbeiter-Wehren zum Schutz und zur Verteidigung der sozialistischen Errungenschaften« eingerichtet wurden.

Doch seit dem Frühjahr 1978 gibt es ein neues Kampfgruppenlied; es stammt von Helmut Baierl, Mitglied des Vorstandes des DDR-Schriftstellerverbandes und der Ost-Berliner SED-Bezirksleitung. Warum es das neue Lied gibt, sagte das SED-Zentralorgan *Neues Deutschland* seinen Lesern nicht, als es die Baierl-Schöpfung vorstellte. Es lässt sich aber leicht erraten. Der Text des alten Liedes stammt von Rudolf Bahro, dem in Ungnade gefallenen SED-Wirtschaftsfunktionär. Nach der Veröffentlichung seines Buches *Die Alternative* wurde er im Juli zu einer Gefängnisstrafe von acht Jahren verurteilt.

Appell der bewaffneten Arbeiterformationen der DDR zum 25-jährigen Bestehen der Kampfgruppen, Ost-Berlin, 30.9.1978.

Die mehr als 400 000 Angehörigen der Kampfgruppen, so jedenfalls westliche Schätzungen, singen jetzt nicht mehr nach Bahro-, sondern nach Baierl-Lyrik: »Wir im August, stolz und robust. Hand am Gewehr. Friedensbewusst. Wir im August.«

Gegründet nach dem 17. Juni 1953 hatte die Truppe ihren ersten und bisher einzigen Einsatz am 13. August 1961, als, so die SED-Lesart, der »antifaschistische Schutzwall« (also die Mauer) gegenüber West-Berlin errichtet wurde. Nicht erst seit dem Baierl-Lied gilt dieser Einsatz der Kampfgruppen in der DDR als »heldenhaft« (...).

Zunächst waren die Kampfgruppen nur zum Schutz der Betriebe und Gebäude in den Städten gedacht, inzwischen aber sind sie längst »ein fester Bestandteil unserer sozialistischen Landesverteidigung«, wie es Herbert Scheibe, Generaloberst, Mitglied im SED-Zentralkomitee und Leiter der Abteilung Sicherheitsfragen im ZK, im September im *Neuen Deutschland* formulierte. Scheibe nannte dies »eine Bestätigung des erreichten hohen Niveaus ihrer Kampfkraft und Gefechtsbereitschaft«.

Der Parteiarmee gehören naturgemäß vor allem SED-Mitglieder an. Eine der ersten Fragen an einen neu aufgenommenen Genossen lautet: »Hast du schon deine Bereitschaft für die Mitgliedschaft in den Kampfgruppen erklärt?« So spricht denn auch Scheibe vom »hohen politischen Bewusstsein der Kämpfer, die den Wert dessen, was es zu verteidigen gilt, zutiefst begriffen haben«. Die Kämpfer »beurteilen« dann natürlich auch »illusionslos« den imperialistischen Klassenfeind, seine Aggressivität und alle Erscheinungsformen seiner ideologischen Diversion. Dagegen setzen sie ihre »unerschütterliche Ergebenheit in die Politik der Partei der Arbeiterklasse«.

Bis zum Beginn der 70er Jahre gab es freilich auch zahlreiche Angehörige der Kampfgruppen, die parteilos waren oder einer der Blockparteien CDU, LDPD, NDPD oder Bauernpartei angehörten. Doch in den Jahren 1972 bis 1974 wurden diese Kämpfer in die Zivilverteidigung, in die Gesellschaft für Sport und Technik, auch ans Rote Kreuz mit der Begründung abgeschoben, die Kampfgruppen seien die bewaffnete Kraft der SED. Heute gehören Parteilose nur dann noch den Kampfgruppen an, wenn ihr Eintritt in die SED zu erwarten ist. Andererseits bemühen sich Angestellte und Hochschullehrer, die es schwieriger haben, in die SED aufgenommen zu werden als Arbeiter, um die Mitgliedschaft in den Kampfgruppen, um so später auch der SED beitreten zu können.

Kampfgruppen gibt es in allen Großbetrieben der DDR, aber auch in den Ministerien, Instituten, Hochschulen, Universitäten oder Handelseinrichtungen. Eine wirkungsvolle Arbeit, so vor kurzem die *Lausitzer Rundschau*, stelle auch an die Betriebsleitung hohe Anforderungen: So muss die Betriebsleitung eine Kleiderkammer bereitstellen, es geht Zeit für Besprechungen verloren, es werden Auszeichnungen in »würdiger Form im Rahmen von Veranstaltungen vor der Belegschaft« übergeben. Auch in diesen Tagen ist ein wahrer Medaillenregen auf die Kämpfer niedergegangen, meist mit Geldprämien verbunden. (...)

Heinz Hinkelmann, in der Leitung der Stickstoffbetriebe Piesteritz tätig, ist seit 25 Jahren dabei. Der 54-Jährige trägt an seiner Uniform, so die *Freiheit* in Halle, »die Treuedienst-Medaillen von Bronze bis Gold und zwei Verdienstmedaillen. Daneben fünffach die Aktivistennadel und seit 1977 auch die des verdienten Aktivisten.« »Hinki« marschiert, »trotz seiner Bronchien«, die drei Kilometer mit.

Hinzu kommt, dass die »Genossen Kämpfer« eine zusätzliche Jahresprämie erhalten, die von ihren Leistungen in der Kampfgruppe abhängig ist, abgesehen davon, dass sie bei den üblichen Jahresprämien »auch immer dabei sind«. Für die Ausbildung hat die Partei eine »Kampfgruppenschule Ernst Thälmann« in Berlin eingerichtet, an der sich seit 1975 Tausende »klassenbewusste Arbeiter« qualifizierten.

Die Kämpfer, meist im Alter von 35 bis 45 Jahren und meist auch Reservisten der Nationalen Volksarmee, haben ihre Übungen in der Regel in der Freizeit zu leisten. Die Ausbildung ist einmal im Monat, beginnt Freitagmittag und dauert bis abends: die großen Alarmübungen beginnen ebenfalls Freitagmittag und dauern oft bis zum Sonntag. Die Waffen werden von der Volkspolizei unter Verschluss gehalten, nicht von der Armee. Der entscheidende Grund dafür mag darin liegen, dass die Kampfgruppen nicht bei Abrüstungsverhandlungen in die Berechnungen einbezogen werden sollen.

Dass über die Wochenendbeschäftigung die Ehefrauen der Beteiligten nicht glücklich sind, weiß auch die Partei. Auf den einmal jährlich stattfindenden Kampfgruppenbällen, mit kaltem Büfett, Kulturprogramm und Tombola, sollen vor allem die Ehefrauen für allein verbrachte Wochenenden entschädigt werden. SED-Chef Honecker dankte auch am Wochenende besonders den Angehörigen, vor allem den Ehefrauen; denn nicht alle sind so stolz wie Frau Semrau auf ihren Mann Manfred, den Kampfgruppenkommandeur, den das *Neue Deutschland* kürzlich vorstellte.

Manfreds »kleine Tochter«, so das *ND* weiter, »freut sich, wenn der Vater in der Schule vom Dienst der Kampfgruppen der Arbeiterklasse erzählt«. Denn die Angehörigen der Kampfgruppen bewähren sich, so kürzlich auch der Ost-Berliner SED-Chef Konrad Naumann, als »wichtige Kaderschmiede für die Herausbildung sozialistischer Persönlichkeiten und kommunistischer Verhaltensweisen«. So wirken sie denn auch bei schulischen Veranstaltungen, bei Geländespielen oder bei der Arbeit mit Karte und Kompass mit. Sie nähmen »stärker als je zuvor« Einfluss auf die Entwicklung sozialistischen Wehrbewusstseins und die Heranbildung stabiler sozialistischer Wehrmotive bei der Jugend, sagte Naumann. Und natürlich versteht es sich von selbst, dass die Angehörigen der Kampfgruppen ein Vorbild im Betrieb sind.

»›Ihr seid die Saat, ihr seid die Ernte‹ – Die DDR feiert Adolf Hennecke als Vorbild der ›Aktivistenbewegung‹«

Frankfurter Rundschau, 18.10.1978

Unter der Schlagzeile »Eine außerordentliche Leistung« berichtete am 16. Oktober 1948 das Organ des DDR-Gewerkschaftsbundes *Tribüne*: »Der Hauer Adolf Hennecke vom Steinkohlewerk ›Gottessegen‹ hat am 13. Oktober 1948 während seiner Acht-Stunden-Schicht mit einem Presslufthammer 24,4 cbm Steinkohle gefördert, das bedeutet bei einer Arbeitsnorm von 6,3 cbm je Schicht eine Übererfüllung des Solls von 380 Prozent.«

30 Jahre später feiert die DDR die Tat Henneckes als »Meilenstein in der gesellschaftlichen Entwicklung«. Doch damals, so bekennt der 1905 in Meggen (Westfalen) geborene Bergarbeiter in einem Gespräch mit dem Schriftsteller Karl-Heinz Jakobs, war das anders: »Ich wusste, worauf ich mich eingelassen hatte. Die Arbeiter in der Ostzone würden toben gegen mich.« So kam es dann auch: »Ich existierte mit einem Mal nicht mehr. Meine Kumpel sahen mich nicht, ich war Luft für sie.«

Hennecke erhielt Briefe, anonyme Briefe, mit Morddrohungen, Briefe freilich, die er den Nazis zuschrieb, die sich »überall in der Ostzone verkrochen hatten«. Doch er bekennt auch: »Das Schlimmste war, dass auch fortschrittliche Menschen verwirrt waren. Funktionäre vom Nachbarschacht riefen an und machten unseren Funktionären Vorwürfe, dass sie einen Normen-Brecher wie mich herausstellten.« Und der »Kumpel«, der mit besonderem Eifer gearbeitet hatte, wusste drei Tage lang nicht, ob er nun ein schlechter oder ein guter Genosse war. Die Funktionäre vom Nachbarschacht waren aber offenbar nicht rechtzeitig informiert worden. Denn natürlich hatte Hennecke an diesem Tag seine Arbeit nicht rein zufällig vollbracht, sondern auf Geheiß der Partei (er war 1948 SED-Mitglied geworden). Der 13. Oktober war der erste Jahrestag, an dem die sowjetische Militärverwaltung den Befehl 234 herausgegeben hatte und in dem Maßnahmen zur Steigerung der Arbeitsproduktivität und zur weiteren Verbesserung der Lage der Arbeiter und Angestellten angeordnet worden waren. Und Zufall war es auch nicht, dass die Tat gerade im Steinkohlenbergbau vollbracht wurde, denn das sowjetische Vorbild Stachanow ist auch ein Kohle-Kumpel.

Am 9. Oktober wurde in einer Sitzung in Oelsnitz beschlossen, dass Hennecke die Schicht vier Tage später fahren sollte. Schon am Tag vorher hatte er sich einen Flöz ausgesucht und daran geschrieben: »Nicht angreifen.« Am Tag selbst fuhr er eine Stunde früher ein, um zu sehen, ob alles in Ordnung war. Noch einmal überprüfte er alle Hilfsmittel. Die Rutsche hatte er tiefer gelegt und dicht an die Kohle herangerückt, damit ein großer Teil der Kohle gleich auf die Rutsche fiel, er sich also meist das Schaufeln ersparen konnte.

Damit wurde Hennecke zum Vorbild der Aktivistenbewegung, jener »Massenbewegung«, schreibt das in der DDR erschienene *Wörterbuch der Ökonomie – Sozialismus*, »zur Erreichung und Mitbestimmung des wissenschaftlich-technischen Höchststandes mit dem Ziel, die Arbeitsproduktivität zu steigern, die Selbstkosten zu senken, die Qualität der Erzeugnisse zu verbessern, das nationale Einkommen zu erhöhen und immer bessere Voraussetzungen für die planmäßige Verbesserung der Arbeits- und Lebensbedingungen der Werktätigen zu schaffen«.

Freilich war Hennecke nicht der erste Aktivist zwischen Elbe und Oder. Bis zum Mai 1948 hatten in der damaligen sowjetischen Zone bereits 140 Aktivisten-Konferenzen stattgefunden. Auf dem Kongress der Jungen Aktivisten hatte der spätere Ministerpräsident Otto Grotewohl in Zeitz im April 1948 verkündet: »Ihr seid die Saat, ihr seid die Ernte. Ihr seid das Bauwerk der kommenden Welt.« Grotewohl schrieb auch einen Brief an Hennecke, damit dieser wusste, dass er doch ein guter Genosse war.

Viele tausendmal zuvor war bereits die Aktivisten-Nadel verliehen worden, die damals noch einen durchbrochenen Ring darstellte, der die »Zerschlagung eines Teufelskreises von jahrhundertelanger Unterdrückung symbolisieren sollte«. Und viele hundert Arbeiter in der Ostzone hatten von ihrer Gewerkschaft die Aktivisten-Urkunde bekommen mit dem Hegel-Wort: »Nichts Großes in der Welt ist ohne Leidenschaft vollbracht worden« und dem Leitsatz: »Wir kämpfen für den deutschen Weg aus der Not« – damals wohl eine Anspielung auf das westliche Deutschland, das mit Marshall-Plan-Hilfe wieder hochgepäppelt wurde und sich damit, so sehen es die Kommunisten gestern wie heute, in die Abhängigkeit des »imperialistischen Amerika« begab.

Allein in den Jahren 1970 bis 1977 wurden so viele Aktivisten-Abzeichen (heute zeigt es Hammer und Zirkel, umrahmt von einem Ährenkranz) in der DDR verliehen, dass an zwei Millionen nur noch 46 fehlen. Diese sind mit Sicherheit dieses Jahr erreicht worden, denn es gibt seit Anfang der 70er Jahre durchschnittlich 300 000 Werktätige jährlich, die als Aktivisten der sozialistischen Arbeit ausgezeichnet werden. Hinzu kommen noch einmal rund 3000 Auszeichnungen als »Verdienter Aktivist«, 800mal im Jahr erhalten Einzelpersonen das »Banner der Arbeit« und 75 werden zu »Helden der Arbeit« ernannt. Die Auszeichnungen sind mit Geldprämien verbunden. Je höher freilich die Auszeichnung, desto geringer ist der Anteil der weiblichen Arbeitskräfte.

Die Erben Henneckes sind die Kollektive der sozialistischen Arbeit mit mehr als vier Millionen Werktätigen, die sich vorgenommen haben, »sozialistisch zu arbeiten, zu lernen und zu leben«. Dazu gehören dann auch solche Sprüche wie die der Berliner Arbeiterin Erika Steinführer: »Jeder liefert jedem Qualität.« Am 28. Oktober sind die Werktätigen in der DDR zu einer freiwilligen, wenn auch bezahlten Sonderschicht aufgerufen, ein Aufruf, der nicht gerade begeistert aufgenommen wurde.

Adolf Hennecke starb 1975 – längst zum Mitglied des SED-Zentralkomitees aufgerückt – mit 69 Jahren. Es gehört zur Geschichtsschreibung der DDR, dass die Tat von damals nicht mehr auf der Grube »Gottessegen« erbracht wurde, sondern auf der Schachtanlage »Karl Liebknecht«, wie das Steinkohlewerk später genannt wurde.

Henneckes Name ist in beiden Teilen Deutschlands sprichwörtlich geworden: »Er arbeitet wie Hennecke«, so gibt es diesen Begriff auch in der DDR, ebenso wie solche Formulierungen wie »es eilig haben wie Hennecke« oder »es gießt wie Hennecke«.

»Der Antwort ›Levis‹-Jeans traute die Frau nicht«

Frankfurter Rundschau, 28.11.1978

»Wir richten jetzt noch mehr Verkaufsstände ein. Ich garantiere, dass keiner länger als 40 Minuten warten muss« – mit diesen Worten versuchte der Verkaufsleiter im Jugendmodezentrum an der Brüderstraße in Ost-Berlin die auf Einlass wartenden Jugendlichen zu beschwichtigen. Wie ein Lauffeuer hatte sich am Wochenende in Ost-Berlin herumgesprochen, dass das Statussymbol der Jugend in Ost und West, Jeans-Hosen, an diesem Morgen in den Kaufhäusern Ost-Berlins zu haben ist: für den Einheitspreis von 145 Mark der DDR.

Schon am frühen Morgen hatte sich am Spittelmarkt vor dem Kaufhaus Kontext eine lange Schlange Wartender gebildet: Gegen 10 Uhr war sie mehr als 100 Meter lang, zufällig Vorbeikommende, die sich sicherheitshalber erst mal anstellten, fragten die schon länger Wartenden: »Was gibt's denn hier Besonderes?« Die Antwort »Jeans« befriedigte nicht. »Von uns oder richtige?« Auch der Antwort »Levis« traute eine junge Frau nicht.

Als ein Jugendlicher mit einem Päckchen unter dem Arm das Kaufhaus verließ, rief sie ihn erst einmal zu sich: »Zeigen Sie mal her, ich will wissen, ob sich das Warten auch lohnt.« Sie war's zufrieden. Gegen Mittag hatte das Kaufhaus (Werbung: »Ein Begriff für die Berliner«) die Lage im Griff. Zwar bildeten sich vor dem Eingang immer noch Trauben Wartender, besonders dann, wenn ein Bus oder eine U-Bahn angekommen war. Allerdings wurden die Käufer nur noch durch den Hintereingang eingelassen, der Haupteingang diente als Ausgang. Denn dort hatten am Vormittag die Wartenden die große Scheibe eingedrückt. Die herbeigerufenen Tischler hatten sie am Nachmittag durch eine Holzplatte ersetzt.

Wer freilich den Hintereingang passierte, war noch lange nicht am Ziel seiner Wünsche. Er musste im Treppenhaus noch einmal warten, vor den Verpflichtungserklärungen der Kaufhausbelegschaft im Rahmen des sozialistischen Wettbewerbs, wie »Wir kämpfen um die Auszeichnung ›Kollektiv der sozialistischen Arbeit‹«.

Im Verkaufsraum selbst – insgesamt gab es im Kaufhaus an der Brüderstraße drei Verkaufsräume, die für den Jeans-Verkauf reserviert waren – durften dann jeweils 30 Kunden an die Stände mit den US-Produkten heran. Die Verkäuferinnen hatten Listen in den Händen, die »DDR-Größen« in US-Maßen und Bundgrößen in Zentimetern angaben. Mütter und Väter mit Zetteln in der Hand, die ihnen offenbar die Sprösslinge mitgegeben hatten, wandten sich immer wieder hilfesuchend an die Verkäuferinnen. Eine 18-Jährige fragte: »Kann man hier auch mit Scheck bezahlen?« und quittierte die bejahende Antwort der Verkäuferin mit: »Das ist heute hier ja einwandfrei.« Als zwei kleine Mädchen den Tränen nahe waren, weil keine der angebotenen Hosen zu passen schien, beruhigte sie eine Verkäuferin: »Ich gehe mal schnell kleinere Größen holen.« So wurden auch diese beiden Mädchen zufriedengestellt.

Die Verkäuferinnen, meist selbst schon mit den neuen Jeans bekleidet, beruhigten auch andere Kunden, die im Moment nicht so viel Geld bei sich hatten: Geplant sei, dass bis Mittwoch verkauft werde, »wenn wir so lange noch welche haben«. Jeans aus der US-Produktion gibt es in der DDR in der Regel nur in den Intershops, jenen Läden, die westliche Ware für »Bunte«, also für Geldscheine in westlichen Währungen, anbieten. Sie kosten dann zwischen 50 und 60 D-Mark.

Die Partei ließ über eine Information ihre Mitglieder wissen, man habe während des rasanten Dollarverfalls einen Posten US-Jeans aufkaufen können, der über die Betriebe und Kaufhäuser an die Bevölkerung ausgegeben werde. Schon vor einer Woche hatten Zeitungen in Ost-Berlin gemeldet, zwischen den Vereinigten Staaten und dem Flughafen Schönefeld südlich von Berlin sei eine Luftkette über Prag eingerichtet worden. Die Maschinen der US-Fluggesellschaften »TIA« und »Flying Tigers«, die je 40 Tonnen Fracht befördern, hatten offenbar Jeans-Kleidung an Bord. Jetzt sind die Jeans in den Kaufhäusern und Betrieben angekommen. An 40 verschiedenen Verkaufsstellen in Ost-Berlin werden sie in diesen Tagen angeboten.

»Nackt vor der Tür«

Frankfurter Rundschau, 14.5.1979

Darf ein Ehemann den ertappten Liebhaber seiner Frau nackt vor die Tür setzen, sodass dieser zum Gespött der Passanten wird? Mit dieser Frage hatte sich jetzt der Ost-Berliner Staranwalt Friedrich K. Kaul in der Sendung des DDR-Fernsehens »Fragen Sie Professor Kaul« zu beschäftigen. Anlass waren Anfragen von Fernsehzuschauern zu einer entsprechenden Meldung der in Dresden erscheinenden *Sächsischen Zeitung*.

Die Rechtsfrage löste Kaul so: In der DDR, daran sei kein Zweifel, ist der gehörnte Ehemann sehr wohl berechtigt, dem Liebhaber seiner Frau die Tür zu weisen. Dabei habe er jedoch den Grundsatz der »Verhältnismäßigkeit der Mittel« zu wahren. So sei es »schon zweifelhaft«, inwieweit der Ehemann die körperliche Integrität des Liebhabers seiner Frau überhaupt verletzen dürfe, »ohne unrechtmäßig zu handeln«. »Unter Ausschluss aller Zweifel«

handelt der betrogene Ehemann aber dann gegen die in der DDR bestehende Rechtsordnung, wenn er zu rabiaten Mitteln greift und den Kontrahenten im Adamskostüm aus dem Hause befördert, dozierte »FKK«. Der Ehemann ist in der DDR jedenfalls nicht berechtigt, den anderen »in einen Zustand zu versetzen, der ihn nicht nur dem Hohn und der Missachtung seiner Umwelt aussetzt, sondern der auch geeignet ist, seine körperliche Integrität aufs Schwerste zu beeinträchtigen«.

Was freilich der betrogene Ehemann genau darf, sagte – wohl sehr zum Bedauern der Zuschauer – »FKK« nicht. Muss der Betrogene dem Nebenbuhler noch beim Anziehen helfen oder genügt es, wenn er ihm ein Handtuch überwirft? Und wie handgreiflich darf er werden, wenn der Widersacher kategorisch erklärt, er denke gar nicht daran zu gehen? Ob er dann am besten selbst wieder geht, darüber müssen die DDR-Bürger auch nach der Fernseh-Rechtsauskunft weiter rätseln. Tröstlich sind freilich Friedrich K. Kauls Bemerkungen über den ertappten Liebhaber. Er braucht nun nicht mehr durch das in diesen Fällen meist geöffnete Fenster zu springen oder sich im Schrank zu verstecken oder unters Bett zu kriechen. Vielmehr kann der Ertappte seiner Angebeteten ins Ohr flüstern: »Bleib ruhig, Liebste, erst mal muss ich mich anziehen – so lange haben wir noch Zeit und dann sehen wir weiter ...«

»Der Feierabend war wichtiger – DDR-Fernsehen berichtet über kostspielige Pünktlichkeit«

Frankfurter Rundschau 16.7.1979

Über einen besonders krassen Fall der auch von offizieller DDR-Seite gelegentlich beklagten Gleichgültigkeit und Interessenlosigkeit der Werktätigen gegenüber den volkseigenen Einrichtungen berichtete jetzt die DDR-Fernsehsendung »Prisma«. Nach dem Bericht hatten am 23. Mai zwei Betriebsangehörige einer Baustelle der Großbäckerei Döbeln (Bezirk Leipzig) am nahe gelegenen Bahndamm einen Schwelbrand entdeckt, der offenbar durch den Funkenflug einer Lokomotive ausgelöst worden war. Sie alarmierten den Bereichsleiter, der Bereichsleiter den Betriebsdirektor und der wiederum verständigte die Feuerwehr mit dem ausdrücklichen Hinweis, in der Nähe der Bahn befänden sich wertvolle Maschinen und Holz.

Das Feuer wurde zehn Minuten vor Betriebsschluss entdeckt. Pünktlich verließen die Arbeiter die Baustelle und »zu guter Letzt«, so das DDR-Fernsehen, »auch der verantwortliche Leiter«. Den Brandherd, zu diesem Zeitpunkt ungefähr so groß wie ein Wohnzimmer, überließ man an diesem heißen und windigen Tag sich selbst. »Mit dem Alarmieren der Feuerwehr war die Sache tatsächlich für alle erledigt.«

Als die Freiwillige Feuerwehr 25 Minuten später eintraf, hatte das Feuer längst die Kisten mit Maschinen erfasst. Schaden: eine Million DDR-Mark. Für das Fernsehen demonstrierte die Feuerwehr noch einmal den Brand und zündete eine etwa gleichgroße Grasfläche an. »Bei sofortiger Bekämpfung«, so das Ergebnis, »hätten vier Kollegen den Brand in wenigen Minuten löschen können – mit einfachen Mitteln wie Spaten und den dort herumliegenden Blechen.«

Den Betriebsdirektor stellte »Prisma« als »langjährigen, erfolgreichen Leiter, vierfachen Aktivisten mit vielen anderen Auszeichnungen, als einen, der alles ganz, ganz genau nimmt, als Pedanten« vor. Für sein Verhalten, so sagte er dem Fernsehen, habe er »bis heute noch keine Begründung offiziell gefunden«. Er sprach davon, »versagt« zu haben bei diesem »Zusammenspiel der unglücklichen Umstände«.

Inzwischen wurde er wegen Wirtschaftsschädigung zu eineinhalb Jahren Freiheitsstrafe mit zweieinhalbjähriger Bewährungsfrist verurteilt. Außerdem muss er Schadensersatz in Höhe eines Monatsgehalts leisten und eine Geldstrafe von 2000 Mark zahlen.

Anmerkung

Der DDR-Merksatz »Privat kommt vor Katastrophe« war wohl die inoffizielle, echte Begründung des Betriebsdirektors, der »bis heute noch keine Begründung offiziell gefunden« hat.

»In wenigen Stunden können die Regale leer sein – Wie Bürger der DDR den Alltag ›aushalten‹ und ›durchstehen‹«

Frankfurter Rundschau, 18.2.1980

»Bekanntlich konnten wir für die Jahre seit 1971 eine sehr eindrucksvolle Bilanz ziehen. Niemals zuvor haben sich in einer solchen Zeitspanne die Wirtschaftskräfte der Deutschen Demokratischen Republik in so starkem Maße erhöht, wurden die Arbeits- und Lebensbedingungen der Menschen derart umfassend verbessert.« Man merkt es auch dem geschriebenen Wort an, dem Nachdruck einer Rede des SED-Generalsekretärs Erich Honecker vor den Ersten Sekretären der Kreis-Parteileitungen, wie der erste Mann der DDR ins Schwärmen kam, als er über die wirtschaftliche Entwicklung der DDR in den letzten zehn Jahren sprach. »Die Jahre seit 1971«, das ist just die Zeit, für die Erich Honecker als SED-Chef selbst die Verantwortung trägt.

Und in der Tat, so schlecht sind die Ergebnisse nicht, auf die er verweisen kann; auch wenn die Zuwachsraten zum Ende der 70er Jahre erheblich geringer ausfielen als zu ihrem Beginn. Eine Zahl nannte Honecker in der Rede vor den Kreissekretären selbst. »Im abgelaufenen Jahr überstieg das durchschnittliche monatliche Bruttoarbeitseinkommen der Arbeiter und Angestellten in unserem Lande 1000 Mark.« Ein Blick in das Statistische Jahrbuch der DDR zeigt, 1955 waren das erst 439 DDR-Mark, 1965 640 Mark und 1975 immerhin 897 DDR-Mark.

Jahr für Jahr werden in der DDR mehr neue Wohnungen gebaut als in den zwölf Monaten zuvor. 1971 waren es 65 000 Neubauten; 1979 schnellte diese Zahl auf 114 000. Darunter waren übrigens knapp 12 000 Eigenheime gegenüber gut 2000 im Jahr 1971. Oder um ein paar andere Beispiele zu nennen: 1971 verfügte jeder sechste Haushalt über ein eigenes Auto; 1978 schon jeder dritte. Sieben von zehn Haushalten hatten 1971 einen Fernsehapparat; 1979 waren es neun von zehn. (...)

Wer diese Zahlen sieht, könnte meinen, in der DDR herrsche eitel Sonnenschein. Ohne den Wert der Zahlen zu schmälern: Trotz aller wissenschaftlich-technischen Durchdringungen der Ökonomie, trotz aller Anstrengungen der Planwirtschaft kommt es aber im zweiten deutschen Staat immer wieder zu Versorgungs-Engpässen; zu Wartelisten für besonders begehrte

Güter, zu Schlangen vor den Geschäften, die natürlich auch dem Politbüro nicht verborgen bleiben.

Vor den Kreissekretären bemängelte Erich Honecker, dass »die Bezirke Halle, Magdeburg, Neubrandenburg und Potsdam ihren Verpflichtungen in der Milchproduktion« nicht voll nachgekommen seien. Er sprach von einer »unbedingt notwendigen Steigerung der Getreideproduktion«, eine Forderung, die er mit dem denkwürdigen Satz unterstrich: »Deshalb brauchen wir allerorts eine politisch verantwortungsbewusste Einstellung zum Getreide.« (...) Beim Stichwort Getreide mag der erste Mann der DDR an die mangelhafte Versorgung im vergangenen Sommer mit Brot in einigen DDR-Bezirken gedacht haben.

Dass es bei Grundnahrungsmitteln in der Versorgung hapert, kommt allerdings in der DDR recht selten vor. Schwieriger ist es da schon, um ein paar Beispiele aus jüngster Zeit zu nennen, bei Pralinen oder Tomaten-Ketchup. Doch Gesprächspartner in Ost-Berlin oder anderswo, die man auf diese Versorgungslücken aufmerksam macht, verweisen stets auf ihre guten Beziehungen. Man selbst brauche nicht zu klagen; schließlich habe man ja gute Freunde und bekomme rechtzeitig einen Tipp. Stolz präsentieren sie dann 20 Pralinenschachteln oder zwei Kisten Tomaten-Ketchup, die sie rechtzeitig, bevor es knapp wurde, erstehen konnten.

Das ist das Dilemma der DDR-Planwirtschaft: Sobald es nur den Anschein hat, ein Artikel könnte knapp werden, decken sich die Hausfrauen großzügig ein. Innerhalb weniger Tage, manchmal Stunden, sind dann die Regale leer. In einer Ost-Berliner Kaufhalle stellte ein Spaßvogel das Schildchen »Bitte nur zwei«, das den Verkauf des beliebten DDR-Waschmittels (des gekörnten »Spee«) in Grenzen halten sollte, an das Salzregal. Innerhalb kürzester Frist meldete die Kaufhalle: »Salz ausverkauft«. Viele, die das Schild gesehen hatten, nahmen sich prompt zwei Pfund-Pakete.

Als im Herbst des letzten Jahres das Bettwäsche-Angebot zurückging, da gab es einige, die sich rechtzeitig mit Laken eingedeckt hatten. Inzwischen ist der Bettwäsche-Engpass beseitigt. Es gibt längst wieder Bettwäsche, aber in anderer Qualität und damit zu anderen, das heißt höheren Preisen. So finden in der DDR in der Regel verdeckte Preiserhöhungen statt.

Szene in einem Ost-Berliner Kaufhaus: »Haben Sie Wecker vorrätig?« Gegenfrage der Verkäuferin: »Haben Sie eine Bescheinigung?« – »Was für eine Bescheinigung?« – »Dass Sie Schichtarbeiter sind.« Ungläubiges Staunen. Dann ging der Käufer. (...)

Spirituosen gab es immer genug – Centrum Warenhaus in Ost-Berlin, 1978.

Wartezeiten kennt der DDR-Bürger bei orthopädischen Schuhen, Autos, Ferien an der Ostsee, Telefonanschlüssen, Möbeln oder Wohnungen, aber auch bei Handwerksleistungen. Spötter sprechen gelegentlich von der »Sozialistischen Wartegemeinschaft«. In der (Ost-)*Berliner Zeitung* hieß es vor kurzem: »Wahr ist ebenfalls, dass sich auch bei hohen Arbeitsleistungen nicht jeder Wunsch sofort erfüllen lässt. Auch nicht jeder berechtigte ... Zu unserer Lebensgestaltung muss der Sinn für Realitäten ebenso gehören wie der Drang, weiter voranzukommen. Ich denke, zur sozialistischen Lebensweise gehört durchaus, etwas durchzustehen und auszuhalten.«

»Aushalten« und »durchstehen«: Daran haben sich die Bürger zwischen Rügen und Fichtelberg in 30 Jahren DDR durchaus gewöhnt. Man weiß längst, dass die beste Qualitätsarbeit der Betriebe des Landes nie auf den heimischen Markt kommt. Beliefert wird in der Regel in dieser Reihenfolge: Armee, NSW (nichtsozialistisches Wirtschaftsgebiet, also westliche Länder), SW (sozialistisches Wirtschaftsgebiet), DDR. Mit anderen Worten: Die DDR-Betriebe liefern ihre beste Qualitätsware – von Maschinen, Möbeln, Textilien und Lebensmitteln – für den West-Export oder in die Sowjetunion, sieht man einmal von der Armee ab. Für den heimischen Markt bleibt oft nur die dritte

Wahl. »Und für unsere West-Export-Waren kaufen wir dann im Westen mindere Qualität auf, die dann noch in Exquisitläden zu Superpreisen verhökert wird.« Eine Meinung, die man oft bei verärgerten DDR-Bürgern antreffen kann. (...)

Tag für Tag und beinahe schon verzweifelnd versuchen Partei und Staat die Arbeitsproduktivität, die hinter westlichen Maßstäben erheblich zurückbleibt, zu steigern und die Arbeitsmoral in den Betrieben zu heben. In der Rostocker *Ostsee-Zeitung* machte sich der Parteigruppenorganisator Johann Smiedjczak Gedanken zur Arbeitsmoral: »Noch passiert es, dass beim Eingang die Waren nicht ordnungsgemäß kontrolliert werden und ganze Materialposten fehlen und beim Ausgang auf Grund schlechter Absprachen und mangelnder Information die Schiffe und Werkstätten nicht termingerecht beliefert werden; dass beim Zusammenstellen der Sendungen ganz einfach Teile unter den Tisch fallen, die aber dringend benötigt werden; dass Material unsachgemäß gelagert wird und so erhebliche Schäden entstehen. Und noch passiert es, dass die Arbeitszeit nicht ausgelastet wird; da werden Pausen überzogen, da trinkt man zusätzlich Kaffee, geht einkaufen oder zum Friseur oder früher nach Hause.« Als Ursachen dieses Verhaltens macht Smiedjczak aus: »Bei dem einen sind's Bequemlichkeit und Verantwortungslosigkeit, bei dem anderen der Hang, zuerst an sich zu denken, und bei einem dritten Sorglosigkeit. Keiner von ihnen ist bösartig ...«

Die mangelnde Arbeitsmoral im Inland und die immer teurer werdenden Rohstoffe auf dem Weltmarkt lassen die Aussichten für die DDR-Wirtschaft zu Beginn der 80er Jahre nicht gerade rosig aussehen. Der Versuch der DDR-Staats- und Parteiführung, im Jahr 1980 die Exporte weiter zu steigern – also Produkte dem heimischen Markt wegzunehmen – und zugleich den Verbrauch und die Investitionen im Lande zu steigern, mutet wie die Quadratur des Kreises an. (...)

Hintergrund

Die DDR-Schwierigkeiten mit Brot bemerkte ich zum ersten Mal in Greifswald. Da waren in den Bäckereien am Nachmittag die Regale leer. Mit der Arbeit war ich um 17.15 Uhr fertig. Als ich gegen halb sechs eine Bäckerei fand, stand da nur eine Torte, kein Stück fehlte – alle Kunden wussten: Die schmeckt nicht. Laut Statistischem Jahrbuch hatten landwirtschaftlich geprägte Bezirke den höchsten Brotverbrauch pro Kopf. Brot war in der DDR so billig, dass man damit Schweine fütterte. Laut *Ostsee-Zeitung* haben viele

Bürger den DDR-Merksatz »Privat kommt vor Katastrophe« bestens verinnerlicht. Denn der »Hang, zuerst an sich zu denken«, war ja eine Haltung, die nach der sozialistischen Lehre längst überwunden sein sollte. Mussten die Leute zu Aufmärschen gehen, meldeten sie sich am Stellplatz beim Parteisekretär, der die Anwesenheit feststellte. Dann konnten sie beruhigt einkaufen gehen. Mitzujubeln brauchten sie auch nicht: Die Jubelrufe lieferten die Lautsprecher am Straßenrand. Auf dem Bau wurden gefahrene Kilometer nach dem Benzinverbrauch berechnet, nicht nach der Fahrstrecke. Ein Bauarbeiter: »Was machen wir also? Wir fahren auf die Wiese und lassen Benzin ab.« Auf mein erschrecktes: »Ihr macht ja das Land kaputt!« sagte er: »Na und?«

»Wo kein Besucher mehr Fragen stellt – Die meisten Menschen verdrängen die Berliner Mauer so gut es eben geht«

Frankfurter Rundschau, 12. 8. 1981

An der Ecke Unter den Linden/Grotewohlstraße in Ost-Berlin versammeln sich häufig, besonders an schönen Tagen im August, zahlreiche Menschen. Zwischen sorgsam gesetzten Blumenkübeln und vor parkenden Autos hat man dort einen guten Blick westwärts auf das Brandenburger Tor und weiter nach West-Berlin bis zum Tiergarten.

Diese Straßenecke ist die einzige Stelle in Ost-Berlin, in der man das nach dem 13. August 1961 errichtete, mit 165 Kilometern längste Bauwerk der DDR betrachten kann, ohne gleich damit rechnen zu müssen, ein grün uniformierter Volkpolizist erkundigt sich nach den Personalien oder fordert gar zum Mitkommen auf. Auch Fotografieren des Bauwerks (im offiziellen DDR-Sprachgebrauch »Antifaschistischer Schutzwall« genannt, im westlichen »Mauer«) ist erlaubt.

Für den Beobachter wirkt die Szene an dieser Nahtstelle zwischen Ost und West unwirklich. Bis man es plötzlich merkt: Hier spricht keiner ein Wort. In das Schweigen hinein ruft plötzlich ein Sechsjähriger: »Mutter, warum stehen die Soldaten da?« Die Umstehenden horchen auf. Sie sind sämtlich gespannt, wie hier in aller Öffentlichkeit und unter den Ohren der DDR-Sicherheitsorgane die Antwort ausfallen könnte. Die Mutter antwortet zunächst, stotternd, dann wird sie immer schneller. »Ja, also, die Soldaten, die, die stehen da, weil, äh, damit keiner von drüben hierher kommen kann und keiner von hier rüberläuft.«

Die Frau, froh, die heikle Frage des Kindes einigermaßen beantwortet zu haben, sieht in die Gesichter der Umstehenden. Als sie bei einem ein Lächeln zu entdecken meint, faucht sie ihn an: »Dann sagen Sie doch meinem Sohn, wie man das hier erklären soll!« Der Angesprochene lächelt nicht mehr, schweigt wie zuvor. Auch von den anderen sagt jetzt keiner ein Wort. Die Frau nimmt das Kind ziemlich unsanft an die Hand und geht schnellen Schrittes davon.

Das Schweigen ist typisch für diesen Ort in Ost-Berlin. Auch wenn sowjetische, polnische, tschechoslowakische, ungarische oder bulgarische Touristengruppen an diese Stelle geführt werden, hören sie sich die Worte des »Stadtbild-Erklärers« (DDR-Deutsch) an – wenn sie überhaupt noch hinhören – und stehen schweigend da. Fragen stellt keiner. Auch westdeutsche Besucher, womöglich dieselben, die tags zuvor auf West-Berliner Seite das große Wort führten, stehen schweigend zwischen den Blumenkübeln.

Über die Mauer gibt es in der DDR nichts zu diskutieren; sie ist einfach da. Man nimmt sie zur Kenntnis, soweit man sie zur Kenntnis nehmen muss, und verdrängt sie, so gut es eben geht. Dass er über die Mauer geträumt hat, gesteht irgendwann einmal fast jeder Gesprächspartner in der DDR. DDR-Schriftsteller Klaus Schlesinger hat einen solchen Traum in einer Kurzgeschichte beschrieben; er nennt sie »Berliner Traum«.

Die Sprachlosigkeit im Angesicht der Mauer ist beredter Ausdruck dafür, dass man sich in der DDR auch nach 20 Jahren nicht daran gewöhnt hat. Die Mauer ist auch heute nicht zu »bewältigen«, selbst für DDR-Bürger mit festem Klassenstandpunkt nicht. (...)

»Schielen nach dem Milch-und-Honig-Land –
Was die DDR-Bürger über die Bundesbürger denken«

Frankfurter Rundschau, 2.10.1982

»Es gibt wohl keinen Staat auf der Erde«, so sinnierte der beim DDR-Außenministerium akkreditierte Korrespondent eines westlichen KP-Organs, »der bei den Bürgern eines anderen Staats in so hohem Ansehen steht wie die Bundesrepublik Deutschland bei der großen Mehrheit der DDR-Bürger.« (...) Er erinnerte sich dann an so manches Gespräch, das er zwischen Rügen und dem Thüringer Wald über die Bundesrepublik Deutschland geführt hat. Er habe geredet, geredet, dass nicht alles Gold sei, was da glänzt – doch das wurde ihm nur selten abgenommen. (...) Das durchweg positive Bild der Bundesrepublik bei den Menschen in der DDR überrasche ihn immer wieder, wie er sagte, denn das Bild der Bundesdeutschen – so seine weitere Beobachtung – sei bei den DDR-Bürgern alles andere als positiv.

Gut die Hälfte der Bevölkerung, jene unter 35 Jahren, hat weder die Bundesrepublik und West-Berlin noch andere westliche Staaten je aus eigener Anschauung kennengelernt, von wenigen Ausnahmen abgesehen. Die Gruppe der 35- bis 65-Jährigen (bei Frauen: 60) war, wieder von Ausnahmen abgesehen, vor mehr als zwanzig Jahren das letzte Mal im westlichen Teil Deutschlands, also vor dem Bau der Mauer 1961. (...)

Der normale DDR-Bürger hat vom Westen nur ein indirektes Bild – ein Bild, das er sich aus den Berichten des westdeutschen Fernsehens und Rundfunks selbst zusammensetzt und das er an den Schilderungen jener, die reisen können, und denen der westdeutschen Besucher überprüft. Dieses indirekte Bild führt aber nicht dazu, dass die DDR-Bürger über die Bundesrepublik schlecht informiert sind, im Gegenteil. Wer je in die DDR gefahren ist, wird schnell festgestellt haben, dass seine Gesprächspartner über innenpolitische Entwicklungen in Westdeutschland meist ebenso gut informiert sind wie er selbst und allemal besser als über Entwicklungen in der DDR. (...)

Es mag durchaus sein, dass die eigene Nabelschau und die negativen Überzeichnungen in den staatlichen Medien der DDR das Bild der Bundesrepublik bei den DDR-Bürgern nur noch heller erstrahlen lassen nach dem Motto: das Land der unbegrenzten Möglichkeiten.

Das merkt man besonders, wenn DDR-Bürger anfangen, vom Westen zu schwärmen: Da sind die Autobahnen nachts beleuchtet, haben Leitplanken und Parkstreifen vom ersten bis zum letzten Kilometer; die Züge der Bundesbahn fahren natürlich immer pünktlich auf die Minute ab. (...)

Zum idealisierten Bild Westdeutschlands gehören auch die unbegrenzten Konsummöglichkeiten, so als ob Aal, Artischockenherzen, Kaviar, Kalbssteak, echter Lachs und Hummer auf dem täglichen Speiseplan des Bundesbürgers stehen. Natürlich hat jeder westdeutsche Haushalt eine Heimwerkermaschine, ein Fernsehgerät nach neuestem technischen Stand und einen Videorecorder. Hier spielt das westdeutsche Werbefernsehen wohl eine ebenso unheilvolle Rolle wie die »Intershop-Läden« in der DDR, in denen westliche Luxusgüter gegen westliche Devisen eingekauft werden können. (...)

Geschönt und idealisiert wird das Bild Westdeutschlands selbst dort, wo die Schwachstellen offen zu Tage liegen, zum Beispiel bei der Arbeitslosigkeit. »Arbeitslos«, so sagen viele Leute in der DDR, »wird nur, wer ohnehin faul und unfähig ist.« (...)

Am schwierigsten hat es die Jugend in der DDR, sich ein genaues Bild über die Bundesrepublik zu machen. Die Jugendlichen werden – freilich schon seit 1945 – angehalten, sich an der großen Sowjetunion ein Vorbild zu nehmen, ein Vorbild, das schnell an Anziehungskraft verliert, wenn das Erwachsensein beginnt. Jene Jugendlichen, die nicht im anerzogenen Feindbild verharren, haben so oft ein noch schwärmerischeres Bild vom westdeutschen Staat als die Älteren.

Auf Partys, Geburtstagsfeiern oder Gesprächsrunden im kleinen Kreis erfährt man schnell, warum in der DDR so oft die Nase über westdeutsches Verhalten gerümpft wird. Da wollen die Geschichten und Kommentare kein Ende nehmen. Einer erzählt: »Letztes Mal kam mein Onkel mit 'nem dicken Mercedes angerauscht. Erst meine Cousine hat mir gesagt, dass das ein Leihwagen ist. ›Vater wollte mit der alten Klapperkiste nicht herkommen‹, sagte sie.«

»An der Spree habe ich eine Kölner Studentin kennengelernt«, sagt eine 20-Jährige, »na, ich hab ihr mal Berlin gezeigt, auf'n Fernsehturm rauf, ins Pergamonmuseum, ins Köpenicker Schloss und dann nach Müggelheim zum Baden, und abends inne Kneipe, wo die Punker verkehren. Na, sie hat ganz schön gestaunt. Zum Abschied sagt sie dann, sie will sich revanchieren. Ich sage, das soll sie lassen und lieber wiederkommen. Als doch ein Päckchen kommt, denke ich: vielleicht ein T-Shirt mit 'ner fetzigen Aufschrift. Aber was ist drin? Ein halbes Pfund Tee.« (...)

DDR-Bürger beklagen sich oft, dass die Deutschen aus dem Westen gedankenlos immer von »Deutschland« reden, wenn sie Bundesrepublik meinen. »Wenn da einer anfängt und sagt ›bei uns in Deutschland‹, dann reicht es mir schon. Dann frag ich mich, ob er glaubt, er sei jetzt in Sibirien oder in irgendeinem Exoten-Land und nicht nebenan.« (...)

Das Desinteresse der Deutschen West an den Deutschen Ost glauben Ost-Berliner auch an den Schülergruppen aus dem Westen zu bemerken: Den Satz »Die rammeln hier durch wie durch ein Panoptikum« haben westdeutsche DDR-Korrespondenten nicht nur einmal gehört.

Der Staat Bundesrepublik Deutschland ist in den Augen vieler Deutschen in der DDR, natürlich nicht aller, eine Art Wunschtraum, eine Art Land, in dem Milch und Honig fließen. Die Bewohner dieses Staates dagegen sind in den gleichen Augen oft, aber nicht immer eine Art negatives Abbild, gedankenlos und uninformiert, unvollkommen und tollpatschig und meist ohne jedes Fingerspitzengefühl im Umgang mit den anderen Deutschen. Beide Bilder, das negative wie das positive, sind weit, ja meilenweit von der Wirklichkeit entfernt. Und doch passen sie zusammen. (...)

Anmerkung
Dieser Artikel (aus Platzgründen stark eingekürzt) aus dem Oktober 1982 weist darauf hin, warum es mit einer Einheit schwer werden könnte, bedingt durch die falschen Vorstellungen, die sich die Eingeschlossenen in der DDR über den Westen und seine Menschen machten, und die ebenso falschen Vorstellungen, die viele Westdeutsche von den Ostdeutschen hatten.

»Sensenbäume sind in diesem Jahr der große Schlager – Der jährliche Havelberger Pferdemarkt ist die größte freie Verkaufsveranstaltung der DDR«

Frankfurter Rundschau, 10.9.1985

»Optimal, einfach optimal ist das hier«, so begrüßt mich morgens um vier Uhr in stockdunkler Nacht und bei Windstärke sieben oder acht ein Unbekannter, einer, der um diese Zeit auf ist, während wohl Zehntausende andere schlafen in der unübersehbaren Menge von Autos, Wohnwagen oder Zelten. »Also, du kannst dir nicht vorstellen, was hier schon alles gelaufen ist. So was gibt es in der DDR überhaupt nicht, da ist der Kapitalismus gar nichts dagegen. Warte mal ab, bis es hell wird.«

Ich bin angekommen auf dem Pferdemarkt in Havelberg, dem Geheimtipp all jener DDR-Bürger zwischen Rügen und Erzgebirge, die etwas zu verkaufen haben oder etwas kaufen wollen. Der Pferdemarkt in Havelberg, einem kleinen Städtchen am Zusammenfluss von Havel und Elbe, nördlich von Magdeburg, hat sich in den letzten Jahren zum größten Trödelmarkt im zweiten deutschen Staat entwickelt. Joachim Janicke, stellvertretender Bürgermeister von Havelberg und verantwortlich für die Organisation dieses »sozialistischen Heimatfestes« (so die Presseinformation), ist sicher, dass es einen Rekord gab: »Diesmal haben wir über 100 000 Besucher gehabt – das trotz des schlechten Wetters.« Über 90 000 zählte man 1984, rund 70 000 waren es 1982. »Wir machen keinerlei Werbung, aber jedes Jahr werden es mehr.«

Man merkt Janicke an, dass die Stadt mit ihren noch nicht einmal 8000 Einwohnern wohl bald vor der Frage stehen könnte, wie das alles zu verkraften ist. Er erwähnt die für DDR-Verhältnisse hohe Standgebühr von 50 Mark: »Damit wollen wir abschrecken. Aber es hat nichts genützt.«

Warum das so ist, lässt sich leicht erklären. In Havelberg gilt ein Prinzip, das im sozialistischen Staat sonst verpönt ist, ja gelegentlich als Spekulation auch strafrechtlich verfolgt wird: Angebot und Nachfrage regeln den Preis. In den Worten von Joachim Janicke: »Verkaufen kann hier jeder. Es gibt keine Bedingungen und keine Vorschriften, die das einschränken!« Er fügt freilich hinzu, man erwarte, dass die preisrechtlichen Vorschriften eingehalten werden. »Aber kontrollieren kann das keiner.«

In Havelberg wird per Handschlag abgeschlossen und bar bezahlt. Fast jedes Auto, jeder Wohnwagen, jedes Zelt auch außerhalb des eingezäunten Marktgeländes wird tagsüber zum Verkaufsstand. Angeboten wird alles, was nicht niet- und nagelfest ist, vor allem aber, was normalerweise nicht oder nur selten zur Angebotsliste im staatlichen Handel gehört oder nur schwierig und oft nur über Beziehungen erhältlich ist: Autoersatzteile ebenso wie Weihnachtspyramiden aus dem Erzgebirge (sie gehen normalerweise in den Westexport), Zinnsoldaten, ausrangierte Pferdekutschen, Autoanhänger, ein Traktor Marke Eigenbau (10 000 Mark), aber auch Kitsch aller Sorten wie Pferdeköpfe aus Gips und Landschaftsbilder mit dem röhrenden Hirsch.

Der Renner an diesem Wochenende waren Sensenbäume; so wird der Holzschaft ohne Sensenmesser genannt. Wer sie anbot – meist die gesamte private Produktion eines Jahres –, dem wurden sie aus den Händen gerissen. »Mein Gott, die sind ja teuer«, stöhnte ein Käufer, zückte einen Hundertmarkschein und nahm gleich fünf Stück mit. Im Handel kosten Sensenbäume, wenn es sie gibt, acht Mark. Der Käufer der fünf Sensenbäume stellte sich an die nächste Ecke und bot Sensenbäume an, das Stück für 35 Mark. Er wurde sie spielend los.

Klaus Siefert, Lehrer für Marxismus-Leninismus an der Kreisparteischule der SED in Havelberg und offizieller Begleiter des FR-Korrespondenten beim Marktrundgang, erklärte die Nachfrage nach Sensenbäumen so: »Die Tischlereibetriebe sind heute zumeist einem Möbelkombinat oder einem anderen holzverarbeitenden Betrieb angeschlossen. Da bleiben dann für solche Kleinigkeiten keine Kapazitäten übrig. Wer dann hier Sensenbäume anbietet, stößt in eine Lücke und kann das große Geschäft machen.«

Ähnliche Geschäfte machen in diesem Jahr in Havelberg die privaten Hersteller von Pferdegeschirren (Kaufpreis rund 250 Mark). Reißend weg gingen aber auch rote Eierpflaumen und Melonen, in der Regel für den doppelten Ladenpreis; sie sind in der DDR nur ganz selten zu haben. Siefert dazu: »Die Leute müssen die Melonen ja auch irgendwo her haben, der staatliche Handel jedenfalls stellt sie nicht für den Verkauf in Havelberg zur Verfügung.« Woher sie kommen, wusste freilich auch er nicht.

Einer bot gebrauchte Schallplatten an, von den Beatles über ACDC bis zu Nena: »Zwanzig Mark für 'ne gebrauchte Platte. Die sind doch höchstens fünf Mark wert«, eiferte sich eine Achtzehnjährige. Kommentar des Anbieters: »Geh doch in den Laden und kauf sie dir!« Das Argument überzeugte: Das Mädchen zahlte missmutig für drei Platten 60 Mark. Nebenan wechselte ein ausgewachsener Aal von einem Meter Länge für stolze 60 Mark den Besitzer.

Entwickelt hat sich der »Große Markt«, wie er auf den Plakaten offiziell heißt, aus einem Pferde- und Heiratsmarkt des Mittelalters, der unter dem im Jahr 1170 errichteten Dom stattfand und vier Tage dauerte, von Sonnabend bis Dienstag. Der Montag war der Tag des Schweineverkaufs. Pferde wurden am Dienstag verkauft.

Noch immer ist der Pferdeverkauf die Attraktion in Havelberg. In diesem Jahr wurden insgesamt 430 Pferde angeboten, vom ausgewachsenen Hengst bis zum Fohlen, das kaum auf den eigenen Beinen stehen konnte. Auf den

Platz gelassen wurden sie freilich nur, wenn sie über eine Impfbescheinigung verfügten gegen den »Hoppegartener Husten«, wie die »Pferdeinfluenza« in Deutschland heißt. Ein Pferdehändler erzählte am Morgen, es seien eine ganze Reihe Kollegen nicht gekommen, weil nicht genügend Impfstoff vorhanden sei. Doch davon will der diensthabende Tierarzt nichts wissen: »Der Impfstoff ist von Berlin abgesichert. Pferde, die nach Havelberg sollen, werden vorrangig mit Impfstoff versorgt.« (...)

Die Händler und die privaten Anbieter klagen über schlechte Geschäfte und Preisverfall. Den Grund sehen sie darin, dass in der DDR die Zahl der Pferde in den letzten Jahren erheblich zugenommen hat (88 000 waren es 1983 gegenüber 66 000 im Jahre 1977). »Hier denken alle, sie kriegen die Pferde umsonst. Da kommt mir doch eine Frau an und sagt, ihr Junge wolle gern ein Pferd, aber viel bezahlen kann sie nicht. Also, ich nehme meine Pferde lieber mit nach Hause, als sie hier für einen Spottpreis zu verhökern.« Er will 1200 Mark für eine einjährige Stute.

Nebenan verlangt einer 9000 Mark für einen neunjährigen Wallach. »500 Mark kannst raushandeln«, sagt ein potentieller Käufer. Ein Fohlen mit Abstammungspapieren soll 1500 Mark bringen. Ein offenbar versierter Käufer: »Also, Vertrauen und Disziplin sind bei mir die Grundsätze des Pferdekaufs.« Der Anbieter: »Was soll ich dich bescheißen. Ich sage die reine Wahrheit.« Später sehe ich, dass er das Pferd losgeworden ist. Den Preis will er nicht verraten. »Das ist mein Geheimnis.« Wirklich gute Pferde, so sagt ein Dritter, werden nach Havelberg nicht gebracht. Die gehen in der Regel direkt an den Käufer.

Die Zeiten, da mit dem Pferdeverkauf die älteste Tochter gleich mitverkauft wird, sind in Havelberg vorbei: »Heute bedarf es nicht unbedingt eines ›großen Marktes‹, um sich kennenzulernen. Das Leben ist so vielseitig ...«, heißt es in den Presseunterlagen. Doch zum Anbandeln wird der Pferdemarkt auch heute noch genutzt. Heiratsgesuche gab es in Havelberg auch. Allerdings suchten auf Plakaten Männer Frauen. Ein 70-jähriger Rentner, eine junge Frau mit Interesse für Haus und Garten; ein 60-jähriger Ingenieur »eine Frau im Rentenalter« (...).

Zum Havelberger Pferdemarkt gehören unterdessen auch ein Showprogramm der Konzert- und Gastspieldirektion, Folklore-Darbietungen aus der Prignitz und der Altmark, Fußballspiele, ein Feuerwerk und ein Jahrmarkt, auf dem offenkundig alle Schausteller der DDR anwesend sind.

Ganz geräuschlos hat eine kapitalistische Attraktion Einzug gehalten, die

Pferdemarkt in Havelberg, ca. 1978.

vor Jahren noch im zweiten deutschen Staat als »Ausgeburt des Kapitalismus« verpönt war: Flipper und Geldautomaten, die »Einarmigen Banditen«. Um deutlich zu machen, dass im realen Sozialismus das »Automaten-Center« etwas ganz anderes ist als im bösen Kapitalismus, wird hier nur mit Spielmarken und nicht mit Geld gespielt. Freilich müssen die Spielmarken vorher an der Kasse käuflich erworben werden. Zu gewinnen ist auch kein Geld, sondern: »Gewonnene Spielmarken werden nur gegen Tabak oder Süßwaren eingelöst.«

Die Geräte sind freilich die gleichen wie im Westen, wenn auch dort längst ausrangiert. Offenbar wurden sie auch im Westen gekauft: Die Anzeigen für die Markstücke, Fünfziger oder Groschen sind schwarz überpinselt; denn abgebildet waren dort einmal Geldstücke aus der Bundesrepublik.

Ich frage Joachim Janicke nach seinem schönsten Pferdemarkt-Erlebnis: »Da gibt es viele«, sagt er erst. Doch dann meint er: »Das schönste Erlebnis findet jedes Jahr neu statt. Wenn ich in Urlaub fahre und sage, ich komme aus Havelberg, dann sagt mir heute jeder: ›Aus der Stadt mit dem berühmten Pferdemarkt.‹ Und keiner ahnt, dass ich jedes Jahr die harte Arbeit der

Vorbereitung habe.« Für die vielen aus nah und fern, die Jahr für Jahr am ersten Septemberwochenende nach Havelberg pilgern, ist die Fahrt so etwas wie die Reise in eine andere Welt, in der Angebot und Nachfrage den Preis bestimmen und nicht, wie sonst im täglichen Leben, die allgewaltige sozialistische Bürokratie.

Hintergrund

»Da musst du hinfahren!«, sagt mir Anfang der 80er Jahre ein Freund. »Du musst über den Pferdemarkt in Havelberg schreiben, am ersten Wochenende im September.« 1985 beantrage ich beim DDR-Außenministerium das »journalistische Vorhaben Pferdemarkt«. Zu dem Thema will ich einen offiziellen Gesprächspartner haben. Nach zwei Tagen kommt der Anruf: »Bitte Sonnabendmorgen um 8 Uhr am Rathaus. Sie werden erwartet.«

Am Abend zuvor fahre ich zu einem Freund nach Menz am Roofensee, Nachbarsee des Stechlin. Der Freund will mit: »Wir fahren halb drei los. Später stehen wir nur im Stau.« Als wir auf die Straße nach Havelberg abbiegen, merken wir, dass mitten in der Nacht viele Autos unserem Ziel zustreben. In der Stadt geht es im Kriechtempo voran. Polizisten weisen den Weg zu freien Parkräumen.

Die frühe Morgenstunde hat einen Vorteil: Ich kann mich gleich unbeschwert bewegen, weil keiner mich »erwartet«. Fast vier Stunden kann ich mit Händlern sprechen, die fast ihre ganze Jahresproduktion dort verkaufen; mit Käufern, die sich freuen, dass Waren, die es sonst in der Mangelwirtschaft der DDR nicht gibt, preiswert zu haben sind.

Um acht melde ich mich im Rathaus. Der Pförtner ruft jemanden an. Dann sagt er: »Er steht schon vor mir.« Da schallt eine Stimme durchs Haus: »Er ist schon da.« Schnell kommt der stellvertretende Bürgermeister, um mich einzuführen, und ein Betreuer für den Tag, mit dem ich gut zurechtkomme.

Meinen Freund sehe ich ab und zu. Aber beide tun wir so, als ob wir uns nicht kennen. Wir treffen uns erst am Abend bei einbrechender Dunkelheit am Auto wieder. Wir hieven den von ihm gekauften Sensenbaum auf den Rücksitz und fahren Richtung Berlin.

»Mit der Toleranz soll jetzt Schluss sein – Wie man in der DDR Wohnungen besetzt, ›vererbt‹ oder einfach ›leerzieht‹«

Frankfurter Rundschau, 31.12.1985

(...) Nach 112 Stufen auf dem Weg zu einem Bekannten bemerkte ich im Hausflur eine kleine Veränderung. Nun war auch an der vierten Wohnungstür ein Namensschild; die Klingel war neu verlegt und der Türgriff frisch geputzt. »Du hast ja neue Nachbarn bekommen«, begrüßte ich ihn. »Na ja, wie man's nimmt«, antwortete er etwas verlegen. »Wir haben gestern Abend die Nachbarwohnung besetzt. Und da solltest du auf keinen Fall dabei sein.« Die Wohnung habe über ein halbes Jahr leer gestanden. Früher hatte in der Anderthalb-Zimmer-Wohnung ein Ehepaar mit Kind gelebt.

Den Nachbarsleuten hatte die Wohnraumkommission beim Rat des Stadtbezirks eine Neubauwohnung im Ost-Berliner Stadtteil Marzahn zugeteilt, freilich erst, nachdem die Mieter nachgewiesen hatten, dass das Wohnen dort »unzumutbar« war. Sie hatten argumentiert, das Dach in diesem in den Gründerjahren errichteten Mietshaus sei nicht dicht. Immer wieder laufe Wasser die Wände herunter. »Doch bei uns ist das Dach in Ordnung. Der Mann war nur des langen Wartens auf eine neue Wohnung müde und hatte mit ein paar Eimern Wasser nachgeholfen«, erzählte der Bekannte. Die Wohnung galt seitdem als unbewohnbar; eine neue Zuweisung hatte die Wohnraumkommission folglich nicht erteilt. Doch waren inzwischen die Wände längst getrocknet, und die Freundin des Bekannten hatte sich jetzt dort häuslich niedergelassen.

Das ist eine von vielen Wohnungsbesetzergeschichten im zweiten deutschen Staat: Das Beziehen einer Wohnung ohne staatliche Zuweisung ist zwar nicht die Regel, aber doch eine Ausnahme, die nicht gerade selten vorkommt. (...)

Wohnen ist in der DDR billig – eine Einraumwohnung im Hinterhof eines Altbaus kostet zwischen 25 und 40 Mark, eine Drei-Zimmer-Neubauwohnung mit Bad, Warmwasser und Fernsehantenne etwa 100 bis 120 Mark. Die Mieten sind staatlich festgeschrieben: Das billige Wohnen gilt als besondere sozialistische Errungenschaft. Eine Familie muss zwischen drei bis höchstens acht Prozent des Einkommens für die Miete aufwenden; und das gelingt auch kinderreichen Familien in der Regel ohne Mühe.

Freilich zu verwirklichen ist dieses System des billigen Wohnens nur durch eine rigorose Zwangsbewirtschaftung des vorhandenen Wohnraums. Es gibt Richtgrößen, wie groß die Wohnung bei welcher Familiengröße höchstens sein darf. Bezogen werden darf eine Wohnung erst, wenn die Wohnraumkommission beim Rat der Stadt eine Zuweisung erteilt hat. Das gilt auch für den Wohnungstausch. Manche Mitarbeiter dieser Kommission vermittelten gegen stattliche Geldprämien Wohnungen und wanderten dafür ins Gefängnis, wie Gerichtsberichte in der DDR-Presse immer wieder einmal bezeugen.

Hinzu kommt, dass der gewaltige bürokratische Apparat bisher gar nicht in der Lage ist, allen Wohnraum zu erfassen. Zu Beginn der 80er Jahre gab deshalb die SED einen Beschluss bekannt, wonach jeder das Recht erhält, in eine Wohnung einzuziehen, die er als leer meldet und die nachgewiesenermaßen mehr als ein Vierteljahr leer stand. Viel geändert hat es freilich nicht. Zwar meldete die *Berliner Zeitung* im Herbst 1980, rund 1026 Wohnungen seien auf diese Weise verteilt worden. Aber das war nur ein Tropfen auf den heißen Stein. (...)

Das »Schwarz-Wohnen«, also das Wohnen ohne Zuweisung, nahm in den vergangenen Jahren eher noch zu. Noch beliebter als das »Wohnungbesetzen« wurde das »Vererben einer Wohnung«. Wer aus einer Altbauwohnung wegzog – in eine andere Stadt, in eine Neubauwohnung (200 000 werden Jahr für Jahr in der DDR fertiggestellt), in ein Altersheim – der »vergaß« die Wohnung bei der Kommunalen Wohnungsverwaltung (KWV), dem staatlichen Vermieter von Wohnraum, frei zu melden. Stattdessen sagte er einem Bekannten, der eine Wohnung suchte, aber keine Aussicht auf Zuweisung hatte, Bescheid. Dieser zog nun ein und zahlte die Miete einfach weiter unter dem Namen des Vorgängers. Der Trick funktionierte sogar bei Neubauwohnungen, obwohl hier die Wohnraumlenkungskommissionen und die KWV wesentlich genauer zu Werke gehen.

Eine besondere Form der »Vererbung« war das Untermietverhältnis bei denen, die einen Ausreiseantrag gestellt hatten. Wurde die Ausreise dann nach Jahren genehmigt, übernahm der Untermieter die ganze Wohnung. Oft konnte er sogar noch eine nachträgliche Zuweisung erhalten. Diese Form der »Vererbung« haben die Behörden seit einiger Zeit unterbunden. Jetzt wird die Ausreise erst erteilt, wenn der Betroffene versichert, kein Untermietverhältnis zu haben.

Es gibt in Leipzig, Halle, Magdeburg ebenso wie in Karl-Marx-Stadt oder Ost-Berlin ganze Hinterhäuser, Seitenflügel oder Nebengebäude, die vom

Parterre bis zum fünften Stock nur von diesen jungen Leuten bewohnt werden. Da dauert es dann freilich oft nicht mehr lange, bis sich die Sicherheitsbehörden besonders für die Bewohner interessieren. Und schon bald flattert den Bewohnern eine Aufforderung ins Haus, die Wohnung zu räumen, denn das Haus sei baufällig. Der DDR-Volksmund hat dafür das Wort vom »Leerziehen« erfunden. Und wer will schon behaupten, das Haus sei nicht baufällig.

Denn baufällig sind viele dieser Hinterhofhäuser, und die Wohnverhältnisse genügen heutigen Ansprüchen kaum: Neben der vier oder fünf Quadratmeter kleinen Küche befinden sich ein oder zwei Zimmer; sie werden mit Öfen geheizt; die Leitungen sind brüchig; die Wasserleitung friert auch schon mal ein, die Sicherungen fliegen raus, wenn Heizgeräte zugeschaltet werden; die Toilette befindet sich auf halber Treppe und wird von den vier Mietparteien eines Stockwerkes gemeinsam benutzt (DDR-Kürzel: »AWC« – »A« steht für »außen«).

Die jungen Bewohner jedoch haben sich diese Wohnungen oft zu einem gemütlichen Refugium ausgebaut. In diesen Tagen vor dem Jahreswechsel freilich herrscht Unruhe in den Mietskasernen am Prenzlauer Berg, im Stadtbezirk Mitte, in Friedrichshain oder Pankow, aber ebenso in der Altstadt von Greifswald, Halle, Rostock, Leipzig oder Magdeburg. Denn mit dem neuen Jahr tritt eine neue »Verordnung über die Lenkung des Wohnraumes« in Kraft, die die alte aus dem Jahre 1967 ablöst. »In Verwirklichung des Grundrechts der Bürger auf Wohnraum«, so steht es in der Präambel, »fördert der sozialistische Staat ... die Erhaltung und Modernisierung des Wohnungsbestandes ... und gewährleistet die öffentliche Kontrolle über die gerechte Verteilung des Wohnraumes.«

Jene, die ohne Zuweisungen Wohnungen bezogen haben, fanden schnell heraus, dass die neue Verordnung wohl vor allem sie treffen soll. Zwar hat es immer Zwangsräumungen gegeben – für das erste Halbjahr 1980 nannte die *Berliner Zeitung* einmal die Zahl von 60. Doch meistens verhängten die Gerichte Ordnungsstrafen (höchstens 300 DDR-Mark) und beließen alles beim Alten. 340 Ordnungsstrafen hatte die *Berliner Zeitung* für das erste Halbjahr 1980 registriert.

Doch mit dieser Toleranz soll im neuen Jahr offenbar Schluss sein. Die neue Verordnung stellt so ziemlich alle Tricks unter Strafe, mit denen Kundige die staatliche Wohnraumlenkung bisher umgehen konnten. So ist künftig vorgeschrieben, dass der Mieter, der seine Wohnung einem anderen Bürger überlässt, den örtlichen Rat zu informieren hat. Unterlässt er dies, ist eine Ordnungsstrafe bis 500 Mark angedroht.

Rechtsträger, Eigentümer, Verwalter und »sonstige Verfügungsberechtigte« werden verpflichtet, nicht nur »freien, frei werdenden und neugeschaffenen Wohnraum« dem örtlichen Rat »unverzüglich zu melden«, sondern auch »die unberechtigte Nutzung des Wohnraumes«. Angedroht wird wieder eine Ordnungsstrafe bis 500 Mark. Ebenso muss der örtliche Rat künftig über Untermietverträge »unverzüglich informiert« werden. Untermietverhältnisse enden, so legt die neue Verordnung fest, »mit der Beendigung des Mietverhältnisses über die gesamte Wohnung«. Auch hier wird eine Ordnungsstrafe bis 500 Mark angedroht.

Besonderes Ungemach droht jenen, die ohne Zuweisung Wohnraum beziehen (oder ohne Genehmigung die Wohnung tauschen). Ihnen wird zum einen auch eine Ordnungsstrafe bis 500 Mark angedroht. Zum anderen aber kann der örtliche Rat die Räume innerhalb einer Woche verlangen und ein Zwangsgeld bis 5000 Mark festsetzen; für die Hinterhofbewohner vom Prenzlauer Berg ist das fast ein Jahreseinkommen.

In den Tagen vor Weihnachten haben sich viele Betroffene bei den kommunalen Wohnungsverwaltungen erkundigt. Es werde wohl nicht so schlimm werden, lautete die ausweichende Antwort auf den zuständigen Behörden. »Es ist wohl wie im Mittelalter«, kommentierte einer der möglicherweise Betroffenen. »Bevor es ernst wird, werden erst einmal die Folterwerkzeuge gezeigt. Die Entscheidung, ob auch ›gefoltert‹ wird, fällt erst später.«

Ein anderer rechnet jedoch schon bald mit durchgreifenden staatlichen Maßnahmen. In der Verordnung steht schließlich der Satz: »Die zuständigen Staatsorgane haben ... ihre Verantwortung für die Lenkung des Wohnraumes konsequent wahrzunehmen.« Sein Ausweg: »Am besten, man heiratet und lässt sich wieder scheiden.« Denn dann weist das Gericht einem der ehemaligen Ehepartner die Wohnung zu. Die gerichtliche Zuweisung reichte bisher aus, um auch eine staatliche Zuweisung zu erhalten. Ob das auch künftig so sein wird, bleibt vorerst offen.

»Mehr als eine Halbstadtfeier«

Frankfurter Rundschau, 5.1.1987

Das Neujahrskonzert zum Auftakt der 750-Jahr-Feier Berlins im Ost-Berliner Schauspielhaus ist vorüber, und hinterher ist die Aufregung über mögliche Beeinträchtigungen des hochempfindlichen Berlin-Status kaum noch zu verstehen. Was ist geschehen? Die bei der Regierung der DDR akkreditierten Botschafter der drei Westmächte und Bonns Ständiger Vertreter waren vom Vorsitzenden des Festausschusses, der auch höchster Repräsentant der DDR ist, zu einem Konzert eingeladen worden. Natürlich wird die DDR in den nächsten Wochen und Monaten mit ihren Veranstaltungen versuchen, herauszustellen, wie sie den von ihr verwalteten Teil Berlins zur Hauptstadt ihres Staates herausgeputzt hat.

Dass ein Berlin-Jubiläum mehr als eine Halbstadtfeier ist, kann man durch Teilnahme verdeutlichen, nicht durch Fernbleiben: Teilnahme der drei Botschafter jener Staaten, die mit der Sowjetunion zusammen eine besondere Verantwortung für die Stadt haben. Teilnahme des Leiters der Bonner Ständigen Vertretung, Teilnahme auch des Regierenden Bürgermeisters von Berlin (West), Eberhard Diepgen, an Staatsakten in Berlin-Ost. Es hat sich zum Jahreswechsel 1986/87 ohnehin eine erstaunliche Fünfer-Koalition der im Bundestag vertretenen Parteien herausgebildet. Als der Ministerialdirektor im amerikanischen Verteidigungsministerium, Richard Pearl, den Deutschen (West) empfahl, mehr für die Rüstung auszugeben und das Geld dafür aus Krediten für die Deutschen (Ost) zu nehmen, da fühlten sich zwischen Hamburg, Bonn, Berlin und München alle berufen, dieses Ansinnen zurückzuweisen und als schädlich nicht nur für die westdeutschen, sondern für die westlichen Interessen überhaupt herauszustellen.

Jubiläen haben im Übrigen ihre eigenen Gesetze. Der 500. Geburtstag des Reformators Martin Luther ließ sich 1983 für die SED nicht feiern, ohne zumindest der evangelischen Kirche mehr Spielraum einzuräumen. Nicht wie hervorragend der sozialistische Staat DDR die Lutherstätten in Schuss hatte, wollten die Besucher wissen, sondern wie es der Kirche Luthers heute dort ergeht, wo einst der Reformator wirkte.

Eine ähnliche Erfahrung dürfte der SED mit dem Berlin-Jubiläum wohl nicht erspart bleiben. Die 750-Jahr-Feier wird international als Test angesehen werden, welchen Stellenwert Berlin in der europäischen Politik hat, welche Entspannungssignale von deutschem Boden ausgehen können. Immerhin, das steht schon heute fest, ist Berlin so attraktiv, dass der US-Präsident, Frankreichs Staatspräsident und Englands Königin sich im Westteil der Stadt aufhalten wollen. Da wird wohl auch KPdSU-Generalsekretär Michail Gorbatschow dem Ostteil seine Aufwartung machen. So wünschenswert es wäre – ein Dialog auf höchster Ebene wird sich daraus wohl kaum entwickeln.

Doch Berlin kann 1987 eine Stadt der inoffiziellen Dialoge zwischen Ost und West werden, der Dialoge auf zweiter, dritter oder vierter politischer Ebene – und auch der Dialoge zwischen den einfachen Menschen. Das Ost-West-Gespräch tut der deutschen Politik gut, dieser Acker ist ja nicht allzu schlecht bestellt. Freilich: Überschäumende Freude braucht dennoch nicht aufzukommen. Bis auf das Kulturabkommen, dessen Abschluss SED-Generalsekretär Erich Honecker 1982 noch der sozial-liberalen Koalition in Aussicht stellte, ist zwischen Ost-Berlin und Bonn weiter vertraglich nichts geregelt worden. Immerhin wurden die Todesautomaten an der Grenze abgebaut. Dass die DDR seit Februar mehr Menschen in den Westen reisen lässt, ist nicht Bonner Verhandlungsgeschick zu danken. Das ist ein Teil der inneren DDR-Entwicklung. Die Bundesregierung erntet hier Früchte, ohne gesät zu haben. Das hält freilich CSU-Politiker wie Theo Waigel nicht davon ab, eine »Abkehr von der Entspannungspolitik der 70er Jahre« zu verlangen. Doch gefragt ist vielmehr ein neuer Anlauf der Entspannungspolitik nach Reykjavik, eine Reduzierung der Waffen in Ost und West beispielsweise. Vom Berlin der 750-Jahr-Feier könnte da Bewegung entstehen.

Wer Jubiläen begeht wie jetzt die SED und damit Ost-Berlin zu so etwas wie dem Nabel der Welt machen will, wird wohl Wünsche wie die der US-Kongressabgeordneten im Gespräch mit Erich Honecker (»zur 750-Jahr-Feier ein Berlin ohne Mauer«) nicht erfüllen können oder wollen. Aber wie wäre es mit großzügigeren Einreisemöglichkeiten unter erleichterten Bedingungen, wie es zum Beispiel für Reisende zur Leipziger Messe schon immer möglich ist. Da berechtigt ein Messeausweis zum Mehr-Tage-Visum – im DDR-Reiseverkehr sonst unvorstellbar. Auf den Mindestumtausch könnte Ost-Berlin in dieser Zeit auch verzichten. Die sozialen Errungenschaften, bisher nur nach innen propagiert, könnten West-Besuchern präsentiert werden, zum Beispiel als verbesserter Gaststätten-Service oder private Eigeninitiative, die anderswo im Sozialismus bereits reiche Früchte trägt.

Aller Aufwand für die groß angelegte Jubelfeier, wie sie jetzt geplant ist, wäre vergeblich – das weiß die SED am allerbesten –, wenn in diesem Sommer weiterhin auf Menschen geschossen wird, die (aus welchen Gründen auch immer) dem Sozialismus den Rücken kehren wollen. Wenn 1987 an der Mauer in Berlin keine Schüsse fallen, dann ist das der größte Nutzen eines Jubiläums für beide Teile der Stadt.

Hintergrund

Der Anruf kam am 2. Januar. Für die Ausgabe nach dem ersten Wochenende im neuen Jahr erbat Chefredakteur Werner Holzer einen Leitartikel zum Jubiläum »750 Jahre Berlin«. West- und Ost-Berlin wollten da noch gemeinsam feiern. Der Regierende Bürgermeister West Eberhard Diepgen (CDU) hatte vorgefühlt, und die Nummer eins der DDR Erich Honecker schien nicht abgeneigt. Am Ende wurden es doch zwei Halbstadtfeiern, aber das war Anfang des Jahres noch nicht entschieden. Während ich schrieb, dachte ich an die Schüsse an der Mauer Ende November, die die Menschen in Ost und West aufgeschreckt hatten. Am 21. November wurden an der Grenze zwischen den Stadtteilen Treptow (damals Ost) und Neukölln (West) zwei Menschen erschossen – wie wir heute wissen: René Groß (22) und Manfred Mäder (38). Am 24. November trafen Schüsse an der Stadtgrenze zwischen Frohnau und dem Dorf Glienicke Michael Bittner (25) tödlich. Ich fand, bei einem Jubiläum dürfe es keine Toten geben, und habe das deutlich in den Kommentar geschrieben. Am Ende gab es doch getrennte Feiern in Ost und West. Der Tod des Michael Bittner ist eine unglaubliche Geschichte, die der Mauerschützenprozess im März 1993 ans Tageslicht brachte. Stasileute sagten den Eltern, ihr Sohn werde wegen landesverräterischer Agententätigkeit gesucht, machten eine Hausdurchsuchung und erließen Haftbefehl. Sie wussten es besser. Damit auch alles glaubwürdig aussah, ließen sie die Leiche verschwinden und fälschten die Akten.

»In Görlitz gehen heute die Uhren nach – Trotz Sanierung verfällt die Stadt, die einst zu den reichsten Städten des Deutschen Reiches zählte«

Frankfurter Rundschau, 25.7.1988

Die Bautzener Straße in Görlitz ist die Ausfallstraße aus dem Zentrum in Richtung Dresden und Berlin. »Bautzen – Cottbus«, so steht es in schwarzer Schrift auf dem gelben Wegweiser, darunter weist ein schwarzer Pfeil die Richtung. Doch durch die Bautzener Straße fährt kein Auto mehr. Wer vom Kaisertrutz, dem Görlitzer Wahrzeichen, kommend in die Straße einbiegt, der stößt schon am Beginn auf das Durchfahrtsverbotsschild, »außer Anlieger«. Der Fahrversuch endet endgültig nach gut vierhundert Metern an einem Holzzaun, der die Straße auf der gesamten Breite absperrt. Nur Fußgänger können noch auf dem rechten Gehweg passieren.

Der Grund für die Straßensperrung liest sich in der Lokalausgabe Görlitz der *Sächsischen Zeitung* so: »Durch den VEB [volkseigener Betrieb, d. Red.] Gebäudewirtschaft als Rechtsträger des einsturzgefährdeten Gebäudes Bautzener Straße 14 wurde im März kurzfristig die Sperrung eingeleitet, nachdem Teile des Gesimses auf die Geh- und Fahrbahn herabgestürzt waren.«

Wie schönfärberisch diese Worte sind, zeigt der Augenschein. Der Schuttberg auf der Straße ist mannshoch. Beim Blick nach oben sieht man, dass da erheblich mehr herabgestürzt ist als »Teile des Gesimses«. Der größte Teil des Schrägdaches fehlt ebenso wie die obere Hälfte der Hausfassade im fünften Stockwerk. Balken ragen sinnlos in den Himmel. Abhilfe ist nicht in Sicht, heißt es doch in der *Sächsischen Zeitung*: »Wie wir informiert wurden, ist ein kurzfristiger Sicherheitsabbruch noch immer nicht [in den Plan, d. Red.] eingeordnet worden, auch konnte uns noch kein Termin für die Gefahrenbeseitigung und die damit verbundene Aufhebung der Sperrung Bautzener Straße genannt werden.«

Die Bautzener Straße ist, zugegeben, ein krasses Beispiel. Aber viel besser sieht es anderswo in Görlitz auch nicht aus. Das – bewohnte – Haus Thälmannstraße 16 stützen Eisenbalken. Das Gebäude Bahnhofstraße 52, direkt an der Europastraße 6, die Frankfurt am Main mit Breslau verbindet, steht leer und verfällt, aber es ist nicht das einzige in der Stadt an der Neiße. Wer durch die Hotherstraße am Flussufer geht, den kann das kalte Grausen erfassen. Die meisten Häuser sind nicht mehr bewohnt, die Türen verrammelt. In einem Haus ist vor Jahren schon die Decke eingestürzt, ein Baum wächst heraus, die Wurzeln haben dort Halt gefunden. (...)

Hintergrund
Zuweilen staunt man ja als Journalist, was man alles anrichten kann. Ich hätte nie gedacht, dass ein Artikel über das heruntergekommene Görlitz zwei hohe Stasileute an der DDR und ihrem Sozialismus zweifeln ließe. Offenbar durften sie die *Frankfurter Rundschau* lesen, und das taten sie offenkundig häufig. Dafür spricht die fast vertraute Bezeichnung des Korrespondenten als »der Baum«. Und dass sie mir eine Menge zutrauten, lässt auch die Bemerkung erkennen »geht natürlich da hin«. Durchaus ein Lob von denen, die an der unsichtbaren Front gegen den Klassenfeind kämpften. In der *Berliner Zeitung* vom 4.12.1999 berichtet der Historiker Hubertus Knabe darüber. Überschrift: »Das sind die Dinger, wo uns die Optik versaut wird. Wie zwei ostdeutsche Spitzenagenten ihren Glauben an die DDR verloren.« Die beiden lagen wohl nicht mehr so ganz auf Linie, jedenfalls wurden sie überwacht und ihre Gespräche mitgeschnitten. Knabe zitiert aus einem Mitschnitt: »... Anschließend kolportiert er einen Bericht von (Karl-Heinz) Baum, *Frankfurter Rundschau*, über Görlitz. Stell Dir vor, haben sie dort die Ausfallstraße, die Bautzener Straße, gesperrt, weil angeblich ein denkmalgeschütztes Haus einsturzgefährdet ist. Der Baum ist natürlich um den Zaun herum, und da sieht er: Das Haus ist ja schon eingestürzt und seit Monaten wird nichts geräumt. Nur die Straße ist gesperrt.«

Ich bin natürlich nicht zufällig an der Bautzener Straße vorbeigekommen. Ich war dort zum Kirchentag. Das DDR-Außenministerium, das uns ja so gut mit Hotelzimmern versorgen konnte, passte regelmäßig bei Veranstaltungen der Kirche. Das machte uns Korrespondenten in der Regel nichts aus, sorgte doch dann die Kirche für Unterkünfte in Privatwohnungen. Mir hatte man ein Zimmer im 60 Kilometer entfernten Dresden angeboten. Ich lehnte ab und übernachtete auch in einer Privatwohnung. Mein Quartier war das Domizil der Eltern eines Ost-Berliner Ehepaares, das kurz zuvor in den Westen ausreisen konnte. Die Görlitzer machten mich auf den Artikel in der *Sächsischen Zeitung* über den Zustand in der Bautzener Straße aufmerksam, in dem stand, dass der Sims vom fünften Stock eines Hauses auf die Straße gefallen sei. Sie waren längst dort gewesen und sagten: »Das musst du dir ansehen. Da ist nicht der Sims heruntergefallen, sondern das gesamte fünfte Stockwerk. Es war freilich nicht ganz so schlimm, wie es sich die beiden Stasileute erzählten: Für sie war aufgrund meines Artikels das gesamte Haus eingestürzt. Ob die DDR-Staatssicherheit mitbekommen hat, wo ich wohnte, weiß ich nicht. Allerdings haben sie mich am frühen Nachmittag nach der Ankunft in Görlitz observiert, wie meine Akte belegt. Zusammen mit der Kollegin Annette Ramelsberger *(Associated Press – AP)* holte ich eine gemeinsame Bekannte vom Bahnhof in Görlitz ab. Wir begleiteten sie zur Wohnung ihrer Eltern und die Stasi begleitete uns. Laut Akte folgten sie uns in das Haus, blieben aber im Parterre stehen und konnten nicht ausmachen, in welchem Stockwerk wir waren.

»Klobecken gegen Auspuff und Auspuff gegen Fliesen – Gute Beziehungen und die Kunst des Ringtauschs in der Schattenwirtschaft der DDR«

Frankfurter Rundschau, 1. 11. 1989

Auch wenn die Aufbruchstimmung in der DDR verordnet wurde, ganz allmählich setzt sich doch so etwas wie Hoffnung durch, die das abgrundtiefe Misstrauen der Bevölkerung gegenüber der SED-Führung zu überlagern beginnt. So berichtet ein Ost-Berliner voll Stolz von einer Szene, die er am Vormittag in seiner Kaufhalle erlebte: Da habe doch die Verkäuferin in der Fleischwarenabteilung einer Kundin einfach ein Paket überreicht, so vor aller Augen. Das ist in der DDR nichts Ungewöhnliches, weil jeder seine besonderen Beziehungen hat. Doch diesmal war es anders. Die anderen Kunden empörten sich, und schamrot ging die Frau, die das Paket erhalten sollte, davon. Die Verkäuferin musste die besonders ausgesuchten und zurückgelegten Fleischstücke dem Erstbesten verkaufen.

Zwar lebt jeder in der DDR von solchen Gefälligkeiten, diese Schattenwirtschaft aber erschwert den Menschen gleichzeitig schon seit Jahren, wenn nicht Jahrzehnten, die Versorgung und verdirbt damit den Spaß am Sozialismus. In offiziellen Statistiken tauchen diese Warenströme nicht mehr auf, sind aber einer der Gründe, warum bei besonders begehrten Waren der Mangel noch größer ist, als er sein müsste.

»Ringtausch« nennen die DDR-Bürger solche Geschäfte; Anton benötigt einen neuen Auspuff. Er fragt im Freundeskreis, wer ihn besorgen kann, und erfährt, dass Berthold einen Auspuff hat, ihn aber nur herausrückt, wenn er dafür ein Klobecken erhält. Jetzt wird Kollegin Christiane eingeschaltet, die zwar kein Klobecken besorgen kann, dafür aber über Badezimmerfliesen verfügt und diese auch abgibt, wenn sie dafür fünf Kästen Pilsner Urquell für die nächste Feier erhält. Die Kästen Bier hat nun Anton, der den Auspuff braucht, vor Wochenfrist selbst günstig erworben. Für die Badezimmerfliesen wiederum wird der Bekannte von Dieter, Emil, ein Klobecken herausrücken, der Auspuff ist jetzt in greifbarer Nähe, vorausgesetzt, man kann noch einen Sensenstil besorgen, den Dieter für seine Vermittlerdienste haben will. Einfacher geht das Ganze, wenn die Verwandten aus dem Westen beim letzten Besuch »Bunte« oder »Währung« (DDR-Jargon für D-Mark) dagelassen haben, dann läuft alles wie geschmiert.

Die vom neuen SED-Generalsekretär Egon Krenz verkündete Wende zielt offenbar auf diese Art von Schattenwirtschaft, denn die getauschten Fliesen, das Klobecken, Auspuff, Bier und Sensenstiel standen dem alltäglichen Warenangebot nicht zur Verfügung, lagen irgendwo in Abstellkammern. Denn natürlich war es so, dass die jetzigen Besitzer gleich mehrere dieser Produkte erstanden hatten, als es sie gab, obwohl sie sie gar nicht brauchten.

Zwar lebt jeder in der DDR von solchen, »Vitamin B« genannten, Beziehungen, doch traurig wäre kaum einer, wenn man sie nicht mehr brauchte und stattdessen alles in den Läden kaufen könnte.

»Für Schmarotzer und Trittbrettfahrer ist im Sozialismus unter Krenz kein Platz mehr«, versichert ein SED-Funktionär und gibt auf den fragenden Blick gleich ein Beispiel. Da sei die Familie mit fünf Kindern, die seit sieben Jahren eine Sechs-Zimmer-Wohnung habe. Statt 180 Mark Miete sind wegen Kinderreichtums nur 30 DDR-Mark zu bezahlen, ein Spottpreis zwar, aber das gehöre nun einmal zu den sozialen Errungenschaften der DDR, die niemand abschaffen wolle. Bei jener Familie aber seien inzwischen drei der fünf Kinder außer Haus, niemand habe das gemeldet, die Miete betrage weiter 30 Mark, aber nicht einmal die werden bezahlt, in der sicheren Erwartung, dass niemand gegen kinderreiche Familien vorgeht. »Diese Leute werden ganz schnell die volle Miete zahlen oder auf der Straße sein«, sagt der SED-Funktionär.

Dass es die neuen Leute um Egon Krenz mit dem Wirtschaftsumbau ernst meinen und mit dem Schlendrian aufräumen wollen, machte Ende vergangener Woche die Sendung »Prisma« des DDR-Fernsehens deutlich, die diesmal Fälle von Schludrigkeit und Korruption aufdeckte. Da wurden Hochhäuser gezeigt, deren oberste Platten gleich mehrere Zentimeter über die Fluchtlinie herausragten, aber als technisch einwandfrei abgenommen waren. Da wurde berichtet, wie ein Baubetrieb in einer sächsischen Kleinstadt eine Doppelgarage und einen Anbau am Haus des Chefs fertigte, die aufsichtführende Stelle auf Anfrage der Redaktion aber zu Protokoll gab, alles entspreche dem Plan und sei bilanziert.

Da fragte die Moderatorin spitz, warum nicht gleich ein Swimmingpool mit eingeplant worden sei. Nicht eingeplant war dagegen die Doppelgarage am Haus des Chefs eines anderen Baubetriebes in einem Dorf am Rande Berlins. Von der Zusage des Betriebs, auf dem Gelände der Kinderkrippe den baufälligen Schornstein zu reparieren, dessen herabfallende Steine täglich spielende Kleinkinder an Leib und Leben bedrohen, wussten die auf dem Privatgrundstück eingesetzten Lehrlinge hingegen nichts.

Haarsträubend sind die Zustände in der Küche einer Gaststätte in Stralsund: Weil die seit Jahren angeforderten Dosenöffner nicht geliefert wurden, werden dort Konserven mit Hammer und Meißel aufgebrochen. Die vom Küchenpersonal gewünschte Dusche wurde zwar eingebaut – sinnigerweise neben dem Männerpissoir –, erhielt aber keinen Wasseranschluss. Auch ein Ventilator wurde gebaut, funktionierte aber nie, für frische Luft sorgte, wie es in der »Prisma«-Sendung hieß, eine geborstene Fensterscheibe. Da das Flachdach des Küchenanbaus undicht ist, arbeiten die Mitarbeiter dort bei Regenwetter in Gummistiefeln, manchmal steht das Wasser in der Küche mehrere Zentimeter hoch. Abhilfe, seit Jahren angemahnt, ist nicht in Sicht.

Wenn Egon Krenz und die SED das Thema Perestroika und damit den Umbau der Wirtschaft ernst meinen, dann steht ihnen noch einiges bevor. In der Gewerkschaftszeitung *Tribüne* berichtete eine Frau, dass sie tausend DDR-Mark im Monat (durchaus ein gutes Gehalt) verdiene und nicht zu arbeiten brauche: Ihr Arbeitsplatz sei durch Rationalisierung weggefallen. Als sie sich darüber beschwerte, habe man ihr empfohlen, doch Strickzeug mitzubringen.

Es gibt viele andere Probleme im Wirtschaftsleben der DDR, die alle gelöst werden müssten, damit das Leben im Alltag wenigstens ein bisschen Freude macht, wie es ein Gesprächspartner sagte. Auch er, der bisher nicht einmal mitmarschiert ist, hält die Straßendemonstrationen zwischen Rostock und Plauen für richtig, damit der jetzt aufgescheuchte SED-Apparat nicht wieder in die alte Lethargie verfalle. Sprechchöre in den Straßen griffen ein anderes Thema aus der Wirtschaft auf: »Stasi in die Volkswirtschaft«. Das Heer der Männer und Frauen der Staatssicherheit, so sagte es am vergangenen Sonntag vor dem Roten Rathaus in Ost-Berlin ein Mann, sei doch jung und umbildungsfähig, diese vielen könnten doch die Lücken schließen, die die hinterlassen haben, die über Ungarn in den Westen gingen.

Es gibt eine Reihe Themen zum Wirtschaftsumbau, die bisher noch gar nicht richtig diskutiert wurden, etwa die Subventionen, die Brot so billig machen, dass der Brotverbrauch in ländlichen Bezirken um die Hälfte höher ist als in Industriebezirken. Der Grund: Das billige Brot wird anstelle von Futter dem Vieh gegeben.

Arbeitsanregungen

1. Problematik Selbstbild – Fremd-/Feindbild
1.1 Stasi, »Schwert und Schild der Partei« – »Kampfgruppen der Arbeiterklasse«: Listen Sie Funktion und Aufgabe der Kampfgruppen seit deren Gründung auf. Vergleichen Sie diese mit denen der Stasi und die jeweiligen Feindbilder.
1.2 Bild der DDR-Bürger, das sie von der Bundesrepublik Deutschland und deren Bürgern hatten: Skizzieren Sie diese beiden Bilder kurz in zwei Spalten nebeneinander, und erklären Sie darunter, wie es zu dem jeweiligen Bild kam. Beurteilen Sie Folgen für die deutsche Vereinigung.
1.3 Zum Bild der Bundesrepublik Deutschland in DDR-Medien zählen auch Ausländerfeindlichkeit und Rassismus. Überprüfen Sie, wie es sich damit in der DDR verhält.
1.4 Bild, das Partei- und Staatsführung von den eigenen Leistungen bei Auf- und Ausbau von Staat und Gesellschaft entwerfen:
Erklären Sie anhand von Zitaten in den Artikeln, auf welche Bereiche diese Leistungen abzielen, wie das Verhältnis von Wirtschafts- und Sozialpolitik gekennzeichnet und was mit einer ständigen sprachlichen Wiederholung beabsichtigt wird.
1.5 Geben Sie die Informationen zum rechtlichen Status von Berlin in dem Artikel »Mehr als eine Hauptstadtfeier« wieder, nehmen Sie davon ausgehend Stellung zu der Bezeichnung von Ost-Berlin als »Hauptstadt der DDR«, und geben Sie mögliche Gründe dafür an.
1.6 Erläutern Sie Funktionen von Selbstbildnis, Fremd- und Feindbild.

2. Offizielles Bild und staatliche Maßnahmen – »Alles zum Wohle des Volkes« – Erfahrungen und Maßnahmen von DDR-Bürgern, wie sie den Alltag durchstehen und aushalten.
2.1 Informieren Sie sich vorab im Internet über den Fünfjahresplan in der DDR als Beispiel für Planwirtschaft.
2.2 Listen Sie die in den Artikeln genannten Bereiche und die staatlichen Vorgaben für diese auf, und geben Sie Gründe bzw. Absichten dafür jeweils in Stichworten an.
2.3 Erklären Sie die mit dem Wettbewerb beabsichtigte Wirkung und wie dieser gestaltet wird.
Beurteilen Sie mit Beispielen als Beleg, ob sich die Erwartungen erfüllt haben. Nennen Sie grundlegende Unterschiede zur Funktion des Wettbewerbs in der Marktwirtschaft, vor allem bei Preisbildung und -erhöhung.
2.4 Stellen Sie Beispiele sowohl für marktwirtschaftliches als auch tauschwirtschaftliches Vorgehen von Bürgern zusammen, und erklären Sie jeweils die Gründe dafür.
Geben Sie an, welche Maßnahmen staatlicherseits vorgesehen sind, eine Wohnung zu erhalten, welche manche Bürger dafür ergriffen und aus welchen Gründen.
Klären Sie, wie sich die staatlichen Organe gegenüber eigenmächtigem Vorgehen von Bürgern in allen vorher genannten Bereichen verhalten und aus welchen Gründen jeweils.
2.5 Erläutern Sie kurz die Begriffe »Intershop«, »Exquisit- und Delikatläden«.
Geben Sie die Voraussetzungen für einen Bürger an, dort einkaufen zu können.
Erklären Sie, aus welchen Gründen Partei- und Staatsführung die »Intershops« nicht abschaffte, aber die Voraussetzungen für einen Einkauf änderte und wie. Beziehen Sie dabei den Artikel »Delikates aus der DDR« ein.
2.6 Ein gängiger Spruch in der DDR hieß: »Ab Freitag um eins macht jeder seins.«
Beurteilen Sie anhand Ihrer Arbeitsergebnisse den Wahrheitsgehalt. Gehen Sie dabei von möglichen eigenen Unternehmungen und eventuellen Verpflichtungen der Bürger in der Freizeit aus.
3. Offizieller Grundsatz: »Einvernehmen zwischen Bevölkerung und Staatsführung« – Wie steht es darum?
3.1 Ziehen Sie anhand Ihrer Arbeitsergebnisse Rückschlüsse auf das Verhältnis von Staats- und Parteiführung und Bevölkerung gegen Ende der 80er Jahre. Berücksichtigen Sie dabei die innere Haltung vieler Bürger.

3.2 Beurteilen Sie von daher, inwieweit sich Ursachen für die Entwicklung in der DDR abzeichnen.
Sie können dazu zwei Artikel aus dem folgenden Abschnitt »Kirche« heranziehen, die Forderungen von Bischof Krusche in »Im Blickpunkt: Kirche in der DDR« (S. 160 ff.) und die im Flugblatt einer 18-Jährigen in »Das neue Gefühl, nicht mehr ›Der Doofe Rest‹ zu sein« (S. 166 ff.).

Hinweis
Informieren Sie sich im Internet oder einem Nachschlagewerk über:
- Volkspolizei
- Wohnungsbauprogramm in der DDR

Weiterführende Literatur
Monika Dertz-Schröder, Jochen Staadt (Hg.): Teurer Genosse!, Briefe an Honecker, Berlin 1994.
Stefan Wolle: Die heile Welt der Diktatur. Alltag und Herrschaft in der DDR 1971–1989, Berlin 2013.

Kirche

Das Gebiet der ehemaligen DDR ist im Unterschied zur Bundesrepublik traditionell weitgehend protestantisch geprägt. Die katholische Kirche ist lediglich im thüringischen Eichsfeld und in der Oberlausitz dominierend. Nur 6,1 Prozent der DDR-Bevölkerung bekannten sich 1989 zur katholischen Kirche, dagegen waren im Bund der Evangelischen Kirchen 5,1 Millionen Mitglieder registriert, was einem Anteil von etwa 30 Prozent entsprach. 1950 waren es noch 80 Prozent.[4] Der SED-Führung war es im Verlaufe ihrer Herrschaft durchaus gelungen, den von ihr verfochtenen Atheismus als die bestimmende Denk- und Verhaltensweise in der Bevölkerung durchzusetzen.

Die Kirchenpolitik der SED und des von ihr dominierten Staatsapparates ist von Beginn an gekennzeichnet durch vielfältige Repressionen gegenüber den kirchlichen Institutionen und Gläubigen. Bildungswesen, Freizeitgestaltung und Informationspolitik waren ausschließlich auf die Säkularisierung und damit Zurückdrängung des christlichen Denkens ausgerichtet. Ausdruck der übermäßig und einseitig orientierenden Agitation und Propaganda des Staates waren u. a. die in jedem Winkel der DDR angebrachten Losungen, wie beispielsweise: »Der Sozialismus siegt, weil er wahr ist!« Wurde auch diese Art der ideologischen Indoktrination allseits belächelt, ihre indirekte Wirkung auf das weltanschauliche Denken der Bürger ist dennoch nicht zu unterschätzen.

Nachdem sich die ostdeutschen Kirchen unter sanftem Druck des Staates und nach längeren internen Auseinandersetzungen 1969 organisatorisch von der bislang gesamtdeutschen Evangelischen Kirche Deutschlands (EKD) getrennt hatten und kurz darauf den stets umstrittenen Begriff von der »Kirche im Sozialismus« verwendeten, schwenkte auch die SED auf einen moderateren Umgang mit der Kirche ein. Der neugegründete Bund der Evangelischen Kirche in der DDR (BEK) schloss schließlich 1978 nach einem propagandistisch groß aufgemachten Gespräch zwischen Partei- und Staatschef Erich Honecker und der Leitung des BEK eine Art Burgfrieden mit den

---

4 Siehe Stefan Wolle: Die heile Welt der Diktatur. Alltag und Herrschaft in der DDR 1971–1989, Berlin 2013, S. 345 f.

Machthabern im Staat. In dessen Verlauf kam es durchaus zu Erleichterungen der kirchlichen Arbeit in der DDR. Ausdruck dafür waren Kirchenneubauten (siehe »Die Bauarbeiter nennen sie ›unsere Kirche‹«), staatliche Unterstützungen für das Lutherjahr 1983 und der Erhalt kirchlicher Kindergärten und Altenheime.

So gab es Anfang der 80er Jahre auch in der Friedenspolitik zunächst eine gewisse Annäherung zwischen der DDR-Regierung und großen Teilen der Kirchen, die jedoch immer wieder von einzelnen Auseinandersetzungen geprägt war. Bereits einige Jahre zuvor hatte die Kirche gegen die Einführung des Pflichtfachs »Wehrerziehung« in den Schulen protestiert und diesem ihr Alternativprogramm »Erziehung zum Frieden« entgegengesetzt (siehe »Im Wehrkabinett heißt es ›Genosse Major‹«). Auseinandersetzungen gab es ebenfalls um das von der Kirche verbreitete Symbol »Schwerter zu Pflugscharen«. Ein mit dem Symbol versehener Aufnäher, als Lesezeichen für die Einladung zur ersten »Friedensdekade« am Buß- und Bettag 1980 in einer Auflage von 120000 Exemplaren auf Vliesstoff gedruckt, entwickelte sich bald zum öffentlichen Ärgernis. Vor allem Jugendliche, kirchlich oder weltlich geprägt, vereinnahmten das Lesezeichen als Ausdruck ihrer Friedenssehnsucht, nähten es sich spontan auf Kleidung, Taschen und Mützen und trugen diesen Aufnäher in Schulen und Betrieben als demonstrativen Ausdruck ihres Friedenswillens (siehe »Statt des anstößigen Aufnähers ...« und »Kirchentag in der DDR: Hammerschläge ...«). Die staatlichen Organe der DDR, Funktionäre in den Betrieben und Schuldirektoren forderten die Entfernung des Aufnähers, da er »undifferenzierten Pazifismus« und »Wehrkraftzersetzung« fördere. Ein offizielles Verbot wurde im November 1981 dem sächsischen Landesbischof Johannes Hempel mitgeteilt: »Wegen Missbrauchs dürfen diese Aufnäher in Schule und Öffentlichkeit nicht mehr getragen werden.«

Infolge weiterer Friedensinitiativen (siehe »›... aber wir haben die Macht‹«) formierte sich unter dem Dach der Kirche aus Gruppen nonkonformistischer Jugendlicher und einigen mutigen Theologen eine organisatorisch vielfältige wie inhaltlich differenzierte oppositionelle Bewegung (siehe »Das übliche Bild ...«). Gleichzeitig erklärten sich zunehmend mehr evangelische Pfarrer bereit, in ihren Kirchen unangepassten Künstlern, Umweltaktivisten, unruhigen Ausreiseantragstellern und den nach öffentlichen Protestaktionen verhafteten Bürgern im Rahmen von »Friedensgebeten« einen Raum zur Diskussion über mehr Transparenz und Veränderungen im Land zu geben (siehe »Am dreizehnten Tag ...«). Das führte zu deutlich erkennbaren Verstimmungen zwischen der offiziellen Kirchenleitung (BEK) und dem Staat (siehe »Unbequemer Partner der SED«). Mit dem Hinweis auf die Massenauswanderung von Bürgern forderte schließlich der BEK mit einem Beschluss der Bundessynode am 19. September 1989 erstmals offen eine Demokratisierung der DDR-Gesellschaft. Zuvor hatte bereits der Wittenberger Pfarrer Friedrich Schorlemmer als Gast auf dem Anfang Juni 1989 in West-Berlin stattfindenden Kirchentag (siehe »DDR lässt mehr Christen reisen«) in einem Interview weltweite Lösungen zur Abrüstung, Umweltverschmutzung und fehlender Demokratie angemahnt sowie nahezu prophetisch bemerkt: »Beton platzt von innen« (siehe »Mauer – die brüchige Wand ...«).

Jürgen Klammer

»Die Bauarbeiter nennen sie ›unsere‹ Kirche – In der ersten sozialistischen Stadt der DDR wird ein Neubau eingeweiht«

Frankfurter Rundschau, 30. 5. 1981

»Stalinstadt ist ein Symbol und Beispiel für die sozialistische Gestaltung unserer Städte, die den sozialen und den kulturellen Bedürfnissen der Werktätigen allseitig gerecht werden muss. Stalinstadt ist somit ein Ausdruck unserer neuen Gesellschaftsordnung, in der den Werktätigen die Früchte ihrer Arbeit selbst zugutekommen. Möge diese schöne Stadt wachsen und gedeihen. Möge sie der Welt Kunde geben von der Kraft und dem Können der befreiten Arbeiterklasse der Deutschen Demokratischen Republik.« Diese Worte schrieb 1954 der erste Präsident der DDR, Wilhelm Pieck, in das »Goldene Buch« jener Stadt am Westufer der Oder, die wenige Jahre zuvor aus dem Boden gestampft worden war als Wohnmöglichkeit für die Arbeiter des neu errichteten Eisenhüttenkombinats.

Aus Stalinstadt wurde, nachdem Stalin gestorben war, Eisenhüttenstadt: das »Symbol und Beispiel« wurde offiziell zur »ersten sozialistischen Stadt der DDR« erklärt. Wenn es eines der zahlreichen Jubiläen zu feiern gilt, den 60. Jahrestag der Oktoberrevolution oder auch den X. SED-Parteitag, dann sind die Eisenhüttenwerker von der Oder oft die Ersten, die mit neuen Selbstverpflichtungen den sozialistischen Produktionsprozess anzuheizen helfen.

Am morgigen Sonntag freilich gibt es in Eisenhüttenstadt etwas zu feiern, was in dieser Stadt eigentlich nie gefeiert werden sollte: In der ersten sozialistischen Stadt wird die erste neu gebaute Kirche in der DDR eingeweiht. 1953 hatte der damalige SED-Chef Walter Ulbricht noch erklärt, hier werde es zwar »einen Turm fürs Rathaus und einen Turm für das Kulturhaus geben«, in deutlicher Anspielung auf die Kirchen aber hatte er hinzugefügt: »Andere Türme können wir in der sozialistischen Stadt nicht gebrauchen.«

Die neue Stadt bot gute Voraussetzungen, eine Stadt ohne Kirche zu werden. Die Menschen kamen hierher aus allen Teilen der DDR, waren also aus ihren Heimatgemeinden herausgerissen. Neun von zehn Frauen aus Eisenhüttenstadt sind berufstätig; der Anteil der SED-Mitglieder unter den Einwohnern ist höher als in anderen Gemeinden der DDR: rund 14 Prozent gegenüber elf bis zwölf Prozent im DDR-Durchschnitt. Diese Kommunisten waren und sind besonders fortschrittliche Arbeiter und zugleich Agitatoren; sie kamen im Parteiauftrag nach Eisenhüttenstadt.

Doch die Entwicklung verlief anders, als es sich manche Ideologen im SED-Zentralkomitee vorgestellt haben. Zu den Bedürfnissen der Werktätigen, zumindest einiger, gehört auch, in der DDR als Christ zu leben. Seit Februar 1953 wirkt in Eisenhüttenstadt Pfarrer Heinz Breuer. Er baute die evangelische Kirchengemeinde auf. »Damals«, so erinnert er sich, »stand uns nur ein Wagen der Gossner Mission zur Verfügung, er hatte 26 Sitzplätze.«

Damals ging Heinz Breuer von Haus zu Haus, von Tür zu Tür. »Wir haben uns vorgestellt und haben gesagt, dass auch in dieser Stadt Kirche sein wird. Man hat uns überall freundlich aufgenommen; das heißt natürlich nicht, dass alle dann auch zur Kirche gekommen sind. Aber: Die Menschen kamen; erst wenige, dann mehr.« Und bereits Ostern 1954 reichte das Gefährt, das auf vergilbten Fotos wie ein Zirkuswagen aussieht, nicht mehr aus. Neben dem Wagen wurde ein Zelt errichtet.

Bald darauf lösten zwei Baracken Wagen und Zelt ab. Sie durften mit staatlicher Genehmigung am Rande der Industrien aufgebaut werden. »Wir haben getauft, konfirmiert und beerdigt«, sagt Heinz Breuer. Wehmütig fügt er hinzu: »Aber es ist uns nie gelungen, hier eine Trauung vorzunehmen.« Wer sich kirchlich trauen lassen wollte, ging ins benachbarte Fürstenberg (seit 1961 Stadtteil von Eisenhüttenstadt) oder bis nach Frankfurt an der Oder.

Für die Evangelische Kirche Berlin-Brandenburg stand es außer Frage, dass gerade in Eisenhüttenstadt ein Neubau errichtet werden musste, nachdem die DDR-Staatsführung dem DDR-Kirchenbund nach jahrelangen zähen Verhandlungen ein Programm für Neubaugebiete genehmigt hatte. Die SED hatte sich dagegen jahrelang mit dem durchaus berechtigten Hinweis gewehrt, in der DDR ständen viele Kirchen leer oder seien nicht voll genutzt.

Neben Eisenhüttenstadt wurden zunächst neun weitere Projekte angemeldet als Programm »neue Kirchen in neuen Städten«: in Schwerin, Magdeburg, Halle, Berlin, Hoyerswerda, Leipzig-Grünau, in Dresden, Karl-Marx-Stadt und Jena.

Die staatlichen Genehmigungen drücken das Bemühen der SED aus, das Verhältnis zwischen Staat und Kirche zu entkrampfen. Der scheidende Bischof von Berlin-Brandenburg, Albrecht Schönherr – er hält am Sonntag die Festpredigt und weiht die Kirche ein –, sagt es augenzwinkernd ein wenig anders: Auch in der SED habe man erkannt, dass man wohl noch einige Zeit mit der absterbenden Kirche zusammenleben müsse.

Die 21 Objekte werden zum größten Teil durch Spenden der Evangelischen Kirche in Deutschland (West) und durch Spenden aus der Ökumene finanziert; für die DDR durchaus eine angenehme zusätzliche Devisenquelle. Man muss allerdings darauf hinweisen, dass Bauten in der DDR, und damit auch Kirchenbauten, erheblich billiger sind als in der Bundesrepublik.

Neubauten in der DDR sind unter evangelischen Christen nicht unumstritten. Gelegentlich kann man den Satz hören, sie seien »nur Ersatz für fehlende Erfolgserlebnisse im seelsorgerischen Dienst«. Hinzu kommt, dass die Zahl derer, die sich zur Kirche bekennen, auch in der DDR rückläufig ist. So heißt denn der Hauptvorwurf häufig, die Kirchen seien eine Nummer zu groß gebaut. Für 2000 kirchensteuerzahlende Gemeindemitglieder (samt Familien) brauche man in Eisenhüttenstadt nicht ein Gotteshaus mit einer Nutzfläche von knapp 1000 Quadratmetern und 360 Quadratmetern Nebenfläche, 270 Plätzen im Kirchenraum und weiteren 200 Plätzen im Gemeinderaum.

Pfarrer Heinz Breuer ist aber der Überzeugung, dass die neue Kirche in Eisenhüttenstadt wachsen wird: »Wenn es uns gelingt, die Kirche mit Leben zu erfüllen, wenn wir uns um die Menschen und ihre Probleme hier kümmern, um gefährdete Jugendliche, die am Rande stehen.« Einer der Bauarbeiter versichert bei der Pressebesichtigung kurz vor der Einweihung, dass auch die Kommunisten des Baukollektivs den Bau längst »unsere Kirche« nennen. Das wird auch für die von der SED geführte Stadtverwaltung gelten.

»Statt des anstößigen Aufnähers präsentiert die Polizei eine Schneiderrechnung«

Frankfurter Rundschau, 13.4.1982

»Hast du schon einen guten Schneider?« So grüßen sich in diesen Tagen in der DDR Jugendliche, die – noch – den in der kirchlichen Friedensarbeit entwickelten Aufnäher »Schwerter zu Pflugscharen« am Jackenärmel tragen. Die Jagd der DDR-Organe nach dem Stein des Anstoßes – nachgebildet einem Denkmal, das die Sowjetunion 1959 der UN schenkte und das in New York sowie in der Moskauer Tretjakow-Galerie zu besichtigen ist – hat inzwischen bizarre Formen angenommen.

Wer das Symbol in der Öffentlichkeit trägt, wird von der Polizei aufgefordert, es unverzüglich abzutrennen. Weigert er sich, muss er mit zur Wache, dort wird das Kleidungsstück beschlagnahmt. Tage später kommt die Benachrichtigung der Polizei: Jacke, Mantel oder Parka werden wieder ausgehändigt, das Friedenssymbol freilich fehlt. Stattdessen wird eine Schneiderrechnung überreicht, die sofort zu begleichen ist.

Autobesitzer, die das Symbol an die Heckscheibe geklebt hatten, glaubten ihren Augen nicht zu trauen. Sie fanden einen Teil der Scheibe säuberlich zugeklebt. Das war kein Jux von Passanten, sondern das Werk einer staatlichen Klebekolonne. Unter den Scheibenwischern steckte ein Zettel mit der Aufforderung, sich bei der Polizei zu melden. Dort kam die Aufforderung, das Schild zu entfernen, sonst werde die Weiterfahrt nicht gestattet. Von Oberschulen, Berufsschulen und Universitäten wurden inzwischen Fälle bekannt, die über Drohungen hinausgehen und mit Schulverweis oder Exmatrikulation endeten.

Der prominenteste Träger des Abzeichens, der Bischof von Berlin-Brandenburg, Gottfried Forck, hatte bisher noch keinen Ärger mit der Staatsmacht. Auf der Synode der Görlitzer Kirche, die vor 14 Tagen zusammentrat,

Aufnäher »Schwerter zu Pflugscharen«, Dresden 1982.

meinte ein Synodaler unter Anspielung auf die Herkunft des Symbols: »Wir lassen keine Beleidigung der Sowjetunion zu.« Der Bildhauer der Plastik ist der Sowjetrusse Jewgeni Wutschetitsch, der mit der im Sockel eingemeißelten Zeile »Schmieden wir die Schwerter zu Pflugscharen um« den direkten Bezug zu den Prophetenworten Michas und Jesajas herstellte. Wutschetitsch schuf auch das Treptower Ehrenmal in Ost-Berlin, das an die gefallenen Sowjetsoldaten des Zweiten Weltkrieges erinnert.

Erst die Jagd der DDR-Organe auf das Symbol hat inzwischen dafür gesorgt, dass es weit über kirchliche Kreise hinaus bekannt wurde und getragen wird. Den Satz »Hast du schon mitgekriegt, was die Kirche für ein tolles Friedenszeichen hat?« kann man in diesen Tagen immer wieder hören. Nur die wenigsten wissen freilich, dass das Symbol in der Kirche der DDR schon seit November 1980 verwendet wird. »Wenn Nichtchristen das Symbol ... übernehmen, so ist das kein Wunder«, heißt es in einem Beschluss der Synode der Kirchenprovinz Sachsen, »denn der Widersinn des Wettrüstens wird immer offenkundiger, und immer weiter breitet sich die Einsicht aus, dass die Zukunft des Friedens nur auf friedlichem Wege gewonnen werden kann.«

Die Konferenz der Kirchenleitungen hat schon in ihrer Stellungnahme vom 14. März deutlich gemacht, dass das Bibelwort von den Schwertern zu Pflugscharen für die Christen »die Bedeutung eines bildhaft ausgedrückten Leitspruches hat«. Es sei keine für den Alltag empfohlene politische Anweisung, vielmehr ein Wegweiser, der die Richtung weise, in die gehen müsse, wer Abrüstung wolle.

Wie sich die SED Friedensbekenntnisse der DDR-Bürger vorstellt, lässt sich aus den Parteizeitungen entnehmen. Für den Abschlussbericht über den Parteitag der LDPD wählte das SED-Zentralorgan *Neues Deutschland* die Schlagzeile »Stärkung der DDR bester Beitrag für den Frieden«. Dabei ist wohl auch die militärische Stärkung gemeint. Die Losungen, die das SED-Zentralorgan für den 1. Mai ausgegeben hat, beschäftigen sich mehrfach mit dem Frieden wie »Sicherung des Friedens – wichtigste Aufgabe unserer Zeit« oder »Je stärker der Sozialismus, desto sicherer der Frieden«. Die Losung »Schwerter zu Pflugscharen« ist damit aber nicht gemeint – trotz aller positiven Würdigung kirchlicher Friedensarbeit durch die SED in den vergangenen Monaten.

»»… aber wir haben die Macht‹ – Volkspolizei, DDR-Führung und die Friedenswerkstatt in der Ost-Berliner Erlöserkirche«

Frankfurter Rundschau, 29.6.1982

In den evangelischen Kirchen der DDR ist es so wenig wie in anderen Kirchen üblich, dass während eines Gottesdienstes geklatscht wird. Spontanen Beifall zollten die 1800 Gottesdienstbesucher am Sonntag in der Ost-Berliner Erlöserkirche zwei kommunistischen Presseerzeugnissen, dem SED-Zentralorgan *Neues Deutschland* dafür, dass beim diesjährigen Pressefest auf die Schaufahrten im Panzer für Kinder verzichtet wurde, dem Deutschen Dienst von Radio Moskau dafür, dass er die sowjetische Skulptur »Schwerter zu Pflugscharen« ausdrücklich gelobt hatte.

Der Gottesdienst in der Lichtenberger Kirche war der Auftakt einer Veranstaltung »Friedenswerkstatt 1982 – Christen für Sicherheit durch Abrüstung«. Das Wort »Werkstatt« macht auch für Außenstehende deutlich: Die Evangelische Kirche stellt jungen Menschen in Ost-Berlin ein Forum bereit, auf dem sie für den Frieden beten, über den Frieden sprechen, singen, streiten und spielen können.

Da leuchtete durch die grünen Blätter ein Spruchband mit dem Satz von Thomas Mann: »Krieg ist nichts anderes als Drückebergerei vor den Aufgaben des Friedens.« Ein paar Meter weiter eines mit den Worten August Bebels: »Je größer die Heere, je näher der Krieg.« In der Sakristei zeigte man Fotos aus dem alten Anti-Kriegsmuseum, das der Anarchist Ernst Friedrich in den 20er Jahren in Berlin gegründet hatte und das 1933 die NSDAP als »Ausbildungsstätte« übernahm.

Die Pankower Friedensinitiative erinnerte an Sätze des DDR-Schriftstellers Volker Braun, gesprochen auf der Berliner Begegnung zur Friedensförderung im Dezember [1981]. Wenige Meter weiter unter dem Stichwort »Argumente für den Frieden« die Ausführungen Christa Wolfs, ebenfalls auf der Berliner Begegnung gesprochen: »Was fehlt uns? Uns fehlt das Unmessbare, Unsichtbare ... Uns fehlen Freundlichkeit, Anmut, Luft, Klang, Würde und Poesie, Vertrauen und Spontanität. Uns fehlt all das, was zuerst verfliegt, wenn sich eine derartige Atmosphäre breitmacht, wie sie uns alle in dieser Vorkriegszeit jetzt so bedrückte.« Kommentarlos stellte man DDR-Rechenbücher aus, in denen Schüler das Rechnen mit abgebildeten Panzern lernen.

Robert Jungk, der österreichische Friedensforscher, hätte wohl seine helle Freude gehabt an der Phantasie der jungen DDR-Bürger. Hätte; denn er, auf der Berliner Begegnung noch Hauptredner, der sich dafür einsetzte, mit mehr Phantasie den Sachzwängen der Politiker zu begegnen, war an diesem Tag in der DDR als Gast nicht gern gesehen. Jungk wurde auf dem Weg zur Erlöserkirche an der DDR-Grenze zweimal zurückgewiesen, und das, obwohl sich die beiden DDR-Schriftsteller Stephan Hermlin und Hermann Kant noch kurzfristig für ihn einsetzten.

Die »Friedenswerkstatt« war der Versuch der Kirchenleitung Berlin-Brandenburg, das eigenständige Friedenszeugnis der Kirche zu unterstreichen, zu dem man sich in der Kanzelabkündigung vom Ostersonntag bekannt hatte. Damals waren die staatlichen Maßnahmen gegen den Aufnäher »Schwerter zu Pflugscharen« Anlass der Abkündigung. Während der Friedenswerkstatt berichteten Jugendliche, sie hätten auch diesmal auf dem Wege zur Erlöserkirche den Aufnäher abtrennen müssen. Einer gab den Satz eines Volkspolizisten wieder: »Wir billigen Ihre pazifistische Gesinnung. Aber wir haben

Friedenswerkstatt in der Erlöserkirche in Berlin-Lichtenberg
am 27.6.1982.

die Macht.« Ein anderer hatte sich statt des Aufnähers eine sowjetische Briefmarke, die die Skulptur zeigt, fein säuberlich auf den Ärmel geklebt. Er kam unbehelligt durch.

Auf dem Rasen hinter der Kirche kam es zu einer Gesprächsrunde, die so ganz anders verlief, als man es in der DDR gewöhnt ist. Einer, der sich als Kommunist bekannte, stellte harte Fragen an die versammelten Christen. Er habe erhebliche Zweifel am christlichen Friedensengagement, wenn er sehe, wie im Namen Gottes die Waffen in Argentinien und in England gesegnet würden.

Was auf dem Rasen stattfand, war einer der wenigen Versuche, sich gegenseitig zu ertragen, auch wenn man nicht einer Meinung ist. Da wurde der Kommunist gefragt, warum die Blauhemden der FDJ, wenn sie – wie immer von offizieller Seite behauptet wird – aus tiefster Überzeugung die Spruchbänder tragen, diese gleich achtlos wegwerfen, sobald die Veranstaltung vorüber ist. »Wir werden uns hier nicht einigen, aber es ist wichtig, dass wir überhaupt miteinander reden«, sagte der Angesprochene.

Hintergrund

In der Erlöserkirche in Berlin-Rummelsburg fand 1982 die erste »Friedenswerkstatt« statt – sie war ein Sargnagel für die DDR. Das ahnte kaum einer. Freche Sprüche auf Transparenten prägten diese Veranstaltung in sieben Jahren: »Anstatt die Jungen Soldat spielen zu lassen, sollte man junge Soldaten spielen lassen« – »Lieber ein Jahr im Knast als ein Jahr an der Front« – »Nur tote Fische schwimmen mit dem Strom« – »Der Berliner Bär zerbricht das Gewehr« – »Kopf hoch und nicht die Hände!« – »Spiel Frieden, nicht Krieg!« – »Unruhe in der Tiefkühltruhe«.

Schon die Leichtigkeit, Fröhlichkeit und Unbefangenheit waren untypisch in der stets schlecht gelaunten DDR. Auf dem Kirchengelände trugen jedes Jahr fast alle Besucher den auf Vlies gedruckten Aufnäher Schwerter zu Pflugscharen – auf Vlies, denn für Textildrucke war keine »Druckgenehmigung« nötig.

»Quell der Zuversicht« nannte der Psychoanalytiker Horst-Eberhard Richter (Gießen), ständiger Besucher aus dem Westen, 1984 die Friedenswerkstatt. Sie drückte die Sehnsucht junger Menschen nach Freiheit aus, war eine Absage an Bevormundung und Repression.

Der Stasi war das sonntags Ende Juli stattfindende Treffen ein Dorn im Auge. In der Schule nebenan war Hochbetrieb. Der VEB Guck, Horch und Greif (DDR-Volksmund) hatte dort das Hauptquartier und war in Kompaniestärke da, »ca. 80 Personen insgesamt«. Wie sie ein Treffen so vieler »feindlich-negativer Kräfte« sah, zeigt der Satz: »Ab 8.45 Uhr bewegten sich die ersten dekadent aussehenden Personen im Alter von ca. 20–25 Jahren zum Kirchenobjekt.« Die Beobachtung wurde immer ausgefeilter; einmal wurde gar eine Frau mit Kinderwagen hinbeordert, unter der Decke schlief kein Säugling, sondern liefen Tonbänder.

Wie wichtig die Friedenswerkstatt und andere Friedensforen waren, bewies der revolutionäre DDR-Herbst 1989. Die meisten Akteure dieser Revolution sind in den Stasi-Papieren zur Friedenswerkstatt verzeichnet. Seit 1990 hatten und haben sie wichtige Funktionen im demokratischen Staat. Die Friedenswerkstatt war eine Schule für Freiheit und Demokratie und hat mit dafür gesorgt, dass der Umsturz friedlich und erfolgreich verlief.

»Kirchentag in der DDR – Hammerschläge im Hofe Luthers«

Frankfurter Rundschau, 26.9.1983

»Hoi, hoi, hoi«, so schallte es am Samstagmittag durch die Altstadt von Wittenberg, der Stadt, in der der Reformator Martin Luther den größten Teil seines Lebens verbrachte. Die Rufe von mehr als tausend Jugendlichen begleiteten die Hammerschläge eines Schmiedes, der im geräumigen Hof des einstigen Wohnhauses der Familie Luther fachgerecht ein Stahlschwert bearbeitete. Nach einer Stunde hatte er das geschafft, was der Wittenberger Theologie-Dozent Friedrich Schorlemmer so verkündet hatte: »Wenn das Symbol, dass Schwerter zu Pflugscharen werden sollen, kaum noch gezeigt wird, wollen wir zeigen, wie man es macht.«

Es ist gerade ein Jahr her, dass der Bund der Evangelischen Kirchen in der DDR von sich aus (wenn auch nach staatlichem Druck) darauf verzichtete, den Aufnäher mit dem Zeichen »Schwerter zu Pflugscharen« weiter herzustellen und zu verbreiten. Damals machte man freilich zugleich deutlich, dass die Botschaft des Propheten Micha auch ohne Aufnäher weiterhin zum christlichen Friedenszeugnis im atheistisch geleiteten Staat gehört. So wurde das Symbol, nachempfunden einer Plastik, die die Sowjetunion der UN in New York geschenkt hat, als Plakat für die zehn Tage der Friedensdekade im letzten November benutzt. Jetzt auf dem Kirchentag wurde ein kleines Schwert symbolisch in eine Pflugschar umgeschmiedet. Eine Kapelle spielte zwischendurch Kirchenlieder, darunter das, das 1982 während der »Friedenswerkstatt« in der Ost-Berliner Erlöserkirche Premiere hatte: »Schmiedet Pflugscharen aus Schwertern und Kanonen, damit wir künftig in Frieden wohnen.«

Immer wenn der Schmied das Eisen vom Amboss zurück in die lodernde Esse legte, ging Pfarrer Schorlemmer ans Mikrofon und sprach Gedanken über den Frieden, wie: »Wenn wir Spieße zu Sicheln machen, wenn wir umbauen die Raketenmäntel zu Wasserbehältern, Zerstörer zu Passagierdampfern, die Kampf- zu Rettungshubschraubern – wenn wir umdenken wie Feinde zu Partnern werden, die Macht in Verantwortung, wenn wir umsetzen Worte in Taten, Träume in Wirklichkeit – dann können wir auch verzichten auf das geschundene Wort.«

Die Kirche, die – in der DDR jedenfalls – keine politische Macht hat, ist »zum Träumen frei«, wie Kritiker eigenständiger kirchlicher Friedensinitiativen in der DDR meinen. Doch wie auch immer sind Aktionen wie jene von Wittenberg auch eine Art moralische Einmischung in eine politische Welt, der es nur möglich scheint, in Kategorien immer größerer Abschreckung und immer neuerer und verbesserter Waffen und Raketen zu denken.

Bei den Besuchern des Kirchentages hinterlassen die Träume eher gemischte Gefühle: »Alles ganz richtig und alles ganz falsch«, meinte einer unter dem zustimmenden Nicken seiner Freunde, während die Hammerschläge durch den Luther-Hof klangen. Sosehr ihn die Träume beeindruckten; nicht nur ihm war bewusst, dass auch die Christen in der DDR an der harten Welt der Realitäten nicht vorbeikommen.

Der Kirchentag an Luthers einstiger Wirkungsstätte im Elbestädtchen war der siebte und letzte einer Reihe, die im Lutherjahr in der DDR veranstaltet wurden. Hier stand, anders als zuvor in Erfurt, Rostock, Magdeburg, Frankfurt (Oder), Eisleben und Dresden ganz der Reformator im Mittelpunkt. Gerade in der Friedensarbeit der Kirche spielt Luther mit seiner Schrift *Ob Kriegsleute im seligen Stand sein können* auch heute eine wichtige Rolle. Hat Luther doch damals die Formel vom gerechten und ungerechten Krieg gebraucht, mit der er eine Linie der katholischen Theologie aufnahm. Allerdings, so lautet die These beim Luther-Forum in der Stadtkirche, habe der Dr. Martin damals auf die Verhältnismäßigkeit der Mittel hingewiesen. Und das bedeutet für die heutige Zeit, so die Schlussfolgerung, Luthers Nein zur Abschreckung und zur Stationierung atomarer Waffen.

Ob diese Schlussfolgerung zulässig ist, bleibt offen. Der marxistische Historiker Günter Brendel plädierte beim ersten öffentlichen Gespräch zwischen Marxisten, Protestanten und Katholiken über Luther dafür, den Reformator in seiner Zeit zu belassen und aus seiner Zeit heraus zu verstehen. Ihn fasziniere, so sagte Brendel, wie der Sohn eines Bergmanns und Enkel eines Bauern studiert habe, Professor wurde und dann in einen Konflikt auf Leben und Tod mit den damals herrschenden Kräften geriet. Luther zeigte sich in diesem Konflikt charakterstark und »bringt damit die Geschichte ein kleines Stück voran«. Allen, die heute Vorbehalte gegen Luthers Haltung damals äußerten, sagte er: »Warten wir erst einmal ab, für wie schlau man uns in 500 Jahren hält.« Der Kirchenhistoriker und Präsident der Evangelischen Kirche der Union – Bereich DDR –, Joachim Rogge, warnte davor, Luther zur Bestätigung eigenen Handelns heranzuziehen.

Die Stadt Wittenberg präsentierte sich an diesem warmen Septemberwochenende während des Kirchentages in neuem Glanz, den frühere Besucher vermissten. Aus Anlass der Luther-Feiern sind alle Häuser rund um den historischen Markt, aber auch in der Collegienstraße und hin zur Schlosskirche renoviert. Auch die Stadtkirche – das ist die Predigtkirche Martin Luthers – und die Schlosskirche – hier soll der Reformator die 95 Thesen angeschlagen haben – sind innen und außen überholt worden. Auch diesmal waren es vor allem Jugendliche, die das Bild in Wittenberg prägten.

Offenkundig war in Wittenberg aber, anders als bei den Kirchentagen zuvor, dass die Sicherheitsorgane strenger vorgingen. Sie handelten nach dem Spruch über der Wittenberger Rathaustür: »Fürchte Gott, ehre die Obrigkeit, und sei nicht mit den Aufrührern.«

»Das übliche Bild von der hässlichen DDR – Die Verhaftungen an der Zionskirche und der vorsichtige Rückzug der Staatsgewalt«

Frankfurter Rundschau, 8.12.1987

»Wir sind doch pünktlich erschienen!« Mit diesem Satz fertigte Gerhard Thomas, Chefredakteur der Wochenzeitung *Die Kirche*, am Freitagabend in der überfüllten Zionskirche in Ost-Berlin ungebetene Frager ab. Es hatte sich herumgesprochen, dass in der Union-Druckerei – dort wird die Tageszeitung der DDR-CDU gedruckt – die Maschinen gestoppt worden waren, als die neueste Ausgabe der von der Kirchenleitung Berlin-Brandenburg herausgegebenen evangelischen Wochenzeitung über die Rotation lief. Freilich, man hatte die Maschinen nur angehalten; das Blatt konnte ungekürzt und schließlich unbehindert erscheinen, einschließlich des ersten Artikels, der ausführlich über die Vorgänge der letzten Wochen berichtet und dabei in der DDR gedruckt allgemein zugänglich ist. »Umweltbibliothek – Bestandteil der Kirche« steht da als dreispaltige Überschrift oben auf der ersten Seite und die Unterzeile lautet: »Die Umweltbibliothek der Berliner Zionskirche wurde durchsucht«. Dann folgt auf 200 Druckzeilen der Ablauf der Ereignisse; da wird über die Jugendlichen berichtet, die, »brennende Kerzen in den Händen, die Mahnwache auch in den kalten Nächten durchhielten«; da werden die Worte des Konsistorialpräsidenten Manfred Stolpe wiedergegeben, der die Ereignisse um die Zionskirche als »wichtige Tage für unsere Kirche, vielleicht auch für unsere Gesellschaft«, bezeichnete. Wen wundert es da, dass ein obereifriger Zensor in der Union-Druckerei Mitte letzter Woche die Druckmaschinen anhalten ließ. Doch zu diesem Zeitpunkt war die Staats- und Parteiführung der SED längst dabei, die Vorfälle so schnell wie möglich aus der Welt zu schaffen; ein Druckverbot der Kirchenzeitung aber hätte die Lage nur angeheizt.

Denn die Aktion der Staatssicherheit in der Nacht vom 24. auf den 25. November hatte bis dahin schon genug Schaden angerichtet: Unmittelbar vor dem Gipfeltreffen Reagan–Gorbatschow, zu einer Zeit zudem, in der auf der Wiener Folgekonferenz für Sicherheit und Zusammenarbeit in Europa die Zeichen günstig stehen, fand ein solch spektakulärer Eingriff, den es seit den 50er Jahren nicht mehr gegeben hatte, noch mehr Beachtung als sonst. Westliche Diplomaten erzählten in der Kirche von der weltweiten Verbreitung dieser Nachricht: die *New York Times* hatte berichtet, der britische *Observer*, das österreichische Fernsehen, finnische Blätter. Und alle stellten die gleiche Frage: Warum tun sie es denn gerade jetzt?

Nachdem der erste Mann der DDR, Erich Honecker, SED-Chef und Staatsratsvorsitzender, gerade in den Niederlanden, in der Bundesrepublik und in Belgien, drei westeuropäischen Staaten also, eine gute Figur gemacht hatte, war weltweit wieder das Bild von der hässlichen DDR in den Vordergrund gerückt; einer DDR, die noch nicht einmal ein hektographiertes Blättchen von 600 Exemplaren ertragen kann, in dem steht, was ohnehin die meisten wissen oder sich hinter vorgehaltener Hand erzählen.

Es ist zum ersten Mal geschehen, dass das Instrument der Furchteinflößung, das der Staatssicherheitsapparat in der DDR noch immer benutzt, wenn er sich vor seiner Meinung nach unlösbaren Problemen sieht, nicht funktionierte. Als am ersten Abend nach den Durchsuchungen der Umweltbibliothek die Polizei die Teilnehmer der ersten Mahnwache – es waren 17, darunter der Schwiegersohn der DDR-Schriftstellerin Christa Wolf – abführte, stellten sich einfach andere hin. »Mit Zuführungen« (so nennt das DDR-Amtsdeutsch vorläufige Festnahmen) »müsst ihr rechnen«, gab am zweiten Tag ein im DDR-Recht Versierter Hinweise: »Leert also eure Taschen vorher aus, das seid ihr eurem Freundeskreis schuldig! Mehr Angaben als im Personalausweis sind braucht ihr nicht zu machen!« Da waren die Hinweise freilich schon überflüssig, weitere Teilnehmer von Mahnwachen wurden nicht mehr festgenommen, sondern nur noch registriert.

Das Sicherheitsaufgebot rund um die Zionskirche sah in den letzten zehn Tagen schon martialisch aus. Da standen Bereitschaftswagen der DDR-Polizei in den Seitenstraßen, vollbesetzt mit jungen Polizisten, jederzeit bereit einzugreifen; da patrouillierten in Rudeln Mitarbeiter der »Sicherheit«; doch das schreckte keinen ab; von Abend zu Abend versammelten sich mehr junge Leute in der Zionskirche, am vergangenen Freitag waren es an die tausend.

Die Frage, ob nun in jener Nacht in den Räumen der Umweltbibliothek der »Grenzfall«, ein unabhängiges Blättchen, das nicht das Kirchendach als Schutz suchte – oder die Umweltblätter des Friedenskreises der Zionskirche mit dem Aufdruck »Nur für innerkirchlichen Gebrauch« dort hergestellt wurden, interessierte nur noch am Rande. Wolfgang Rüddenklau, Hausmeister der Zionskirche, der in jener Nacht an der Druckmaschine stand und vier Tage lang verhört worden war – die DDR-Nachrichtenagentur ADN: »Bei der Herstellung staatsfeindlicher Schriften auf frischer Tat ertappt« –, brachte es am Freitagabend in seinem Dank an die Versammelten auf die kurze Formel: »Ihr habt es für alle getan, die in diesem Land aufrecht gehen wollen.«

Als Wolfgang Schnur, Rechtsanwalt aus Rostock, der die Interessen der vier, gegen die der Staat ein Ermittlungsverfahren eingeleitet hatte, vertritt, am Abend mitteilte, er habe die »verbindliche Zusage«, dass die Ermittlungsverfahren eingestellt werden, will das Beifallklatschen in der Kirche kein Ende nehmen. Die jungen Leute fühlen sich zum ersten Mal als Sieger gegen einen übermächtigen Staat. »Da werden ja wohl bald einige Köpfe rollen«, ruft einer durch das Kirchenschiff. Doch Schnur beschwichtigt sofort: »Wir sollten denen dankbar sein, die diesen Weg ermöglicht haben, dies als deutliches Signal zu sehen.« Schnur sagte nicht als Signal für was, aber die Zuhörer, von denen die meisten über das ganze Gesicht nur so strahlen, wissen auch so, was gemeint ist: als Zeichen, dass Glasnost auch in der DDR trotz aller Beharrung und Bremskünste allmählich Fuß zu fassen beginnt. Denn es ist natürlich ein Zeichen von »Glasnost«, dass ein Anwalt nach drei Tagen vollständige Akteneinsicht erhält. Das war in der DDR bisher unvorstellbar und bei angeblicher Staatsfeindlichkeit schon ganz und gar nicht üblich. Das Gleiche gilt natürlich für die Haftentlassung der Betroffenen, noch während die Ermittlungsverfahren liefen. Dass die Staatsanwaltschaft gegenüber offiziellen Anfragen im Grunde eingeräumt hat, dass das Ganze mehr oder weniger ein Schuss in den Ofen war, ist für DDR-Verhältnisse genauso unvorstellbar. »Die angetroffenen Personen wurden nicht unmittelbar bei Druck des ›Grenzfalls‹ angetroffen«, hieß es lapidar.

Stephan Hermlin, Vorstandsmitglied des DDR-Schriftstellerverbandes, dem gute Kontakte zum SED-Generalsekretär nachgesagt werden, hat schon am vorletzten Wochenende die »eigentlichen Urheber der Aktion« ausgemacht. Wenn er in der DDR zu denen gehörte, die gegen den Abbau von Feindbildern und gegen Entspannung seien, sagte der Schriftsteller im Deutschlandfunk, hätte er wohl in der Weise gehandelt wie die, die da an der Zionskirche vorgingen. Sie hätten auch eine ausführliche Berichterstattung über den DDR-Schriftstellerkongress, auf dem es viele Glasnost-Zeichen gab, im Grunde verhindert; aber das passte ihnen wohl so recht ins Konzept.

Die tausend Jugendlichen, die am Freitagabend frohgemut die Zionskirche verließen, waren überzeugt, dass ihr kleiner Sieg auch ein Sieg für Glasnost und Perestroika in der DDR war.

Anmerkung
Der im Bericht genannte Anwalt Wolfgang Schnur, der als Vorsitzender der Partei Demokratischer Aufbruch als ein möglicher DDR-Regierungschef nach der freien Wahl galt, wurde zwei Wochen vor dem Wahltag (18. März 1990) als inoffizieller Stasimitarbeiter enttarnt.

Hintergrund
Dieser Beitrag brachte mir einen Anruf von Jörg Reimann ein, einem Mitarbeiter des Außenministeriums. Er verabredete sich mit mir zum Mittagessen. Gespräche zum Mittagessen waren angenehm. Schlimmer war es, wenn sie ins Außenministerium baten.

Da gab es eine Ermahnung, eine Verwarnung, die Ausweisung oder die Schließung des Büros. Das gab es zu Zeiten Gorbatschows mit dessen Credo »Der Sozialismus braucht Demokratie wie die Luft zum Atmen« nicht mehr. Aufgehoben war nichts. Die SED übte sich nun im jahrelangen Spruch: »Von der Sowjetunion lernen heißt siegen lernen.«

Wir trafen uns in der Gaststätte Ermelerhaus. Reimann kam gleich zum Thema: Warum ich denn eine so böse Überschrift gewählt hätte. Da konnte ich ihn aufklären: »Überschriften macht die Redaktion.« Ich habe in meinen fast 30 Jahren *FR* nicht eine Überschrift gemacht. Die größte Chance, eine Überschrift im eigenen Sinn zu erhalten, war keinen Vorschlag zu machen.

Natürlich hatte ihm der Artikel ganz und gar nicht gefallen. Ich antwortete: »Sehen Sie, Anfang September gab es herrliche Veranstaltungen. Beim Olof-Palme-Friedensmarsch liefen FDJ-ler mit SED-treuen Plakaten und kirchliche Gruppen mit ihren Plakaten von Stralsund bis Berlin nebeneinander her. Dann fuhr der SED-Generalsekretär in die Bundesrepublik. Kaum ist er zurück, werden die gleichen Leute verhaftet, die nichts anderes gemacht haben als vorher, da wird die Umweltbibliothek gestürmt.

Was er mir sagte, hatte ich schon bei der Verabschiedung vergessen. Das ging zum einen Ohr rein und zum anderen raus, ging es mir durch den Kopf. Was er sagte, fand ich in den neunziger Jahren in der Stasiakte.

Die Akteure jener Nacht erzählten erst 1990, dass es um Haaresbreite gutging. Die Stasi war bestens informiert, die »Aktion Falle« bestens vorbereitet. Als die Druckmaschinen in der Umweltbibliothek gegen 23 Uhr anliefen, schlug die Staatsmacht zu. Es schien gewiss: Nun wird der *Grenzfall* gedruckt. Stasileute stürmten den Keller, hielten den Anwesenden, darunter einem 14-Jährigen, Pistolen an den Kopf, beschlagnahmten die beiden Druckmaschinen und nahmen alle Beteiligten mit. Die Aktentasche am Fuß der Druckmaschine übersahen sie; darin lagen die Druckvorlagen für den *Grenzfall*, also die Beweise, die der Aktion wenigstens den Anschein von Rechtsstaatlichkeit gegeben hätten. Doch die *Grenzfall*-Leute Peter Grimm, Ralf Hirsch und Peter Rölle waren nicht da, saßen gemütlich beim Bier. Sie hatten verabredet, nicht dabei zu sein, wenn ihr Blatt gedruckt wird. So richtete sich der geplante Schlag gegen den *Grenzfall* offenkundig gegen die Kirche und die *Umweltblätter*. Das empörte nicht nur Oppositionelle, sondern Tausende Gläubige im Land. Die DDR wurde das hässliche Gesicht bis zum Ende nicht mehr los.

»Am dreizehnten Tag des Marsches um die Festung Jericho – Die DDR-Kirche ist in einer heiklen Lage: Sie will den Inhaftierten beistehen, andererseits kein Auswanderungsbüro sein«

Frankfurter Rundschau, 1.2.1988

Gottfried Forck, 64-jähriger Bischof der Evangelischen Kirche von Berlin-Brandenburg, hatte Mühe. Den Predigttext in der Linken, mit der Rechten den Talar zusammenfassend, behutsam ein Bein vor das andere setzend, so stakste er über Füße, Köpfe, Bäuche hinweg zum Mikrofon vor dem Altar der Gethsemanekirche.

Diese Kirche im alten Arbeiterviertel Prenzlauer Berg mit seinen Hinterhöfen ist die größte Ost-Berlins. Doch an diesem Samstagabend reichten die über tausend Sitzplätze bei weitem nicht aus. Die Menschen saßen oder standen auf jedem freien Fleckchen; auf 2500 wird ihre Zahl geschätzt, vielleicht hundert mehr oder weniger, zählen konnte man sie ohnehin nicht.

Sie alle waren gekommen, um ihre Verbundenheit mit 15 Personen auszudrücken. Mit jenen fünf, die am 17. Januar am Rande oder auf dem Wege zu einer offiziellen Demonstration für die 1919 ermordeten deutschen Kommunisten Rosa Luxemburg und Karl Liebknecht verhaftet worden waren; mit den vier Menschen, die kurz nach Mitternacht des 20. Januar in Haft kamen, weil sie mit einem Hungerstreik gegen die Festnahme der anderen demonstrieren wollten; und mit jenen sechs schließlich, die Montag vergangener Woche aus ihren Wohnungen heraus abgeholt wurden. Sie und der bereits eine Woche zuvor verhaftete Liedermacher Stephan Krawczyk sind Menschen, die sich um die Verwirklichung der Menschenrechte im anderen deutschen Staat bemüht haben. Für jeden der 15 brennt im Altarraum eine Kerze. Keine Frage, der Abend in der Gethsemanekirche ist die größte Protestveranstaltung, die es in der DDR je gegeben hat.

Die Evangelische Kirche von Berlin-Brandenburg ist an diesem Abend zum 13. Male dabei – wie drei Tage zuvor ein Vikar in seiner Predigt ausdrückte –, um »die Festung Jericho« herumzurennen. Von der Festung Jericho berichtet die Bibel, dass ihre Mauern eines Tages zusammenfielen allein durch den Klang der Posaunen und das Geschrei des Volkes Israel. Am zehnten Tag, als dieses Bild zum ersten Mal gebraucht wurde, hatte der Vikar hinzugefügt: »Wir sind in guter Kondition.«

Die Kondition scheint zuzunehmen; am Beginn der Woche waren es erst 600 Menschen, die sich da am Rennen um Jericho beteiligten. Längst läuft man in Ost-Berlin nicht mehr allein. Gemeinden im Süden und im Norden der DDR, im Westen und im Osten machen mit, von Wismar bis Weimar, von Magdeburg bis Dresden. Am Wochenende beteiligte sich erstmals auch eine katholische Gemeinde.

Dabei hatte alles ohne Mitwirkung der evangelischen Kirche angefangen. Die, die sich am Morgen des 17. Januar mit eigenen Plakaten an der offiziellen Kampfdemonstration für »Karl und Rosa« (SED-Bezeichnung) beteiligen wollten – mit dem Zitat der Rosa Luxemburg, dass Freiheit immer die

Freiheit der Andersdenkenden sei –, sie kamen allenfalls aus kirchlichem Umfeld, gehörten aber keiner kirchlichen Gruppe an.

Die Gruppe »Staatsbürgerschaftsrecht« will ihren Mitgliedern, die allesamt Ausbürgerungsanträge gestellt haben, Rückhalt geben durch das Zusammensein Gleichgesinnter, werden sie doch von den anderen Menschen der DDR oft wie Aussätzige behandelt. Auch die SED hat offenbar kein Rezept, wie sie diese Menschen für den realen Sozialismus zurückgewinnen kann. Die Gruppe sinnt zugleich darüber nach, wie sie den oft jahrelang abschlägig beschiedenen Anträgen zum Erfolg verhelfen kann. Dazu gehörte offensichtlich die Idee der Plakataktion. Schließlich waren dazu alle Berliner über die Zeitung aufgerufen worden. Die »Beteiligung der Berliner« erfolgte freilich geordnet nach Betrieben und nach genau festgesetzten Uhrzeiten und Stellplätzen (Stellplatz ist der Ort, wo man sich gemeinsam, Brigade für Brigade, versammelt, um sich dann in den Demonstrationszug einzugliedern; die Anwesenheit wird durch den Abteilungsleiter überprüft).

Der Initiative Frieden und Menschenrechte gehören zwar kirchliche Mitarbeiter an, die Gruppe legt aber besonderen Wert darauf, dass sie unabhängig von der Kirche sei – eine Illusion, die jetzt unauffällig korrigiert wird. Nachdem eine Reihe ihrer führenden Köpfe in Haft sind, verhandeln inzwischen die Übrigen, wie auch sie unter dem Dach der Kirche Platz finden können, »auf der Grundlage gegenseitigen Vertrauens«, so sagte es der Konsistorialpräsident von Berlin-Brandenburg, Manfred Stolpe, vor ein paar Tagen.

Was ist der Grund, dass die evangelische Kirche demnach im Mittelpunkt der Protestaktionen steht? Nach ihrem Selbstverständnis will sie »nicht Kirche gegen, auch nicht Kirche neben, sondern Kirche in der sozialistischen Gesellschaft der DDR sein«. Diesen Programmsatz formulierte 1969 der langjährige Vorsitzende des Bundes der Evangelischen Kirchen, Albrecht Schönherr. Seitdem existiert der Begriff »Kirche im Sozialismus«, die sich – so Schönherr-Nachfolger im Amt Johannes Hempel (Dresden) – weder dem Staat anpasse, noch in Opposition zu ihm stehe. Auch jetzt betonen kirchliche Stellen immer wieder, die Kirche sei weder Oppositionslokal noch Auswanderungsbüro.

Die eigenständige Position hat die evangelische Kirche zu einer moralischen Instanz werden lassen, die auch der Staat, der den Atheismus auf seine Fahnen geschrieben hat, nicht ohne weiteres ignorieren kann. Dass sich die Kirche jetzt so unmittelbar beteiligt, hängt ebenfalls mit ihrem Selbstverständnis zusammen. Nach den Worten des gegenwärtigen Vorsitzenden, des Thüringer Bischofs Werner Leich, will sie »Anwalt der Schwachen in der Gesellschaft« sein.

»Die Kirchenleitung«, betonte jetzt der Präses der Synode von Berlin-Brandenburg Manfred Becker, »steht zu den Menschen, die in Bedrängnis der Haft sind, in der Bedrängnis der Sorge um die Inhaftierten, in der Bedrängnis der Hoffnungslosigkeit angesichts der Reaktionen der Staatsorgane.«

Zugleich ging Becker, wie zwei Tage später auch die Kirchenleitung, in einer Information an alle Pfarrämter auf Distanz zur Aktion vom 17. Januar: »Die Kirchenleitung kann (diese) Aktivitäten nicht gutheißen.« Und Becker sagte: »Ich habe vor den Risiken gewarnt.«

Tags darauf, während eines Empfangs zu einer Filmpremiere, verriet das für Ideologie zuständige SED-Politbüromitglied Kurt Hager dem Präses: »Ihre Rede habe ich bei mir in der Tasche.« Becker regte bei diesem Gespräch an, Hager möge doch einer anderen Informationspolitik eine Chance geben; einer offeneren natürlich. Becker abends in der Kirche: »Ich habe ihn nicht überzeugen können.« Das wird ihn bei einem Mann nicht gewundert haben, der sich öffentlich gegen einen Tapetenwechsel nach sowjetischem Vorbild (»Glasnost« und »Perestroika«) ausgesprochen hat.

Hagers Bemerkung über seinen Tascheninhalt macht freilich deutlich, wie sehr die DDR-Führung beobachtet, was Abend für Abend in den Gotteshäusern geschieht. Für die SED-gelenkte Presse ist dies natürlich keine Zeile wert.

Da singen sie »We shall overcome« oder auch das Lied der europäischen Friedensbewegung: »Es reißt die stärksten Mauern ein; das weiche Wasser bricht den Stein.« Da beten sie: »Fahre in die Sinne der Herrschenden, damit sie endlich begreifen, dass Macht nicht missbraucht werden darf. Erbarme dich über unser dunkles Land, dass es wieder hell wird.« Da verteilt ein Pfarrer jedem ein Stück Schnur mit der Bemerkung, das sei der Ariadnefaden in die Freiheit.

Für die Menschen in den Kirchen der DDR sind die sieben Mitglieder der Initiative Frieden und Menschenrechte unter fadenscheinigen Begründungen in Haft. Als einem westdeutschen Journalisten der Kugelschreiber streikt, will ihm der Nachbar aushelfen, hält dann aber plötzlich inne: »Um Gottes willen, das geht ja nicht. Heutzutage ist das womöglich landesverräterische Tätigkeit!«

Fürbittegottesdienst für exilierte Bürgerrechtler in der Gethsemanekirche, 1988.

Die Andachten sind als Fürbitte gedacht, für die Freilassung der Inhaftierten. Doch diese mündig gewordene Jugend – »Ihre Sensibilität ist größer als die etwa meiner Generation« (Becker) – will mehr Gerechtigkeit und mehr Menschlichkeit und trifft sich in diesem Wollen mit den Christen in der DDR. Bischof Forck in der Gethsemanekirche: »Die Menschen im Staatsapparat müssen merken, dass wir gar nicht gegen sie sind. Sie müssen merken, dass mehr Menschlichkeit und mehr Gerechtigkeit auch zu ihrem Besten sind.«

Eigentlich hätte der Konflikt zwischen Staat und Kirche längst aufbrechen müssen, sinniert ein Mitglied der Kirchenleitung, wenn er bedenke, was in den vergangenen Tagen in Kirchen alles gegen die Staatsführung gesagt worden sei. Dass dies nicht geschehen sei, ermutige ihn, sei ein Zeichen dafür, dass die Scharfmacher im Politbüro von den Vernünftigen doch noch gebremst worden seien.

Man muss freilich auch sehen, dass die Kirche mit ihren ständigen Aufrufen zur Besonnenheit der SED noch einigermaßen den Rücken freihält. »Wir werden weder alles kanalisieren, so dass das Aufbegehren beschwichtigt werden kann (das ist eine staatliche Forderung an die Kirche), noch werden wir die Inhaftierten mit einem Glorienschein umgeben«, beschreibt Becker die schwierige Rolle der Kirche.

Am 6. März 1988 will die SED den zehnten Jahrestag des Burgfriedens zwischen Staat und Kirche feiern. Damals vor zehn Jahren einigten sich Staat und Kirche – SED-Generalsekretär Erich Honecker und Bischof Albrecht Schönherr – auf einen Modus vivendi. Diese Abkehr aus der Antihaltung zum sozialistischen Staat, die gegen die Hinwendung zur eigenständigen Rolle ausgetauscht wurde, hat der Kirche jene Mittlerrolle eingebracht, die sie heute hat. Das ist auch der Grund, warum die evangelische Kirche heute den Bedrängten zu Hilfe eilt und dabei gleichzeitig als Gesprächspartner des Staates gilt und nicht etwa als Staatsfeind verteufelt wird. Offen bleibt freilich die Frage, ob die Tausende von meist jungen Menschen, die alle im Atheismus erzogen wurden, mit der Botschaft der Kirche überhaupt noch etwas anfangen können. Die DDR habe, schloss Bischof Forck am Samstag seine Predigt, heute »das Zeugnis der Liebe so nötig wie nie zuvor«.

»Im Blickpunkt: Kirche in der DDR – Unbequemer Partner der SED«

Frankfurter Rundschau, 4.3.1988

Am Sonntag ist es zehn Jahre her, dass sich die SED-Führungsspitze unter Generalsekretär Erich Honecker und der Bund der Evangelischen Kirchen in der DDR unter dem damaligen Vorsitzenden, dem Bischof von Berlin-Brandenburg, Albrecht Schönherr, zu einem Grundsatzgespräch getroffen haben. Gleichberechtigung und Gleichachtung aller Bürger als verbindliche Norm in der DDR war damals das wesentliche Element des Gesprächs. Einer der Teilnehmer von kirchlicher Seite, der damalige Bischof der Kirchenprovinz Sachsen (Magdeburg), Werner Krusche, hat jetzt im Auftrag des Kirchenbundes eine kritische Bilanz der vergangenen zehn Jahre vorgelegt.

»Die Kirche wird den Weg, für den das Gespräch vom 6.3.1978 einen wichtigen Markstein darstellt, als ›Zeugnis- und Dienstgemeinschaft‹ in der sozialistischen Gesellschaft weitergehen«, heißt der wohl wichtigste Satz in der Analyse Krusches. Für die Fortführung des »guten Weges« hatte sich zwar bereits die DDR-CDU, eine der mit der SED verbundenen Blockparteien, eingesetzt. Krusche fügt an diesen Satz jedoch an, dass das Verhältnis zwischen Kirche und Staat in der Vergangenheit »auf eine harte Probe« gestellt worden sei. Damit spielt er unter anderem auf die Eingriffe des Staates in die Umweltbibliothek an der Zionskirche und die Verhaftungen im Zusammenhang mit der Liebknecht-Luxemburg-Demonstration in Ost-Berlin an.

Die Frage, ob sich mit den Ereignissen vom Dezember und Januar das Gespräch vom 6. März 1978 nicht als »Schlag ins Wasser« erwiesen habe, beantwortet Krusche mit der Gegenfrage: »Wie wäre wohl alles verlaufen, wenn der Staat in all den Jahren die Kirche nicht als einen Partner kennengelernt hätte, der zwar nie gefügig, oft genug unbequem, aber auch nie unredlich war, der sich auch in angespannten Situationen an den Grundsatz der Offenheit und Durchschaubarkeit gehalten und die Situationen nie aufgeheizt hat?« Eine Vermittlerrolle zwischen Staat und unabhängigen Gruppen, wie sie die Kirche im vergangenen Vierteljahr gespielt hat – so die Schlussfolgerung des Kirchenmannes –, wäre wohl kaum möglich gewesen.

Dem Verhältnis Staat–Kirche in der DDR bescheinigt der Altbischof aus Magdeburg, dass sich »vieles zum Besseren verändert hat«. Die Feststellung der Kirchenleitung, dass in der DDR die Ausübung von Religion als Normalfall gelte, zeigt die gegenüber 1978 veränderte Lage. Krusche moniert aber, dass bestimmte Arbeitszweige wie die Kirchentage und die Akademien sowie die sozialdiakonische Arbeit von staatlicher Seite noch immer »mit einem gewissen Misstrauen« beobachtet werden.

Dem Leben in der DDR-Gesellschaft bescheinigt Krusche Stagnation – da habe »sich nicht viel verändert«. »Die von vielen erhoffte Bewegung in unserer Gesellschaft« sei ausgeblieben. Oder: »Zu der von der Kirche immer wieder angemahnten mündigen Mitbeteiligung der Bürger an der Verantwortung für die Gestaltung unseres gesellschaftlichen Lebens ist es aufs Ganze gesehen nicht gekommen«, schreibt Krusche, »die vorhandene Bereitschaft dazu ist immer wieder an solche Grenzen gestoßen, dass sie erlahmt ist« – all dies sind Feststellungen, die der SED-Propaganda der vergangenen Wochen zuwiderlaufen.

Krusche gibt auch zu Protokoll, dass die Unruhe und Bewegung unter den Jüngeren »nicht so sehr aus der Kirche« kommt, sondern vielmehr von dem »frischen Wind«, der in der Sowjetunion weht, aus dem dort vorhandenen Mut, schmerzende Wahrheiten auszusprechen und auszuhalten. Der Staat DDR werde auch zukünftig mit der Existenz kritischer Gruppen rechnen müssen, schreibt Krusche. Da ungeheure Zukunftsaufgaben zu bewältigen seien, würde die Staatsführung gut daran tun, mit diesen Gruppen »das offene Gespräch aufzunehmen und sie nicht ins Abseits zu drängen«. Krusche kategorisch: »Zugriffe, wie sie in Berlin geschehen sind, mitsamt ihren Begründungen, dürften sich unter keinen Umständen wiederholen. Sie schaden nicht nur dem Ansehen der DDR, sondern zerstören mühsam aufgebautes Vertrauen.«

Die Kirche jedenfalls, so schreibt Krusche weiter, sei hoffnungslos überfordert in der Rolle der »Schutzmantel-Madonna«. Die kirchlichen Gruppen nennt der Bischof im Ruhestand als für die Kirche unersetzlich; eine Absage erteilte er aber denjenigen, die mit ihren Aktivitäten die Ausreise aus der DDR beschleunigen wollen. Der für deutliche Worte bekannte Krusche: »Wer einen Übersiedlungsantrag gestellt hat, ist grundsätzlich ungeeignet, in unserem Land gesellschaftspolitische Anstöße zu geben. Wer dies vorhat, muss hierbleiben und bereit sein, die Folgen mit anderen gemeinsam zu tragen. Das bedeutet weder eine Diffamierung der Antragsteller noch eine Rechtfertigung ihrer Behandlung durch staatliche Organe. Aber wir können uns nicht missbrauchen lassen!«

»Kirche fordert Reisefreiheit auch für Kinder – Evangelische Synode mahnt Staat / Nicht jede Kritik sofort als Gegnerschaft deuten«

Frankfurter Rundschau, 21. 9. 1988

Für Reisemöglichkeiten von Kindern in den Westen hat sich die Synode des Bundes der Evangelischen Kirchen in der DDR eingesetzt. Zum Abschluss ihrer fünftägigen Tagung in der Auferstehungskirche Dessau erklärte das Kirchenparlament, es sei jetzt an der Zeit, dass »unabhängig von Verwandtschaftsverhältnissen« alle Bürger reisen könnten. Dabei sprach die Synode ausdrücklich die bisher nicht gegebenen Reisemöglichkeiten von Kindern an. »Reisemöglichkeiten sind eine wichtige Voraussetzung für den Dialog zwischen Menschen verschiedener Staaten«, heißt es in dem Beschluss. Die innere Entwicklung der DDR hängt nach Meinung der Kirchen wesentlich von der Dialogfähigkeit und Dialogbereitschaft ab. »Persönliche und öffentliche Auseinandersetzung über den künftigen Weg der Gesellschaft und der Kirche dürfen keinen Lebensbereich ausklammern.« Mündige Bürger müssten mit der Vielfalt ihrer Erfahrungen in Kirche und Gesellschaft mitbestimmen können. Kritik dürfe nicht von vornherein als Gegnerschaft, sondern sollte im Gegenteil in ihrem konstruktiven Anliegen gesehen und ernst genommen werden, mahnt die Synode den Staat. (...)

Hintergrund

Die Synode des Evangelischen Kirchenbundes tagte jedes Jahr Mitte September, 1988 in Dessau. Pfarrer Friedrich Schorlemmer brachte den Antrag ein, die Kirchenleitung möge sich dafür einsetzen, dass Kinder in den Westen reisen könnten, auch ohne Eltern, in Begleitung Erwachsener, etwa Westverwandter. Doch Bedenkenträger meinten, damit werde der Staat überfordert.

Ich war nicht ganz unschuldig am Antrag. In Dessau erzählte ich Schorlemmer ein Erlebnis, das mich ratlos machte. Übers Wochenende war ich mit der Familie bei Freunden. Unsere drei Kinder, vier bis sieben, freundeten sich gleich mit deren vier Kindern (fünf bis elf Jahre) an. Es war ein ruhiges Wochenende, die Kinder merkten wir kaum. Nach drei Tagen zum Abschied strahlten die sieben, bis der Satz fiel: »Das nächste Mal kommt ihr zu uns!« Die Kinder jubelten; doch zwei Elternpaare verzogen das Gesicht, eierten herum. »Das geht schlecht!« »Ist schwierig«. Verständnislos sahen uns die Kinder an. Einer sagte dann: »Wir überlegen mal, wie wir das hinkriegen.« Das beruhigte.

Ich war mit mir unzufrieden. Wir hatten den in der DDR lebenden Kindern Hoffnung gemacht, die nicht zu erfüllen war. An der Lüge waren wir gerade noch vorbeigeschrammt. All das erzählte ich Friedrich und sagte: »Warum geht das nicht? Ich würde die Kinder abholen und wieder zurückbringen.« Er machte daraus einen Antrag, den die Synode in den Ausschüssen beriet. Als abgestimmt wurde, gab es eine große Mehrheit. Die Entscheidung dafür in der nichtöffentlichen Beratung führte laut Schorlemmer Manfred Stolpe herbei. Er habe gesagt: »Das ist ein würdiger Antrag für eine Kirche.« Ich habe diese Meldung auch geschrieben in der Hoffnung, die Bundesregierung werde das Thema auf die Tagesordnung deutsch-deutscher Gespräche setzen. Wirklichkeit ist der Beschluss nie geworden. Vierzehn Monate später konnten alle Kinder reisen.

»DDR lässt mehr Christen reisen – Honecker macht Vogel Zusagen zum Kirchentag«

Frankfurter Rundschau, 26.5.1989

Die DDR wird mehrere hundert Christen zum Evangelischen Kirchentag Anfang Juni nach West-Berlin reisen lassen, teilte der SPD-Vorsitzende Hans-Jochen Vogel nach einem mehrstündigen Gespräch mit SED-Generalsekretär Erich Honecker am Werbellinsee vor Journalisten in Berlin mit. Über die genaue Zahl wollte Vogel keine Angaben machen.

Wie aus informierten kirchlichen Kreisen zu erfahren war, hatte Honecker schon vor einigen Tagen den Wunsch des Altbischofs von Berlin-Brandenburg, Albrecht Schönherr, 300 Christen fahren zu lassen, positiv beschieden. Vogel sagte dazu, ihm habe Honecker gesagt, dass dies nicht die Obergrenze sei. Sein Vorschlag, am besten 3000 Christen die Genehmigung zu erteilen, sei aber als unrealistisch bezeichnet worden.

Es wird das erste Mal sein, dass nicht vom Staat ausgewählte Bürger zu einer Veranstaltung im Westen eine Reisegenehmigung erhalten. Wie weiter aus kirchlichen Kreisen zu erfahren ist, wird die Genehmigung für den 10. Juni erteilt. Wie es heißt, werden alle acht evangelischen Landeskirchen in eigener Regie Personen auswählen, denen die staatlichen Behörden dann ein Tagesvisum erteilen.

Hintergrund

Anfang Mai 1989 suche ich mit der Frankfurter *FR*-Kollegin Jutta Roitsch den Konsistorialpräsidenten der Evangelischen Kirche Berlin-Brandenburg Manfred Stolpe auf. Roitsch fragt, wie viel DDR-Leute zum Kirchentag in West-Berlin fahren dürfen. Stolpe: »So viel wie zum Kirchentag in Frankfurt am Main.« »Sind das nicht zu wenig? Die DDR sagt, West-Berlin liege auf ihrem Territorium«, sage ich. Darüber denke er schon länger nach. »Gibt es nicht ein Tagesvisum für Westdeutsche zum Tagesbesuch in Ost-Berlin?« »Ja!« »Da könnte man doch Tagesvisa für Ostdeutsche zum Besuch des Kirchentags in West-Berlin erfinden. Den Brief müsste der Altbischof an Honecker schreiben.« Gemeint ist Albrecht Schönherr (1911–2009), 1972–81 Bischof der Ostregion Berlin-Brandenburg, 1969–81 Vorsitzender des DDR-Kirchenbunds. »An wie viel Leute denken Sie?«, fragt Roitsch. Wir reden über 3000. Stolpe bremst: »Warten wir ab. Wir brauchen einen Westpolitiker, der das absichert, der nachhakt. Haben Sie einen?« »Ich war mit dem Regierenden Bürgermeister Walter Momper auf der gleichen Schule. Ich fahre zur Senatskanzlei.«

Am 23. Mai ruft Stolpes Sekretärin an: »Können Sie vorbeikommen?« Stolpe: »Schönherr hat den Brief geschrieben. Er hat mit 300 zu wenig erbeten. Meinen Vorschlag nannte er abenteuerlich. Honecker stimmte am gleichen Tag zu. Jetzt müssen Sie ran! Die Zahl lässt sich erhöhen!« Ich fahre nach West-Berlin, Momper ist in der Kongresshalle (heute Haus der Kulturen der Welt) und sitzt auf dem Podium. Ich komme gar nicht rein. Dem Einsatzleiter gebe ich meine Karte; auf der Rückseite steht: »Walter, muss dich dringend sprechen!« Momper kommt nach fünf Minuten. »Das passt prima. Übermorgen trifft sich [der SPD-Spitzenpolitiker] Hans-Jochen Vogel mit Honecker. Ich rufe ihn gleich an.«

Zwei Tage später gibt Vogel nach dem Gespräch mit Honecker eine Pressekonferenz. Er berichtet über die möglichen Kirchentagsbesucher: »Es gab schon seine Zusage über 300. Ich konnte die Zahl erhöhen.« Am nächsten Tag ist die Zahl klar: 374.

Der DDR-Kirchenbund stellt den Landeskirchen die Bedingung, es dürfen nur Menschen fahren, die noch nie im Westen waren. Von den 374 kehren 373 zurück. Später treffe ich manche, die sagen: »Ich war zum ersten Mal im Juni 89 im Westen.« Stolpe heute: »Wir wollten dem Staat die Angst nehmen, dass Leute nicht wiederkommen, sobald sie westwärts reisen dürfen. Das hat die Aktion bewiesen.« Er sieht sie als Meilenstein auf dem Weg zur Maueröffnung. Zumindest beeindruckt sie Honecker-Nachfolger Egon Krenz. Er bittet einen Tag nach Honeckers Ablösung die Kirche zum Gespräch und deutet an, unter seiner Führung könnten noch vor Weihnachten alle DDR-Bürger reisen. Grund genug für Stolpe, am 29. Oktober ein Gespräch Schabowski–Momper zu arrangieren. Momper erfährt aus berufenem Mund, was auf West-Berlin zukommt. Momper verhängt für alle Mitarbeiter eine Urlaubssperre. Elf Tage später fällt die Mauer. West-Berlin ist darauf vorbereitet; aber nicht auf die Massen, die am Wochenende des 11. und 12. November kommen. Da verbringen viele West-Berlin-Besucher den Tag im Stau auf den Autobahnen.

»Das neue Gefühl, nicht mehr ›Der Doofe Rest‹ zu sein – Mit erstarktem Selbstbewusstsein kämpfen die Menschen in der DDR wider den ›Schlaf der Vernunft‹«

Frankfurter Rundschau, 30.10.1989

»Werdet aktiv, wenn ihr es noch nicht seid, bleibt aktiv für eine bessere sozialistische Gesellschaft, die zugleich humanistisch und demokratisch sein muss.« Als der Vater der 18-jährigen Susanne Boeden auf der für diesen Abend eigens eingerichteten Bühne in der Erlöserkirche im Ost-Berliner Stadtteil Rummelsburg diesen Satz gesagt hatte, erhoben sich über 4000 Menschen von ihren Plätzen und klatschten minutenlang Beifall. Auch die Veranstaltung, zu der die Ost-Berliner Künstlerverbände aufgerufen hatten, musste in einer Kirche stattfinden, weil es sonst keinen öffentlich zugänglichen Raum gab. Schon eine Stunde vor Beginn gab es keinen freien Platz mehr in der neugotischen Erlöserkirche am Rand des Stadtzentrums: Die Menschen saßen dichtgedrängt auf harten Kirchenbänken, standen in den Gängen, hockten im Altarraum – über sechs Stunden lang bis nach Mitternacht. Und vor der Kirche standen noch einmal Hunderte.

Die junge Frau berichtete eine Viertelstunde, was ihr widerfahren war, als sie am Morgen des 7. Oktober – dem Tag, an dem die DDR ihren 40. Geburtstag feierte – ein selbstverfasstes handgeschriebenes Flugblatt an ein paar Häuserwände klebte. Darauf stand jener Satz, den später der Vater den Menschen in der Kirche zurufen sollte, und auch die Formulierung, dass eine greise, starre Führung sich blind, stumm und taub stelle: »Nur wenn wir alle endlich den Mund aufmachen, gibt es für unser krankes Land Hoffnung«, war da von junger Hand geschrieben, für ganz wenige zu lesen gewesen. Zwei Männer hatten sie beobachtet und aufgefordert, mitzukommen. Sie war angekettet worden; Sicherheitskräfte hatten sie als »Schlampe« und »alte Hure« beschimpft. Als sie von einer Haftanstalt in eine andere überführt wurde und von einem Lastwagen steigen sollte, riefen die Polizisten auf dem Wagen zu denen unten: »Wollt ihr sie haben? Wollt ihr sie durchwichsen?«

Zwei Stunden später am Abend versuchte der Schriftsteller Christoph Hein die Antwort auf diesen Psychoterror der Sicherheitskräfte zu finden. Die »fürchterliche Wahrheit«: Sie hätten sich so verhalten, »weil sie sicher waren, wir schweigen weiter wie bisher. Wir sind schuldig geworden an diesem Mädchen.«

Die Menschen in der DDR schweigen nicht mehr. Sie melden sich zu Wort, ungelenk manchmal und nicht immer so geschliffen wie die Schriftsteller und Künstler an diesem Abend, aber deshalb nicht weniger eindrucksvoll. Wenn sich eines in den Tagen seit dem 7. Oktober in der DDR verändert hat, dann ist es das Selbstbewusstsein der Menschen, ob bei Demonstrationen von Hunderttausenden in Leipzig oder Zehntausenden in Plauen, ob bei von der Partei angebotenen Diskussionsrunden in Dresden oder Ost-Berlin oder auf der Veranstaltung in der Erlöserkirche, in der »Kunstwerktätige gemeinsam gegen Gewalt« aufriefen, unter dem Motto: »Wider den Schlaf der Vernunft.« »Wir sind nicht mehr ›der doofe Rest‹«, sagt stolz ein Ost-Berliner auf dem Heimweg von der Erlöserkirche in den frühen Morgenstunden des Sonntags. »Der Doofe Rest« – so hatten vor allem Ausreisewillige das Kürzel DDR buchstabiert – das waren jene, die nicht mitgehen wollten.

In die Erlöserkirche waren an diesem Samstagabend die Spitzen von Literatur und Kunst der DDR gekommen: die Schriftsteller Christa Wolf und Stefan Heym, Stephan Hermlin und Volker Braun, Daniela Dahn und Helga Schubert, Heiner Müller und Günter de Bruyn, die Komponisten Siegfried Matthus und Günther Fischer, Theologieprofessor Heinrich Fink, der Filmemacher Wolfgang Kohlhaase, der Countertenor Jochen Kowalski. Kowalski sang die Händelarie: »Lasst mit Tränen mein Los beklagen, Ketten zu tragen ist mein Geschick.« Doch Ketten, auch geistige, wollen die Menschen in der DDR nicht mehr tragen, und sie sind auch der Meinung, dass dies nicht ihr Los sein muss. (...). In der Erlöserkirche wurden am Abend die Themen angeschnitten, die dann auch mehrere tausend Menschen am Sonntagmorgen zur Sprache brachten, als der Oberbürgermeister Ost-Berlins, Erhard Krack, und der erste SED-Sekretär der Halbstadt, Günter Schabowski, sich auf dem Platz vor dem Ost-Berliner Roten Rathaus (»rot« wegen der Ziegelfarbe) der Diskussion stellten. Es gibt in der DDR zur Zeit keine Diskussion, auf der nicht der Ruf nach Demokratie und Veränderung erschallt. Auf dem Rathausplatz, wo der Anteil der Arbeiter weit höher war als am Abend zuvor in der Erlöserkirche, wurden die Forderungen nur deutlicher gestellt.

Stefan Heym hatte sich dafür ausgesprochen, dass die Mauer nur noch eine Zollgrenze sein solle: Vor dem Rathaus fragte ein Arbeiter, warum die Mauer nicht ganz abgerissen und durch einen Zaun ersetzt werde, damit man in Berlin dorthin gehen könne, wohin man wolle. Dort sprach auch ein alter Sozialdemokrat, der auch unter der SED verfolgt worden war, und forderte freie Wahlen, dafür müssten die neugegründete Sozialdemokratie in der DDR (SDP) und andere Parteien zugelassen werden. SED-Chef Schabowski gab zu, dass es Auseinandersetzungen in der Führung gegeben habe, die vor Wochenfrist der noch im Amt befindliche Chefideologe Kurt Hager bestritten hatte. Schabowski sagte, ohne diese Auseinandersetzungen wäre die Wende in der DDR nicht möglich gewesen. Christoph Hein hatte schon vor einer Woche von den »wunderbaren Tagen« in der DDR gesprochen, die nicht so schnell vorbei sein mögen. Immerhin versprach Erhard Krack, dass die Gespräche auf dem Rathausplatz wiederholt werden. In der DDR formulieren gegenwärtig die Bürger landauf, landab ihre Forderungen für einen demokratischen Sozialismus. »Unter den Schlägen der Staatssicherheit hat sich das Volk zum aufrechten Gang entschlossen«, sagte Hein in der Erlöserkirche.

»Mauer – die brüchige Wand. Im Gespräch: Friedrich Schorlemmer«

Frankfurter Rundschau, 10. 6. 1989

Der Wittenberger Pfarrer Friedrich Schorlemmer, Mitglied der Synode des Bundes der Evangelischen Kirchen in der DDR und Dozent am Predigerseminar in Wittenberg, ist Gast des Kirchentages in Berlin. Unser Korrespondent Karl-Heinz Baum sprach mit ihm.

FR: Anfang nächster Woche kommt Michail Gorbatschow in die Bundesrepublik. Worüber sollen er und Bonns Politiker reden?
　Schorlemmer: Darüber, wie sich die Freundschaft zwischen den Völkern der Sowjetunion und Deutschlands erreichen lässt. Der Abbau gegenseitiger Angst ist die Bedingung für stabilen Frieden in Europa. Die Geschichte der Angst beider voreinander muss ehrlich aufgearbeitet werden. Zum zweiten darüber, wie die Deutschen in zwei Staaten trotz Zugehörigkeit zu verschiedenen Bündnis- und Wertesystemen ihre nationale Identität erhalten können. Auf lange Sicht wird die nationale Frage meiner Meinung nach nur mit

einer Entmilitarisierung Deutschlands zu lösen sein, wenn Deutschland also weder für den Osten noch für den Westen eine Gefahr bildet. Dann wird sich für die Deutschen in zwei Staaten eine Etage im europäischen Haus finden lassen. Zum dritten darüber, wie die den Kontinent übergreifenden Fragen der Reinhaltung des Wassers und der Luft zu lösen sind. Neben der Abrüstung werden die ökologischen Fragen zur Achillesferse für Europa.

Bei einer Demonstration gegen das Wahlergebnis vom 7. Mai sind über hundert Menschen am Mittwoch in Ost-Berlin vorübergehend festgenommen worden. Wie soll das von den evangelischen Kirchen geforderte neue Wahlrecht aussehen?

Die Festnahmen sind unverhältnismäßige Überreaktionen des Staates, die nicht nötig waren. Zum Wesen einer Wahl aber gehört die Auswahl. Es gehört dazu, dass sich im Rahmen der Verfassung verschiedene Meinungen organisieren können. Das bisherige Wahlverfahren hat zu Unzuträglichkeiten geführt, die überholt, die nicht mehr zeitgemäß sind.

Was sagt der Wittenberger Pfarrer, der immer wieder zum Bleiben in der DDR auffordert, zum Plan der Bundesregierung, finanzielle Vorteile für übergesiedelte DDR-Bürger zu kürzen?

(...) Die Ausreisewilligen zeigen Probleme in der DDR an, die die DDR selbst zu lösen hat. Wir können die Probleme nicht stets nach Westen »verschieben«. Es geht nicht an, dass die kreative, kritische, innovative Intelligenz ständig auswandert und zur Lösung unserer Probleme nicht mehr da ist. Die DDR betrügt sich um ein geistiges Potential, das sie selbst zuallererst braucht. Kein anderes osteuropäisches Land hat einen Weststaat neben sich. Da kritische Köpfe viel zu oft in Richtung Westen abwandern und Bonn das auch noch bezahlt, trägt die Praxis dazu bei, dass ein Wandel in der DDR viel langsamer vorangeht als anderswo, ja besonders schwierig ist.

Kann die Mauer, wie es DDR-Außenminister Oskar Fischer gesagt hat, tragende Wand des europäischen Hauses sein?

Auf eine so brüchige Wand würde ich das europäische Haus nicht bauen. Beton platzt von innen, fällt auf einmal zusammen.

Arbeitsanregungen

1. Erstellen Sie ein Schaubild zum Verhältnis Kirche und Staat in Stichworten für: Zeit: Jahr/Datum; ggf. Ort; Begebenheit/Kirche: Aktion/Akteure, Reaktion; Staat: Aktion, Reaktion.
Kennzeichnen Sie am Anfang kurz das Verhältnis von Kirche und Staat vor 1978. Leiten Sie aus dem Schaubild eine Hypothese zur Entwicklung dieses Verhältnisses her.
2. Fassen Sie Selbstverständnis, Auftrag und Aufgabe der evangelischen Kirche zusammen.
3. Erklären Sie auf dieser Grundlage, welche Ziele die Kirche mit welchen Mitteln verfolgt und welche Aktionen und Vorgehensweisen sie unter ihrem Dach zugelassen hat.
Beziehen Sie Forderungen der Kirche und ihr nahestehender Gruppen ein.
4. Erklären Sie die gleichen Aspekte für den Staat und die staatlichen Organe mit ihren Begründungen, möglichst mit Zitaten.
5. Vergleichen Sie den Grundsatz von Kirche und Staat bei ihren Vorgehensweisen und Absichten.
Berücksichtigen Sie dabei Begriffe wie Verbundenheit/Rückhalt – Solidarität, Protestaktion – Kampfdemonstration, Eintreten für Frieden – Pazifismus u. a. m.
Beurteilen Sie, inwieweit sich Staat und Kirche gemäß Artikel 18 (1) und 20 (1) der DDR- Verfassung (s. Informationsblatt S. 56) verhielten.
6. Stellen Sie Themen zusammen, über die in den staatlich kontrollierten/zensierten Zeitungen von Journalisten nicht berichtet werden durfte, und geben Sie an, warum.
Führen Sie an, was Leser der evangelischen Wochenzeitung *Die Kirche* erfahren konnten.
7. Erläutern Sie, welche Rolle der evangelischen Kirche in Staat und Gesellschaft zufiel und wie es dazu gekommen ist.
8. Überprüfen Sie Ihre anfangs aufgestellte Hypothese anhand Ihrer Arbeitsergebnisse und ändern Sie diese gegebenenfalls.
9. Vergleichen Sie Ihre These mit der Aussage von Klaus Staeck, zitiert am Ende des Artikels »Das Ärgernis Fernsehkamera und Kugelschreiber« (Abschnitt 2, S. 139).
Klären Sie dabei die Bedeutung des zentralen Begriffs für das Geschichtsbild der kommunistischen Ideologie anhand von Informationen im Internet.

Hinweis
Informieren Sie sich im Internet oder in einem Nachschlagewerk über:
- Bund der Evangelischen Kirchen in der DDR, Synode, Friedensdekade
- Reformator Martin Luther
- Louis Fürnberg (1909–1957), »Lied der Partei«, vor allem Refrain ab Strophe 2
- Václav Havel, »Versuch, in der Wahrheit zu leben«, Essay von 1978, Reinbek bei Hamburg 1980

Weiterführende Literatur
Kirchengeschichte der DDR – Überblick: www.seggeluchbecken.de/kirche/DDR-kirche.htm.
»Verbotene Bücher – Die Gründung und Arbeit der Umwelt-Bibliothek«, hg. v. Bundeszentrale für politische Bildung und Robert-Havemann-Gesellschaft e.V., 2008.

Opposition, Verfolgung, Mauerfall

Der 1982 verstorbene Robert Havemann ist wohl der bekannteste Oppositionelle in der DDR. Bereits die Nazis hatten den Kommunisten und Wissenschaftler wegen illegalen Widerstands im Zuchthaus Brandenburg inhaftiert. Nach erfolgreicher Karriere wurde der Professor für Physikalische Chemie für seine Vorlesungsreihe im Wintersemester 1963/1964 erstmalig scharf kritisiert und aus der SED ausgeschlossen. Es folgten Berufsverbot und Hausarrest (siehe »›Die Gesundheit, die entwickelt sich ...‹«). Zu seinen engsten Freunden gehörten der Liedermacher Wolf Biermann und der Schriftsteller Jürgen Fuchs, beide auf sehr unterschiedliche Weise 1976 bzw. 1977 in den Westen abgeschoben. Die SED-Führung meinte, mit einer Mischung von Verhaftung, Abschiebung, privilegiertem Dauervisum und Pässen für Westreisen die aufbegehrenden Künstler und Intellektuellen in den Griff zu bekommen, was ihr durchaus gelang.

Zuvor bereits hatten einzelne Bürger damit begonnen, Anträge auf legale Ausreise aus der DDR zu stellen. Sie beriefen sich dabei auf das in der KSZE-Schlussakte von Helsinki 1975 verbriefte »Recht auf Freizügigkeit«. Erste, wenn auch zögerliche Genehmigungen, ermutigten Bürger zu einem Ausreiseantrag. So gab es bereits 1977 mehr als 8000 »Antragssteller«, von denen nach diskriminierender mehrjähriger Wartezeit, die oft auch mit Verhaftung verbunden war, jährlich zwischen 4000 und 9000, später sogar bis zu 30 000 die DDR legal verlassen konnten (siehe »Eine Flasche Sekt ...«).

In der zweiten Hälfte der 80er Jahre kam es zu einer regelrechten Welle von Ausreiseanträgen. Der willkürliche Umgang der Staatsmacht mit den immer ungeduldiger werdenden Antragstellern führte zu deren Radikalisierung. Nach einem gemeinsamen Friedensgebet mit anderen Oppositionellen verließ eine Gruppe von ihnen im September 1989 die Leipziger Nikolaikirche und skandierte vor den Augen und Kameras der zur Leipziger Herbstmesse angereisten westlichen Korrespondenten »Wir wollen raus!« Gleichzeitig erscholl aus einer anderen Gruppe von Demonstranten der Ruf »Wir bleiben hier!«, der sich schließlich in den folgenden Montagsdemonstrationen durchsetzte und in »Wir sind das Volk!« mündete (siehe »Nach Gießen reisen ...«).

Parallel zu den Ausreisewilligen mit »legalen« Anträgen gab es, wie bereits seit 1961, weiterhin Versuche, die aus Mauern und Stacheldrahtverhauen bestehenden Grenzanlagen der DDR »illegal« zu überwinden. Und so starben auch zwischen 1986 und 1989 allein an der Berliner Mauer noch acht Personen, unter ihnen Chris Gueffroy, dessen Todesumstände besonders menschenverachtend sind (siehe »Von der stillen Grenze ...«).

In dieser Zeit versuchten ebenfalls immer mehr DDR-Bürger über die Grenzen in den östlichen Nachbarländern und über westliche Botschaften in die Bundesrepublik zu gelangen. Besonders in Erinnerung sind die Ereignisse vom September 1989 in der Prager Botschaft der Bundesrepublik. Der Satz von Außenminister Hans-Dietrich Genscher »Wir sind zu Ihnen gekommen, um Ihnen mitzuteilen, dass heute Ihre Ausreise ...«[5] ging unvollendet im Jubelschrei der sich dort teilweise seit Wochen aufhaltenden etwa 4000 DDR-Flüchtlinge unter. Die ersten für deren Transport eingerichteten Sonderzüge von Prag nach Hof wurden über Dresden geleitet, was wiederum am dortigen Hauptbahnhof zu tumultartigen Auseinandersetzungen zwischen Demonstranten und der Polizei führte (siehe »Das stumme Warten ...«). Fünf weitere Züge fuhren dann die kürzere Strecke über Karlsbad und Plauen nach Hof.

Den SED-Machthabern war es gelungen, die Mehrheit der gegen die Biermann-Ausweisung protestierenden Künstler und Intellektuellen mit der »perfiden Strategie« der »Diskriminierung durch Privilegierung«, wie es der Historiker Stefan Wolle treffend formulierte, ruhigzustellen. Doch im Schutzraum der Kirche fanden sich immer mehr DDR-Bürger, vor allem Jugendliche zusammen, um sich im offenen Gespräch mit den immer dringlicher werdenden Friedens-, Umwelt- und Menschenrechtsproblemen in ihrem Land auseinanderzusetzen (siehe »Günstige Angebote ...«). Die vielfältigen Aktivitäten erreichten einen Höhepunkt mit der Überprüfung der Stimmenauszählung anlässlich der Kommunalwahl im Mai 1989 (siehe »Fliegende Urnen ...«).

Nach der Montagsdemonstration am 9. Oktober 1989 mit über 70 000 friedlich protestierenden Bürgern in Leipzig begannen sich die Ereignisse in der DDR zu überschlagen. Hunderttausende versammelten sich am

---

5 Siehe www.bpb.de/politik/hintergrund-aktuell/69294/prag-30-september-1989-29-09-2009.

4. November auf dem Berliner Alexanderplatz und präsentierten auf Transparenten und in Reden politisch eindeutige, teilweise mit viel Witz formulierte Forderungen (siehe »An diesem Samstag ...«). Wenige Tage darauf, am 9. November 1989, fiel die Berliner Mauer: »In dieser Nacht ging Berlin nicht schlafen«

Jürgen Klammer

»›Die Gesundheit, die entwickelt sich enorm aufwärts‹ – Vor dem Haus Robert Havemanns in der Burgwallstraße: Die Bewacher sind abgezogen«

Frankfurter Rundschau, 11. 5. 1979

Grünheide, Ortsteil Alt-Buchholz, Kreis Fürstenwalde, Bezirk Frankfurt (Oder), DDR, Burgwallstraße. Eine verschlafene Dorfstraße, wie viele andere überall auf der Welt. An einem Baum an der Einmündung dieser Straße in die Hauptstraße Alt-Buchholz hängt ein Schild: »Haltet Sauberkeit«. In der Burgwallstraße parkt am rechten Straßenrand ein Auto (Typ Wolga), andere stehen in den Vorgärten. Dennoch ist diese Straße nicht die gleiche wie tausend andere. Vor dem Haus Nummer 4 haben Kinder mit Kreide die Worte »Fröhliche Einfahrt Tina und Brigitte« geschrieben, »fröliche« ohne h. Auf dem Grundstück Nummer 4 steht ein gelber Trabant mit dem DDR-Kennzeichen »ET 37-34«.

Das Häuschen und der Trabant gehören einem Mann, der in den vergangenen Jahren immer wieder Schlagzeilen gemacht hat: dem DDR-Regimekritiker Robert Havemann. Seine Kritik an der Ausbürgerung des DDR-Liedersängers Wolf Biermann hatte dazu geführt, dass die Burgwallstraße weltbekannt wurde. Denn das Kreisgericht Fürstenwalde hatte Havemann kurz nach dieser Kritik ein Kontaktverbot auferlegt – von wenigen Ausnahmen abgesehen –, und die DDR-Sicherheitsbehörden sorgten dafür, dass – außer den Anwohnern und einigen Angehörigen – niemand die Burgwallstraße betreten konnte. Zwei Lastwagen hatten zweieinhalb Jahre lang die Einfahrt der Straße blockiert. Einen Tag nachdem die Maßnahmen aufgehoben worden waren, haben sich vor dem Haus Nummer 4 mehrere Journalisten aus der Bundesrepublik und aus Großbritannien versammelt.

Am Mittwochabend und Donnerstagfrüh hatte das DDR-Außenministerium, entgegen einer früheren Mitteilung, den Journalisten erklärt, bei der Fahrt nach Grünheide brauche die seit Ostersamstag geltende Vorschrift, dass Fahrten außerhalb Berlins erst 24 Stunden nach einer entsprechenden Abmeldung im DDR-Außenministerium angetreten werden könnten, nicht beachtet zu werden; man könne sofort losfahren. Außerdem teilte das Ministerium der *Frankfurter Rundschau* auf Anfrage am Donnerstagfrüh mit, soweit dem Ministerium bekannt sei, habe der zuständige Staatsanwalt Herrn Havemann am Mittwoch mitgeteilt, dass die vom Kreisgericht Fürstenwalde verfügte Aufenthaltsbeschränkung aufgehoben sei.

Die Journalisten vor Havemanns Haus sind unschlüssig, ob sie an der Haustüre klingeln sollen oder nicht, denn das Außenministerium hatte ausdrücklich darauf hingewiesen, dass Interviews und Befragungen weder mit Herrn Havemann noch mit einem seiner Angehörigen genehmigt würden. Aber da öffnet sich die Tür und Havemanns Tochter Franzi schaut heraus; sie sucht offenbar den Hund, der schon seit ein paar Minuten immer wieder um das Haus herumstreift. Als sie die Männer auf der Straße sieht, macht sie ganz schnell die Tür wieder zu. Doch es dauert kaum eine halbe Minute, da kommt Katja Havemann auf die Straße und schließlich auch ihr Mann Robert, langsamen Schrittes zwar, aber doch sichtlich erfreut.

Die Szene, die jetzt folgt, entbehrt nicht der Situationskomik, denn Fragen dürfen ja nicht gestellt werden. Der Reihe nach begrüßen die Journalisten Havemann mit Handschlag und wünschen ihm »alles Gute«. Dann meint Katja Havemann: »Ja, jetzt stehen wir da wie dumm. Befragen tun sie uns ja nicht?« Lachen.

Ein Journalist: »Also wir dürfen weder Herrn Havemann noch einen seiner Angehörigen fragen.« Katja Havemann: »Also gehöre ich auch dazu.«

Ein Journalist: »Aber ›Guten Tag‹ sagen dürfen wir schon und ihm auch alles Gute wünschen.«

Robert Havemann: »Sie können jetzt auch sehen, dass sie alle weg sind.« Mit »sie« meint er die Bewacher, die zweieinhalb Jahre lang vor dem Haus gestanden haben.

In diesem Augenblick überfliegt ein Hubschrauber das Gelände an der Burgwallstraße, sonst ist von den Sicherheitskräften der DDR nichts zu sehen. Nur in der 300 Meter entfernt liegenden Hauptstraße fährt ab und zu

Robert Havemann mit Frau Katja und Tochter Franzi, 1978.

ein weißgrüner Streifenwagen der Volkspolizei betont langsam vorbei; er biegt aber nicht in die Burgwallstraße ein. Havemanns Nachbargrundstück, seit mehr als einem Jahr im Besitz des Staates, ist mit einer nagelneuen Eisenkette verriegelt, auch dort ist niemand zu sehen.

Ein Journalist erzählt, er habe versucht, Herrn Havemann anzurufen: »Das Telefon geht noch nicht, aber wir haben uns auch nicht danach erkundigt«, meint Katja Havemann.

Robert Havemann sagt: »Radio und Fernsehen waren immer da. Das war eine Fehlmeldung, dass sie uns das verboten hatten. Tonbandgeräte haben sie uns verboten und die Schreibmaschine.« Dann sagt Robert Havemann: »Allgemein geht's mir gut.« Tochter Franzi ruft dazwischen: »Ohne die Kakerlaken ...«

Die bisherigen Bewacher Havemanns sind von der Familie »Kakerlaken« genannt worden, eine Kennzeichnung, die inzwischen auch von Havemanns Bekannten übernommen wurde. »Wir haben sie möglichst übersehen«, meint Katja Havemann, und ihr Mann fügt hinzu: »Es gab Freundliche und Unfreundliche, Aggressive und Freche, Zurückhaltende und Vorsichtige, alle eben.«

Franzi interessiert sich für das Mikrofon des Fernsehteams: »Was ist das?« Ein Kameramann: »Ein Mikrofon. Alles, was du sagst, ist da drauf.« Katja Havemann: »Also hör zu. Als angehöriges Kind ist das eigentlich verboten, dass du was in das Mikrofon hineinsagst.« Franzi: »Warum ist das verboten?« Die Journalisten weisen darauf hin, dass dies nicht verboten sei; nur sie selbst dürfen nicht fragen. Eine Bemerkung, die Katja Havemann mit Lachen quittiert.

Robert Havemann sagt: »Ich glaube jedenfalls, es ist gut, nicht nur für mich persönlich natürlich. Es ist, glaube ich, vorteilhaft für die DDR. Es ist nicht nur eine menschliche Handlung, sondern eine vernünftige menschliche Handlung. Wenn beides zusammenfällt, ist das immer sehr günstig.« Und er fügt hinzu: »Die Gesundheit, ja, die entwickelt sich jetzt enorm aufwärts.« Bei diesem Satz macht er mit der rechten Hand eine Bewegung, die in den Himmel weist. Dann verabschieden sich die drei, steigen ins Auto und fahren davon. Franzi hält für alle sichtbar eine eigene Zeichnung in die Höhe: ein Haus mit einem Fahnenmast, auf dem eine rote Fahne im Wind flattert.

Die Entscheidung der DDR-Spitze, die Aufenthaltsbeschränkung für den Regimekritiker aufzuheben, fiel offensichtlich auf der letzten Politbürositzung am 8. Mai. Dieser Tag wird in der DDR als »Tag der Befreiung« vom Faschismus begangen. Und da können dann schon beim SED-Spitzenmann Erich Honecker Erinnerungen wachgeworden sein an die gemeinsame Häftlingszeit mit Robert Havemann im Nazigefängnis Brandenburg.

Die SED hat wohl auch eingesehen, dass die bisherige Taktik, eine Aufenthaltsbeschränkung zu verfügen, nicht den gewünschten Erfolg gehabt hat.

Hintergrund
Am 26. November 1976 verhängte das Kreisgericht Fürstenwalde über den Regimekritiker Robert Havemann (1910–1982) Hausarrest, in der DDR-Sprache eine unbefristete Aufenthaltsbeschränkung wegen »Aktivitäten, die die öffentliche Sicherheit und Ordnung bedrohen«. Patrouillierende Volkspolizisten kontrollierten Ausweise: Zugang erhielt, wer da wohnte oder eine schriftliche Einladung vorweisen konnte. Selbst auf dem See hinter Havemanns Haus beobachteten Stasileute, was sich am und im Haus tat. Der Hausarrest sollte ihn daran hindern, mit westlichen Korrespondenten in Kontakt zu kommen.

Seitdem wollte fast jeder Westpolitiker beim DDR-Besuch bei Havemann vorbeischauen. Nicht jedes Mal konnte die DDR das abschlagen. Aufgehoben wurde diese Art der Freiheitsberaubung erst nach dreißig Monaten. Daraufhin fuhren wir mit fünf Kollegen dorthin. Die DDR hatte uns ausdrücklich darauf hingewiesen, die seit Ostern verschärfte Journalistenverordnung werde angewandt. Sie legte fest, dass Gespräche und Interviews mit DDR-Bürgern genehmigt werden mussten. Mit Havemann war ein Gespräch nicht genehmigt. So herrschte nach der Begrüßung Schweigen, bis zum Satz Katja Havemanns: »Jetzt stehen wir da wie dumm. Befragen tun sie uns ja nicht.« Ein Journalist: »Wir dürfen keine Fragen stellen.« Havemann begriff und redete los. So wurde »ungefragt« das Lieblingswort der Korrespondenten nach der Verschärfung der journalistischen Arbeitsbedingungen seit Ostern 1979.

»Delikates aus der DDR«

Frankfurter Rundschau, 13.5.1978

Über die in der DDR tätigen Korrespondenten aus der Bundesrepublik rollt gegenwärtig eine Verwarnungswelle hinweg. Das DDR-Ministerium für Auswärtige Angelegenheiten hat bis jetzt fünf Journalisten vorgeladen und ihnen indirekt mit der Ausweisung gedroht. Anlass für diese Repressalie der DDR ist die Berichterstattung über Vorgänge im Elbestädtchen Wittenberge am 1. Mai. Die Journalisten hatten aufgrund von Augenzeugenberichten Wittenberger Bürger über schwere Auseinandersetzungen zwischen Polizei und Einwohnern berichtet.

Freilich: Die Vorgänge in Wittenberge waren kein »blutiger Aufruhr«, wie die *Bild*-Zeitung weismachen wollte. Entstanden sind sie nach einer Rauferei auf dem Rummelplatz. Wie bei den Zwischenfällen auf dem Berliner Alexanderplatz am 7. Oktober scheint sich erst durch einen starken Polizeieinsatz eine Solidarisierung unter den Betroffenen entwickelt zu haben. In solchen Fällen wissen DDR-Bürger natürlich, wie sie ihren Verantwortlichen auf die Füße treten können, zum Beispiel durch öffentlich dargebotenen Ärger über die Delikat- und Exquisitläden, jene Konsumtempel, in denen

Waren des gehobenen Bedarfs gegen DDR-Währung, aber zu massiv überhöhten Preisen zu haben sind.

Der von SED-Chef Erich Honecker geförderte Konsumkommunismus führt zu einer besonderen Form sozialer Spannungen dadurch, dass – in Honeckers Worten – einige Bürger »in gewissem Sinne im Nachteil« sind: Im Intershop können die Bürger, die an Westgeld kommen, Westwaren einkaufen. Vor allem also Rentner, die in den Westen fahren können und sich von dort begehrte Westmark mitbringen, oder DDR-Bürger mit Verwandten in der Bundesrepublik und anderswo. In den Delikat-(Lebensmittel) und Exquisitläden (andere Waren, vor allem Textilien) können sich vor allem die Konsumenten eindecken, die über ein überdurchschnittliches Einkommen verfügen.

Doch gibt es keinen Hinweis, dass die Bevölkerung Intershops und Delikat- oder Exquisitläden, die inzwischen in jeder Kreisstadt zu finden sind, ablehnt. Dagegen spricht schon der große Andrang. Da die DDR-Bürger nur die Wahl haben, gegen Westmark Westwaren im »Intershop« bzw. in den Delikat- und Exquisitläden hochwertige Konsumgüter gegen hohe DDR-Markbeträge zu erstehen oder überhaupt nicht an diese Waren heranzukommen, ist diese Wahl für Menschen zwischen Elbe und Oder nicht schwer. Auch wer sich die teuren Sachen nicht täglich leisten kann, hat so doch wenigstens die Gewissheit, dass es sie überhaupt gibt und dass man sie wenigstens zu besonderen Anlässen erstehen kann.

Widerstand gegen diese Art von Konsumkommunismus gibt es denn eher in der Parteiführung. Die Mehrheit der Bevölkerung fürchtet daher auch, Honecker könnte durch einen Anhänger der reinen Lehre ersetzt werden, der dann die Gürtel wieder enger schnallen lässt.

Die Verwarnungen für die Journalisten aus der Bundesrepublik zeigen, welche wunde Stelle im System mit den Auseinandersetzungen in Wittenberge getroffen worden ist, denn es gehört zu seinen ehernen Grundsätzen, dass das Einvernehmen zwischen Bevölkerung und Staatsführung »unwiderruflich« ist. So muss denn bereits jede kleine Auseinandersetzung an den Säulen des Staates rütteln. Das DDR-Außenministerium tut daher so, als könne nicht sein, was nicht sein darf. Und den Journalisten wird vorgeworfen, sie störten den Normalisierungsprozess zwischen den beiden Staaten. Man muss wohl umgekehrt fragen: Wird nicht mit solchen Methoden der Normalisierungsprozess gestört?

Außerdem: Eine Informationspolitik, die nicht abgestritten hätte, dass es in Wittenberge Ärger gegeben hat, wäre eher in der Lage gewesen, die Berichterstattung auf das Maß zu beschränken, das ihr – nach allem, was man jetzt weiß – wahrscheinlich angemessen wäre. Als die ersten Augenzeugenberichte in Berlin bekannt wurden, hatten die Journalisten im Übrigen bei der Abteilung Journalistische Beziehungen des Außenministeriums angefragt, aber natürlich keine ernsthafte Antwort erhalten.

Die DDR-Medien haben bisher über Wittenberge nicht berichtet. Entgegen der sonstigen Gewohnheit gibt es aber auch nicht einmal eine Meldung über die Verwarnung der Journalisten. Das liegt wohl daran, dass man für Wittenberge keine Extrasendung des Fernsehens oder des Rundfunks und keine Extraausgabe der Parteizeitungen machen kann.

Hintergrund

Die Verwarnungen gegen westdeutsche Korrespondenten wegen der »Märchen«-Meldungen über Wittenberge betrafen mich nicht. Ich war beim Redaktionsbesuch in Frankfurt. Dort schrieb ich diesen Kommentar. ARD-Korrespondent Fritz Pleitgen fuhr nach Wittenberge und sah nur frisch eingesetzte Pflastersteine. Als sich mehrere Leute um ihn kümmerten, ging er schnellen Schrittes in einen Park und stellte sich hinter ein Gebüsch. Auf der Bank davor saßen zehnjährige Steppkes. Gefragt, ob sie nicht einen großen Mann gesehen hätten, riefen sie: »Klar« und schickten die Schnüffler in die falsche Richtung.

Für Bernhard K., Informant der Korrespondenten, gab es ein böses Nachspiel. Wegen staatsfeindlicher Hetze (§ 106 StGB DDR) verurteilte ihn die DDR zu siebeneinhalb Jahren Gefängnis. Dort erhielt er zusätzlich sechs Jahre: Er verbreitete im Knast selbstgefertigte Flugblätter. Das MfS schüchterte das Wittenberger Umfeld des Opfers ein: Keiner traute sich, uns zu informieren. Warum meldete sich kein Rentner anonym beim Westbesuch? Wir erfuhren K.s Schicksal erst, als er 1983 nach dem Freikauf sein Schicksal dem *Spiegel* erzählte. Laut *Spiegel* setzte ihn die DDR auf die Freikaufliste. Weil das im Westen keiner wusste, gab es dafür keine Bemühungen von uns Korrespondenten und auch nicht aus Bonn.

»Eine Flasche Sekt für den verlorenen Conny – DDR-Bürger warten auf ein Wiedersehen mit ›Illegalen‹«

Frankfurter Rundschau, 21.6.1982

»Meine Tante ist vorhin ganz aufgeregt vorbeigekommen«, erzählte am Freitagabend auf einer Geburtstagsparty ein Bekannter. »Ich glaube, die fängt schon mit dem Hausputz an, obwohl es ja noch eine Weile hat, bis Conny kommen wird.«

Conny, das ist der Sohn jener Tante. Über Conny redet man in dieser Ost-Berliner Runde nur selten. Und wenn dann schon einmal sein Name fällt, beeilte sich jeder hinzuzufügen, dass man so wie er nicht handeln könne. Conny war bis 1976 einer von ihnen, ein »dufter Kumpel«, bis er »rübergemacht ist«, wie in der DDR-Umgangssprache die Flucht in den Westen umschrieben wird. Heute wissen die meisten auch, wie es Conny damals »geschafft« hat, obwohl man ein solches Wort besser nur im vertrauten Freundeskreis verwendet. Von Conny, der inzwischen 29 ist, weiß man, dass er vor vier Jahren heiratete, jetzt zwei Kinder hat, dass es ihm beruflich gut geht – jedenfalls ist er nicht arbeitslos. Gesehen hat ihn seitdem keiner mehr. Connys Vater und Mutter haben manche schlaflose Nacht hinter sich, und nur widerwillig erinnern sie sich an die Verhöre von damals, als es sich um die Frage drehte, wie viel sie von der geplanten Republikflucht wussten.

Conny ist einer von rund 4000 DDR-Bürgern, die das Land von 1972 bis 1980 ohne die erforderliche Ausreisegenehmigung, also nach der DDR-Auffassung »ungesetzlich«, verlassen haben. Für die DDR galt Conny bisher jedenfalls weiterhin als DDR-Bürger, auch wenn er längst im Besitz eines Passes der Bundesrepublik Deutschland ist. Er konnte weder auf dem Transitwege nach West-Berlin fahren – da war ihm die Festnahme durch die DDR sicher –, noch konnte er in die Länder des Ostblocks reisen und sich dort mit Verwandten treffen – da musste er damit rechnen, festgenommen und an die DDR ausgeliefert zu werden.

In vielen betroffenen DDR-Familien ist am Wochenende gleich die Flasche Sekt aus dem Keller geholt worden; denn die Ankündigung, die DDR wolle von Anfang Juli an alle ehemaligen Bürger, die bis 1. Januar 1981 das Land »ungesetzlich« verlassen haben, nicht mehr deswegen strafrechtlich verfolgen, auch sei die Einreise grundsätzlich wieder möglich, hat auf einen Schlag viele menschliche Tragödien zumindest gemildert.

Nicht nur, dass Eltern ihre Kinder, Frauen ihre Männer jahrelang nicht haben sehen können; für die Zurückgebliebenen setzte oft ein Spießrutenlaufen ein, je nachdem, an welchem Platz in der DDR-Gesellschaft sie standen. Da musste die Schwester, die eine Parteikarriere in Aussicht hatte, sich vom Bruder, der den »Lockungen des Klassenfeindes« erlegen war, mehr oder weniger öffentlich lossagen. Frauen wurden zur Scheidung von ihren Männern gedrängt. (...)

Hinzu kommt, dass jetzt wohl auch jene wieder ein Visum für die Einreise in die DDR bekommen werden, die sie in den letzten Jahren legal verlassen haben, also die nach einem Ausreiseantrag irgendwann einmal eine Ausbürgerungsurkunde erhielten. Ihre Zahl ist erheblich höher. Auch sie wurden in der Mehrzahl bisher an der Einreise in die DDR gehindert, konnten aber wenigstens in der Regel problemlos die Transitwege von Berlin-West benutzen und ohne Schwierigkeiten in andere Ostblockstaaten reisen. (...)

Die Nachricht von der Straffreiheit für die Republikflüchtlinge hatte sich in Ost-Berlin am Freitagabend wie ein Lauffeuer herumgesprochen. Es freuten sich auch manche, die davon nicht betroffen sind. So meinten einige Gesprächspartner, dass für sie die Wiedereinreisemöglichkeit der ehemals Verfemten, wenn es denn um die Lösung menschlicher Schicksale geht, mindestens ebenso wichtig sei wie etwa eine Rücknahme der Pflichtumtauschsätze bei Reisen in die DDR.

Hintergrund

Im Herbst 1981 sprach mich ein Mitarbeiter der Ständigen Vertretung in Ost-Berlin an. »Sie haben viele Kontakte zu normalen Leuten. Vielleicht können Sie uns helfen?« »Wie?« »Eine Vorbereitungsgruppe hat in Bonn im Vorfeld des Kanzlerbesuchs Punkte erarbeitet, von denen wir meinen, sie sind wichtig für die DDR-Menschen.« Er nannte einige: Senkung des Pflichtumtauschs bei Reisen nach Ost-Berlin; Erweiterung des Personenkreises und der Anlässe für Reisen in dringenden Familienangelegenheiten in die Bundesrepublik. »Wir fragen uns. Gibt es noch andere Wünsche, an die wir nicht denken? Fragen Sie doch mal Ihre Leute!«

Alle meine Gesprächspartner stimmten den von mir genannten Punkten zu, aber dann sagten sie: »Etwas ganz Wichtiges fehlt! Die weggegangen sind, müssen wiederkommen können!« Illegales Verlassen der DDR war der

Straftatbestand »Republikflucht«. Der DDR halfen die anderen osteuropäischen Staaten bei der Verfolgung, nahmen fest, wenn einer bei ihnen einreiste, lieferten sie der DDR aus. Auch Freigekaufte und offiziell Ausgereiste durften nicht zurück. DDR-Behörden sagten Ausreisewilligen: »Wenn Ihr Antrag genehmigt wird, sehen Sie Ihre Angehörigen nie wieder!« Wer es dennoch versuchte, hörte: »Ihre Einreise ist nicht erwünscht!«

Dem Mitarbeiter der Vertretung sagte ich: »Kanzler Helmut Schmidt und sein Tross müssen bei ihren Gesprächen erreichen, dass die DDR illegales Verlassen amnestiert.« Das Thema wurde besprochen. Mitte Juni 1982 wurden alle amnestiert, die bis Ende 1981 geflüchtet waren. Nun konnten sie sich wenigstens in den DDR-Nachbarstaaten treffen. Offiziell Ausgereiste wurden häufiger eingelassen. Als die DDR die Amnestie bekanntgab, rief mich jener Mitarbeiter der Vertretung an. »Ohne Ihren Hinweis wäre das gar nicht in den Kanzlerkatalog gekommen.« Ein kleiner Beitrag für mehr Menschlichkeit in den deutsch-deutschen Beziehungen und den Zusammenhalt der Deutschen in Ost und West.

»Buchenwald: Selbstbefreiung vor vierzig Jahren«

Frankfurter Rundschau, 15.4.1985

»Ich hatte ganz schöne Probleme hierherzukommen«, sagte am Sonnabend ein Magdeburger während der Großkundgebung auf dem Ettersberg bei Weimar. »Alle Zufahrten waren abgesperrt. Wenn mir nicht ein Ortskundiger einen Schleichweg verraten hätte, ich würde jetzt noch durch die Weimarer Straßen irren.«

Die normale Zufahrt zur Gedenkstätte im ehemaligen Konzentrationslager Buchenwald war am Tage der Großkundgebung nur für Staatskarossen und für Hunderte von Bussen befahrbar, die jene beförderten, die über Betriebe und Organisationen zur Großkundgebung aus Anlass des Tages der Selbstbefreiung des Lagers vor 40 Jahren aufgerufen waren. Das waren, wie später die staatliche DDR-Nachrichtenagentur meldete, 60 000. Auch die eingeladenen ehemaligen Häftlinge aus fast allen Ländern Europas, 2600 laut ADN, kamen über die direkte Zufahrt. (...)

Hermann Axen, Mitglied im höchsten DDR-Führungsgremium, dem SED-Politbüro, selbst Buchenwald-Häftling für mehrere Monate im Jahre 1945, nachdem er aus dem Vernichtungslager Auschwitz dorthin gebracht worden war, erinnerte an die Opfer: »Wir ehren alle Opfer des Faschismus, die kommunistischen und sozialdemokratischen Genossen, unsere gefallenen Kameraden aus dem Widerstand der katholischen und evangelischen Kirchen. Die Blumen, unsere Kränze ehren jene Tausende Menschen jüdischen Glaubens, die der Rassenwahn der braunen Henker in diesem Lager in den Tod getrieben hat.« (...)

Als am 11. April 1945 die amerikanischen Truppen von Gotha aus über Erfurt in Richtung Weimar vorstießen, haben sich die noch verbliebenen 21 000 Häftlinge in Buchenwald selbst befreit. Die Uhr am Lagertor, das die zynische Aufschrift »JEDEM DAS SEINE« trägt, zeigt noch heute die genaue Zeit der Freiheitsstunde. (...)

Anders als in der Bundesrepublik bemüht man sich in der DDR intensiv um das Andenken an die Opfer von Buchenwald und der anderen deutschen Konzentrationslager in Europa. »Täglich hat die Gedenkstätte 1000 bis 4000 Besucher«, sagt der Leiter Klaus Trostorff, auch er einst Buchenwald-Häftling, »vor allem von Schulklassen.« Es gibt Jugendweihe-Feiern auf dem Gelände und Soldatenvereidigungen. Doch jener Magdeburger hat so seine Bedenken, ob das alles nicht nur Pflichtübung sei. »Ich bin nicht sicher, ob die heutige Jugend nicht genauso verführbar ist wie wir damals.«

Solche Sorgen waren auch vor vier Wochen auf der Synode der Evangelischen Kirche Mecklenburgs in Schwerin zu hören. Man beschloss dort, die Kirchengemeinden aufzurufen, sich mit faschistoidem Denken der Jugendlichen zu beschäftigen. Dass es solche Beschlüsse geben muss, mag am allzu vereinfachten Geschichtsbild der SED liegen.

Das mag auch jener Magdeburger so empfunden haben, der eine ganz persönliche Beziehung zu diesem Lager hat. Er wurde erst nach dem Krieg dort eingeliefert. Warum, sagte er nicht, nur: »Ich war damals 16. Ich war nicht der Jüngste. Da gab es auch 12-Jährige als angebliche Werwolf-Mitglieder.« Er sinniert kurz: »Ich musste für die Verbrechen, die hier geschahen, büßen. Es war eine schlimme Zeit.«

Er weiß vielleicht besser als andere – in der DDR bisher ein Tabuthema –, welche Leiden die in das spätere Internierungslager Buchenwald Eingelieferten erdulden mussten; jene, die im Verdacht standen, die NS-Gewaltherrschaft an führender Stelle ausgeübt zu haben, aber auch Sozialdemokraten, die die Vereinigung mit der KPD zur SED bekämpften, und bürgerliche Oppositionelle. Auch nach 1945 starben hier Tausende. Dennoch war er an diesem Tag aus freien Stücken gekommen, um die Opfer der NS-Gewaltherrschaft in Buchenwald zu ehren.

Hintergrund

Am Tag, als der Artikel erschien, rief mich Eghard Mörbitz an, Leiter des Bonner FR-Büros.»Das ist ja eine unglaubliche Geschichte. Im Pressehaus reden sie anerkennend über dich. Das hat noch keiner gewagt: über eine DDR-Feier in Buchenwald nicht nur über die Leiden der geschundenen und ermordeten Menschen im NS-Lager zu berichten, sondern auch über Menschen, die die Sowjets nach 1945 dort hinbrachten.«

Ich gestand: So einen Artikel wollte ich gar nicht schreiben. Ich verdankte ihn meiner Faulheit und einem Quäntchen Glück, das Journalisten brauchen. Die DDR plante alles genau: Westliche Journalisten sollte ein Bus um 7.30 Uhr zur Gedenkstätte bringen. Mir war das zu früh: Die Feierstunde sollte um elf beginnen. Ich frühstückte um acht, da waren die Kollegen schon weg. Dann machte ich mich zu Fuß auf den Weg. Ich hatte einen »Propusk« (deutsch: »Passierschein«). Nach 20 Minuten bergauf hielt ein Auto neben mir. »Kommt man hier zur Gedenkstätte Buchenwald?« »Ja, aber da kommen Sie heute nicht hin. Mich aber lassen sie durch.« »Steigen Sie ein!« Auf der Fahrt passierten wir problemlos alle Kontrollen. Unterdessen erzählte mir der Fahrer, er wolle seiner Familie Buchenwald zeigen, dort habe er nach 1945 Jahre im Internierungslager zugebracht und für die NS-Verbrechen büßen müssen.

»Günstige Angebote und ständig wachsender Druck – Wie die DDR-Sicherheitsorgane versuchen, Oppositionelle aus dem Land zu drängen«

Frankfurter Rundschau, 6.2.1988

»Wir erwarten die Einlösung der Ankündigung, dass unsere Freunde diese Woche entlassen werden.« Der Satz fällt gleich zu Beginn der abendlichen Andacht, die nun seit dem 18. Januar, dem Tag nach den Verhaftungen am Rande der offiziellen Liebknecht-Luxemburg-Kundgebung, allabendlich in einer anderen Ost-Berliner Kirche stattfindet. Die Kirchenleitung hat allmählich Probleme, genügend große Kirchen zu finden.

An diesem Donnerstagabend hat man sich wieder in der Gethsemanekirche versammelt, der größten Ost-Berlins. Geplant war zunächst die Kirche in Alt-Pankow, aber sie hätte die wohl an die 3000 Menschen, die an diesem Abend gekommen waren, nie beherbergen können.

Drei Tage sind vergangen, seit der Ost-Berliner Rechtsanwalt Wolfgang Vogel, der Beauftragte des SED-Generalsekretärs Erich Honecker für die Lösung humanitärer Probleme, ankündigte, dass alle im Zusammenhang mit dem 17. Januar verhafteten Personen »noch in dieser Woche« auf freien Fuß kommen. Bei dreien ist dieses Versprechen eingelöst, allerdings kamen sie nicht dorthin, wo man sie erwartet hatte, nicht zurück zu den Freunden in Ost-Berlin.

Stephan Krawczyk und Freya Klier, die in den vergangenen zwei Jahren öffentlich nur noch in den dann meist überfüllten Kirchen auftreten konnten, haben sich unter dem Druck der Haft für die Ausreise in den Westen entschieden, »für den Weg ins Gestern«, wie ihnen die Zeitung des DDR-Jugendverbandes FDJ, *Junge Welt,* nachrief. Aber was ist mit den anderen? Warum sind sie nicht längst hier? Gilt das Wort Erich Honeckers? (...)

In der Predigt sagt die Pankower Pastorin Ruth Misselwitz: »Wir alle haben unsere Schwächen und unsere erpressbaren Stellen.« Sie jedenfalls wüsste nicht, wie sie sich verhalten hätte in einer ähnlichen Lage. Ein Satz des Verständnisses für die Entscheidung der drei, der vielen aus dem Herzen spricht.

Die Staatssicherheitsorgane in der DDR nutzen immer wieder genau diese Unsicherheit aus. Wenn jemand zu aufmüpfig wird, wenn sich Gruppen bilden, die anderer Meinung sind als die Herrschenden, dann verfolgt sie die Staatsmacht immer nach fast dem gleichen Strickmuster. Eines Tages bitten Mitarbeiter des Staatssicherheitsdienstes jene, die ihren Kopf allzu weit über das nach Meinung der Partei noch tolerierbare Maß an Abweichung hinaus erheben, »zu einem Gespräch« oder man schreitet gleich zur Festnahme. Dabei wird dann nach der Methode »Zuckerbrot oder Peitsche« verfahren und das »großzügige Angebot« gemacht, der Betroffene könne seinen Wohnsitz doch in der Bundesrepublik nehmen. Man werde da behilflich sein; geistig befände er sich doch ohnehin bereits dort.

Da sagt sich mancher »was soll ich mich denn hier rumschlagen, in Ruhe werden sie mich doch nicht lassen«, und unterschreibt den sonst so schwer erhältlichen, in dieser Situation aber billig feilgebotenen Antrag auf Entlassung aus der Staatsbürgerschaft der DDR. Wer diesem Ansinnen dann freilich widerspricht, dem werden die »Folterwerkzeuge« vorgeführt. Man habe hier eine Akte, in der sich so allerhand angesammelt habe, das könne schon zu drei oder vier oder mehr Jahren Freiheitsstrafe reichen. Bei solchen Gesprächen, besonders in der Haft, bleiben den Betroffenen keine Zweifel, dass man da auch die Macht hat, um solche Bemerkungen in die Tat umzusetzen. Spätestens dann wird der Ausreiseantrag unterschrieben.

Nach dieser Methode gelang es der DDR-Führung immer wieder, ganze oppositionelle Gruppen »abzuräumen«. Irgendwann fanden sich die Spitzen solcher Gruppen in Gießen wieder, der ersten Anlaufstelle für ausreisende DDR-Bürger. So erging es dem Friedenskreis Jena, so erging es dem Hallenser Diakon Lothar Rochau, auch der Autor des Buches *Die Alternative*, Rudolf Bahro, wählte nach der Verurteilung zu acht Jahren Gefängnis und der Amnestie zwei Jahre später den Weg in den Westen. Einer, der solchem Ansinnen vehement widerstand, der die Kommunisten von innen heraus kannte und zudem noch während der NS-Zeit im gleichen Gefängnis saß wie Erich Honecker und der auch durch Tricks nicht zu überrumpeln war, der deutsche Kommunist Robert Havemann, wurde von der Außenwelt schließlich völlig abgeschottet. (...)

Der Erfolg der Methode scheint den Machthabern Recht zu geben. Zwar wachsen neue Kräfte nach, doch sie müssen von vorne anfangen. Und sind die Leute erst einmal im deutschen Westen, dann können sie wenig für die zurückgebliebenen Freunde tun. Und wenn sie es dennoch versuchen, werden sie bei denen als mögliche Mitarbeiter westlicher Geheimdienste verteufelt.

Das System funktionierte immerhin so gut, dass es in der DDR nie eine Symbolfigur wie Adam Michnik oder Jacek Kuroń wie in Polen, oder wie Andrej Sacharow in der Sowjetunion, oder wie Jiří Hájek in der ČSSR gegeben hat, wenn man von Havemann einmal absieht. Und das System funktionierte im Übrigen so gut, dass für jeden, der über diese Methode schließlich in den Westen ging, der Staat auch noch Bonner Devisen kassieren konnte für die Lösung eines humanitären Problems.

Genau an dieser Stelle mögen die Überlegungen der vor gut einem Jahr gegründeten Initiative Frieden und Menschenrechte angesetzt haben, deren Mitglieder Ralf Hirsch, Wolfgang und Regina Templin, Bärbel Bohley und Werner Fischer vor zehn Tagen verhaftet wurden. Die jetzt inhaftierte Malerin Bohley hatte dies zusammen mit der Historikerin Ulrike Poppe schon einmal durchgehalten, als sie nach einem »offenen Brief an Erich Honecker« am 12. Dezember 1984 festgenommen worden war. Sechs Wochen später wurde sie aus der Haft in der DDR entlassen.

Jetzt wartet man in der Ost-Berliner Friedens- und Menschenrechtsszene darauf, wie lange die acht, die in der DDR bleiben wollen, den Anfechtungen standhalten. Dass die Staatsmacht natürlich alle in den Westen befördern will, daran zweifelt in der Gethsemanekirche kaum einer. Und dass da jedes psychologische Druckmittel recht sei, das nahm man ohnehin an. Drei der Betroffenen, Ralf Hirsch, Wolfgang und Regina Templin, haben dem Druck dann schließlich nachgegeben, obwohl sie wussten, dass sie auch in die DDR hätten entlassen werden können. Das hat ihnen der Anwalt Vogel im Beisein des Bischofs Gottfried Forck mitgeteilt. Aber die Vernehmer haben wohl alles darangesetzt, die Betroffenen vom Gegenteil zu überzeugen. Beispielsweise mit dem Argument, dass sie womöglich gar nicht lange auf freiem Fuß bleiben werden, dass man sich schon bald wiedersehen werde oder aber auch, indem sie eine Wohlverhaltenserklärung abfordern. Wer kann in einer solchen Situation jemandem verdenken, wenn er sich dann doch für den bequemeren Weg in den Westen entscheidet. »Wir sind noch lange nicht an unserer Leidensgrenze angekommen«, hatte Ruth Misselwitz in der Gethsemanekirche gepredigt. (...)

Als sich nach der Andacht eine Menschentraube um den Konsistorialpräsidenten der Evangelischen Kirche Berlin-Brandenburg schart – sie alle haben einen Ausreiseantrag gestellt –, sagt Manfred Stolpe: »Sie sind tolle Menschen. Was könnten wir in der Kirche alles wagen, wenn sie hierbleiben.« Zuvor schon hatte der Generalsuperintendent Günter Krusche gesagt, er sei »traurig über jeden, der hier weggeht«. Billigen könne er eine solche Entscheidung nicht, »aber wir sind nicht Richter über andere«. Dann gibt er noch bekannt, dass die Kirche keine Agentur für Ausreisewillige sein wird. Sie habe sich aber entschlossen, Antragsteller zu beraten und seelsorgerisch zu begleiten.

Hintergrund
Der Beitrag erscheint am Sonnabend. Seit drei Wochen sind wir DDR-Korrespondenten ständig auf den Beinen. Begonnen hatte es am 17. Januar. Am dritten Sonntag im Jahr marschieren SED-Leute, angeführt von Mitgliedern des DDR-Führungszirkels, vom Frankfurter Tor bis zur Gedenkstätte für die am 15. Januar 1918 in Berlin ermordeten Kommunistenführer Rosa Luxemburg und Karl Liebknecht auf dem Friedhof Friedrichsfelde.

1988 wollen sich Bürgerrechtler mit einem eigenen Plakat daruntermischen. SED-Leute tragen von der Partei vorgegebene Transparente. Die Bürgerrechtler haben nur ein Plakat: »Freiheit ist immer die Freiheit der Andersdenkenden« – ein Zitat Rosa Luxemburgs, das SED-Leute gern verschwiegen. Die ungebetenen »Mitläufer« fordern ihre eigene Freiheit.

Das aber darf nicht sein. Die Staatsmacht greift ein und nimmt über 20 fest – der Arbeitsmarathon für uns beginnt. Jeden Abend zur »Mahnwache mit Informationsteil« in eine Kirche. Die Leute standen dichtgedrängt; ich hatte kaum Platz, den Kugelschreiber herauszuholen. Anschließend stundenlange Diskussion bei Freunden mit Schmalzbrot und Tee. Wie wird es weitergehen? Was ist vernünftig, was unvernünftig? Nachts zwischen eins und zwei endlich im FR-Büro. Wichtige Gedanken und Zitate haue ich noch in die Schreibmaschine. Halb zehn: Anruf der Chefredaktion: »Was machen wir heute?« – »Eine Seite 3 Geschichte über die Proteste« – »Ist gut.« Nebenbei laufen die Nachrichten, Radio DDR, SFB oder RIAS. Ich muss wissen, ob noch ein wichtiger Aspekt bekannt wird, den ich verwerten kann. Der Nachmittag ist der schwierigste Teil: Frankfurt anrufen! Die paar Leitungen in die Bundesrepublik sind meist besetzt. Schließlich erreiche ich die FR-Aufnahme, diktiere den Text, lege erschöpft auf, warte, ob Frankfurt noch Fragen hat. Dann muss ich wieder los. Drei Wochen lang!

Dann reisen die meisten Verhafteten unfreiwillig in den Westen. Die Spitzenleute Bärbel Bohley und Werner Fischer gehen erst, als klar ist, sie dürfen nach England und nach einem Jahr zurück, vermittelt vom englischen Pfarrer aus Coventry und Chef der englischen Amnesty International Gruppe

Paul Oestreicher. Am 3. Februar behauptet die DDR, wir Korrespondenten bauten im Auftrag von Geheimdiensten die DDR-Opposition auf. Das ärgert mich. Sie wissen es besser. Deshalb schreibe ich auf, wie die Stasi selbst die Menschen aus dem Land treibt. Am Sonnabend fahre ich nach West-Berlin und rufe Georg Maier an, 1974–78 Pressesprecher der Ständigen Vertretung. »Tolle Geschichte«, sagt er, »da hast du die Stasi richtig vorgeführt!« »Na ja, war doch mal nötig, wenn sie behaupten, wir arbeiten für Geheimdienste.« »Ja, schon. Aber du weißt, was jetzt passiert?« »Nein, was soll passieren?« »Das lässt sich die Stasi nicht gefallen. Sie werden sich rächen! Am Montag ruft das Außenministerium an und lädt dich vor. Du wirst verwarnt oder du fliegst raus« »Meinst du wirklich?« »Die Wahrscheinlichkeit liegt über 50 Prozent.« Wenn Georg Maier das sagt, ist Vorsicht geboten. Er liegt mit seinen Bewertungen der DDR fast immer richtig. Ich habe die rettende Idee. »Das werde ich ihnen vermasseln.« »Und wie?« »Ich habe genug geschuftet. Morgen rufe ich Frankfurt an: Ich brauche dringend Urlaub. Im Urlaub können sie mich schlecht vorladen. Sie könnten das Büro schließen, aber das werden sie nicht tun.« Mir hatte schon 1979 ein offizieller Gesprächspartner gesagt, als wir allein waren: »Ihnen kann doch nichts passieren. Wenn die DDR die linksliberale *Frankfurter Rundschau* rauswirft, machen wir hier das Licht aus.« Das galt wohl für die Rundschau, nicht für ihren Korrespondenten.

Am Sonntagmorgen bitte ich um Urlaub. »Schicken Sie ein Fernschreiben nach Ost-Berlin, dass ich eine Woche weg bin!« Ich mache mich in West-Berlin unsichtbar: Urlaub aus politischen Gründen. Nach einer Woche wieder im Büro – nichts geschieht.

»Fest gemauert«

Frankfurter Rundschau, 21.1.1989

Erfinder lieben bekanntlich ihre Kinder. Erich Honecker hat sich in seinen Memoiren als Organisator der Berliner Mauer zu erkennen gegeben. Wen soll es da wundern, dass er ihr ein langes Leben wünscht: über 100 Jahre. Gestört hat die Maurer und Betonierer in der SED gewiss die Bemerkung des KPdSU-Generalsekretärs Gorbatschow gegenüber dem Bundespräsidenten, niemand könne wissen, was mit der Mauer in 100 Jahren sei. Und die Bemerkung des KPdSU-Mannes Jakowlew: »Wir haben die Mauer nicht gebaut« hat der SED gewiss auch nicht gefallen. Da fühlte man sich verpflichtet, Laut zu geben.

Freilich hat man nur einmal den rapide fortschreitenden Realitätsverlust zu Protokoll gegeben. Ihre Unfähigkeit, die Zeichen der Zeit in Europa zu erkennen, hatte die SED schon mit den Verhaftungen in Leipzig deutlich gemacht, wie auch mit jener Behauptung vom Dezember, im Grunde genommen sei der Lebensstandard in der DDR höher als in der Bundesrepublik.

Über den Lebensstandard machen sich die DDR-Bürger so ihre eigenen Gedanken. Und die Räuber, vor denen sich die DDR angeblich schützen muss, haben selbst aufmerksame DDR-Bürger bei ihren Westreisen nicht ausgemacht.

Geschichte lässt sich nicht vorausplanen. Auch nicht durch die über 70-jährigen SED-Größen, die dank ihres Monopols auf Wahrheit auch die Geschichte vorherbestimmen möchten. Aus dem Kaukasus, nicht aus der DDR kamen bisher Meldungen, dass man dort über 170 Jahre alt wird.

Hintergrund

Mit dem Bekenntnis zur Mauer wollte sich Erich Honecker für 100 Jahre ins Geschichtsbuch eintragen: »Sie wird auch noch in 50 und auch in 100 Jahren noch bestehen bleiben, wenn die dazu vorhandenen Gründe nicht beseitigt sind.« Er hat damit die Menschen in der DDR zusätzlich erschreckt, denn dass die Gründe für den Mauerbau einfach wegfallen, nahm kaum jemand an. Sie war 1961 allein deshalb errichtet worden, um das Abwandern der Menschen Richtung Westen zu unterbinden. Doch 1989 wollten immer noch Zehntausende weg, stellten Ausreiseanträge oder flüchteten in westliche Botschaften. Die Hoffnung auf positive Veränderungen wurde immer kleiner, weil die greise SED-Führung mit dem Hoffnungsträger Michail Gorbatschow – milde gesagt – fremdelte. Alexander Jakowlew war ein Gorbatschow Berater und in der KPdSU zuständig für internationale Beziehungen.

Wer ahnte schon, dass es nur 42 Wochen dauern sollte, bis die Mauer fiel. Drei Wochen nach Honeckers Ablösung war es so weit. Auf diese Möglichkeit spielt der Kommentar an: Wenn Honecker nicht mehr die Nummer eins ist, wird sich die Frage der Mauer völlig neu stellen.

»Von der stillen Grenze in ein stilles Grab«

Frankfurter Rundschau, 24.2.1989

»14 Uhr, Chris Gueffroy, U-Beisetzung«, stand am Donnerstag am Eingang der Begräbnishalle am Friedhof Baumschulweg in Ost-Berlin. Das »große U« steht für Urne. Drei Minuten nach zwei Uhr bat der, wie es in der DDR offiziell heißt, Begräbnisredner, die Trauergemeinde in den Trauerraum der Friedhofshalle, die mit einer Kirche sehr viel Ähnlichkeit hat. Der Tote, der an diesem Nachmittag beerdigt wurde, verlor sein Leben im Alter von 20 Jahren am 6. Februar bei einem Fluchtversuch an der Mauer, wie Angehörige bestätigten. »Wir trauern in unendlichem Schmerz und voller Liebe um Chris Gueffroy, der durch einen tragischen Unglücksfall von uns gegangen ist«, hatte am Dienstag in der Todesanzeige der Ost-*Berliner Zeitung*, dem SED-Organ in der östlichen Hälfte der Stadt, gestanden.

Das Wort vom »tragischen Unglücksfall« benutzte auch der Begräbnisredner, von Schüssen an der Mauer fiel bei der Totenfeier kein Wort. Doch schon die Beobachtung der Beerdigung durch DDR-Staatssicherheitskräfte machte deutlich, dass es sich nicht um ein ganz gewöhnliches Begräbnis handelte. Sicherheitskräfte in Zivil kontrollierten bei einigen Trauergästen die Ausweise. Unter den 120 Trauernden waren auch einige, die, wie einer sagte, aus »Solidarität« gekommen waren und – wie ein anderer meinte – »weil man nur so in der DDR demonstrieren kann«.

»Vielleicht wäre ich noch einmal Weltmeister geworden«, so gab der Begräbnisredner einen Wunsch des Toten wieder, der lange Jahre beim Ost-Berliner Polizeisportverein »Dynamo« (Vorsitzender ist der 81-jährige DDR-Staatssicherheitsminister Erich Mielke) geturnt hatte. Zuletzt hatte er als Kellner in einem Café in den Rathauspassagen im Ost-Berliner Stadtzentrum gearbeitet. Im Flughafen-Restaurant Schönefeld bei Berlin war er ausgebildet worden.

»Die Jugend macht keine Konzessionen«, bemühte der Redner den deutschen Romantiker Joseph Freiherr von Eichendorff. Chris Gueffroy habe alles oder nichts gewollt, aber nur ein »Entweder-oder« gekannt, fügte er in der Trauerrede hinzu. Dann schilderte er den jungen Mann, der in Pasewalk (Bezirk Neubrandenburg) geboren wurde und im Alter von fünf Jahren nach Berlin kam, als heiteren und ungezwungenen Menschen, der sich immer

Der Trauerzug zur Beisetzung von Chris Gueffroy am 23.2.1989.

um Gerechtigkeit bemüht habe. Vielleicht wäre alles anders gekommen, gab der Redner zu bedenken, wenn Chris mehr Bedächtigkeit gehabt hätte, aber auch die Möglichkeit zur Aussprache. (...)

In das Urnengrab Nummer 552 auf dem neuen Teil des Friedhofes haben Trauergäste Briefe und Zettel gelegt, die vielleicht mehr Aufschluss geben könnten, die nun aber die Erde deckt. Besonders schwer fiel der Abschied dem Bruder Stefan, aber auch die Cousinen Heike und Saskia weinten fast ununterbrochen. Das ehemalige Lehrlingskollektiv legte ein Gebinde neben dem mit Blumen und Kränzen umrahmten Urnengrab nieder.

Die DDR hat bisher nicht offiziell zugegeben, dass Schüsse an der Mauer das junge Menschenleben ausgelöscht haben. »Nicht konkret« habe sich der DDR Staatsratsvorsitzende und SED-Generalsekretär zu den Umständen des Fluchtversuches geäußert, sagte am Donnerstagmittag der baden-württembergische Ministerpräsident Lothar Späth nach einem einstündigen Gespräch mit Erich Honecker.

Späth zufolge hat Honecker darauf hingewiesen, dass er den Vorfall habe überprüfen lassen. Zudem habe Honecker erklärt, dass es laut einer Äußerung des DDR-Verteidigungsministers Heinz Kessler einen Schießbefehl nicht gebe. Wenige Tage vor den Schüssen am 6. Februar hatte Honecker im Gespräch mit dem schleswig-holsteinischen Ministerpräsidenten Björn Engholm darauf hingewiesen, dass es an der Grenze »still« sei. Sehr »still« war es auch in der Begräbnishalle.

Hintergrund

»Du weißt, wo wir heute hin müssen!« »Du weißt, dass wir da nicht hinkommen!« »Aber versuchen müssen wir es!« »Du hast Recht, aber ich habe keine Lust mehr auf Versuche, die scheitern.« So begann das Gespräch mit Ingomar Schwelz (*Associated Press-AP*) am 23. Februar 1989. Ingomar hatte wie ich die Meldung der (West-)»Berliner Abendschau« am Vortag gesehen: eine Todesanzeige aus der (Ost-) *Berliner Zeitung* und ein Foto des 20-jährigen Chris Gueffroy mit dem Hinweis, ein anonymer Anrufer aus Ost-Berlin habe gesagt, das sei der in der Nacht zum 6. Februar an der Mauer erschossene Mann. Die Kollegen im SFB müssen mehr wissen. Damals galt noch das eherne Gesetz für Journalisten: Anonymes fliegt in den Papierkorb. Die SFB-Leute haben eine sichere Quelle.

Später erfuhr ich: Karin Gueffroy schneidet die Todesanzeige aus, kleingefaltet zwängt sie sie und ein Passfoto in eine Streichholzschachtel. Sie bittet eine Rentnerin, die Schachtel persönlich zum SFB zu bringen. Sie will nicht, dass ihr Sohn heimlich, still und leise verscharrt wird wie alle an der Mauer erschossenen Menschen zuvor. Nicht einmal der von der Stasi geschickte Begräbnisredner weiß Bescheid. Er fragt die Mutter: »Warum hat ihr Sohn denn Selbstmord gemacht?«

Die Todesanzeige geben Freunde ihres Sohnes auf mit dem Text: »durch einen tragischen Unglücksfall zu Tode gekommen«. Die Dame in der Anzeigenannahme ahnte wohl, wem die Anzeige galt, gab Formulierungshilfe: »Schreibt doch: ›durch einen tragischen Unglücksfall von uns gegangen‹.« So fiel nicht auf, dass in der Zeitung stand, was die DDR wie immer zu verschweigen gedachte.

Die DDR bestritt die tödlichen Schüsse: Schon das war Grund genug, zum Friedhof zu fahren. Immer noch zweifelnd, ob wir Erfolg haben würden, sagte ich: »Dann fahren wir jetzt!« Es war 9.30 Uhr. Wir mussten auf dem Friedhof sein, bevor die Polizei den Zugang sperrte.

Wir fuhren mit der S-Bahn hin: Die blauen Autonummern mit »QA« weisen uns als Journalisten aus. Inzwischen gibt es ein Polizeiprotokoll: Die ersten Streifengänge begannen um elf. Da waren wir längst da. Es war ein sehr kalter Tag, jedenfalls umarmten wir uns ständig, damit wir nicht »erfroren«. Außer uns schafften es noch zwei West-Kollegen auf den Friedhof. Andere, die es zu spät versuchten, mussten in gehörigem Abstand vor dem Friedhof warten.

Zum ersten Mal hatten an diesem Tag Westjournalisten über die Beisetzung eines an der Mauer erschossenen Menschen berichtet. Sie hatten Erich Honecker und die DDR der Lüge überführt. Es gab eben immer noch den Schießbefehl. Chris Gueffroy ist der letzte an der Mauer erschossene Flüchtling. Erst im Prozess gegen die Mauerschützen kam heraus, dass der 5. Februar sein Todestag war. Der Schuss ins Herz vor Mitternacht war tödlich.

Das letzte Opfer an der Berliner Mauer ist der 32-jährige Winfried Freudenberg. Ihm war es am 8. März zwar gelungen, mit Hilfe eines Ballons die Mauer im Berliner Norden zu überwinden, doch er stürzte gegen 7.45 Uhr in der Limastraße in Berlins Südwesten ab und war sofort tot. Der Ballon verfing sich wenig später in einer Baumkrone in der Potsdamer Allee.

»Fliegende Urnen und der Schwund der Gegenstimmen«

Frankfurter Rundschau, 9. 5. 1989

Wahlleiter Gerd Rudolph im Stimmbezirk 802 am Prenzlauer Berg in Ost-Berlin wird fünf Minuten vor sechs unruhig. »Eine fliegende Urne fehlt«, sagt er vor sich hin. Um 18 Uhr, als überall in der DDR die Wahllokale für die Kommunalwahlen 1989 schließen, verkündet er: »Wir warten mit der Auszählung. Eine fliegende Urne ist noch nicht zurück.«

Die »fliegende Urne« gehört bei Wahlen in der DDR dazu. Wenn der Wahlvorstand am Nachmittag feststellt, dass Wähler vom Wahlrecht nicht Gebrauch gemacht haben, werden Wahlhelfer, ausgerüstet mit Urne und Stimmzetteln, zu den Wohnungen losgeschickt, um doch noch die Stimmabgabe für die Einheitsliste zu erreichen. »Sie sehen, wir kämpfen um jede Stimme«, sagt Wahlleiter Rudolph um 18.03 Uhr eher verlegen. Um 18.08 Uhr eilen zwei Wahlhelfer ins Lokal, die Auszählung kann beginnen.

Der Wahlleiter »füllt um«: die zwei »fliegenden Urnen« in die große, dann schüttet er die Stimmzettel auf die Tische, an denen die Mitglieder

der Wahlkommission sitzen. Er gibt die Anweisung: »Alle Stimmzettel mit irgendwelchen Strichen, Streichungen bitte zu mir; Stimmzettel ohne jede Bemerkung auf einen Haufen.«

Der Haufen mit Stimmzetteln ohne Bemerkungen – das sind die Ja-Stimmen – wächst schnell. Ob tatsächlich alle Stimmzettel mit Streichungen oder Bemerkungen auch aussortiert werden, ob da nicht einer oder gar ein paar übersehen werden, können die Beobachter nicht nachprüfen. Vor Wahlleiter Rudolph wächst auch langsam das Häufchen mit den anderen Stimmzetteln. Schließlich sind es 43. Der Wahlleiter nimmt sich jeden einzeln vor: Drei, auf denen alle Namen mit einem großen Kreuz durchgestrichen oder mit einem Kreis umrahmt sind, erklärt er für ungültig. Auf 21 Stimmzetteln sind alle Namen einzeln durchgestrichen; sie zählt er als Gegenstimmen. Auf weiteren 19 sind einzelne Namen durchgestrichen; sie werden als Stimmen für die Einheitsliste, aber gegen den jeweils durchgestrichenen Kandidaten gezählt.

Der Wahlleiter verkündet das Ergebnis im Wahllokal 802: »Abgegebene Stimmen: 634. Ungültig: (...) 610 Stimmen für den Wahlvorschlag, 21 dagegen und 19 einzelne Gegenstimmen«. Die 610 Ja-Stimmen auf dem Haufen werden nicht gezählt. Die Journalisten errechnen den Prozentsatz. 3,3 Prozent der Wähler haben hier gegen die Einheitsliste gestimmt.

Die Zahl der Wahlberechtigten sagt der Wahlleiter nicht; doch trägt er die Zahl 715 in eine Spalte ein. Da sind jetzt die Stimmen derer mitzurechnen, die schon zuvor ihre Stimme abgegeben haben; diese Zahl hatte Wahlleiter Rudolph mit einem Drittel angegeben. Dann blieben im Stimmbezirk 802 rund 7,5 Prozent der Wahlberechtigten der Wahl fern.

Zugelassen waren die Journalisten nur in Wahllokalen in Gebieten mit, wie das so schön umständlich im DDR-Deutsch heißt, »hoher Wohngebietszufriedenheit«. Dennoch das überraschende Ergebnis: Es ist schlechter als das Gesamtergebnis für den Stadtteil Prenzlauer Berg. Auch das Endergebnis im Nachbarstimmbezirk ist mit 2,9 Prozent Gegenstimmen schlechter. Ebenso die ausgezählten Neinstimmen in den Stimmbezirken 38a und 38b im Stadtteil Mitte mit 3,2 und 3,4 Prozent: Das *Neue Deutschland* veröffentlicht tags darauf für den Stadtteil Mitte 1,68 Prozent Gegenstimmen.

Solche Erfahrungen haben Journalisten bei Wahlen in der DDR schon mehrfach gemacht. Bürger, die an der laut Gesetz öffentlichen Stimmenauszählung teilnahmen, notierten sich auch stets schlechtere Ergebnisse für die Einheitsliste, als sie dann als Durchschnitt für einen ganzen Stadtbezirk

Karikatur des Zeichners Felix Mussil, *Frankfurter Rundschau*, 1989.

oder eine Stadt bekanntgegeben wurden. Dass bei der Zusammenstellung der Stimmen nicht immer alles mit rechten Dingen zugeht, ist in der DDR schon häufig vermutet worden. »Fehlentscheidungen« nannte es die Synode der Sächsischen Kirche Anfang April. Bei den letzten Wahlen zählten Vertreter der kirchlichen Gruppen allein in acht Wahllokalen 0,48 Prozent der Gegenstimmen, obwohl später für erheblich mehr Wahllokale 0,18 Prozent offiziell angegeben wurden.

Im anderen deutschen Staat gibt es aber ohnehin keine Möglichkeit der Wahl zwischen Kandidaten. Tausende, wenn nicht Millionen Bürger vollziehen das von ihnen verlangte Ritual einer Einheitswahl ohne innere Anteilnahme, für das Wort »wählen« hat man »falten gehen« erfunden. Die Ergebnisse sind für die meisten ohne Belang, ob es nun 99,9 oder 98,2 oder

95,3 Prozent angeblicher Zustimmung sind, ist vielen gleichgültig. Nur die SED gibt diese Quote als Beweis für die Einheit von Partei und Bevölkerung aus.

Nachdem in anderen Ländern des sozialistischen Lagers der Wert einst als »bürgerlich überholt« geschmähter Wahlen wiederentdeckt worden ist, wollen auch manche DDR-Bürger diese »Albernheiten« der Einheitsliste und des »Faltengehens« nicht mehr mitmachen. Dazu gehört auch, einmal festzustellen, ob das amtliche Ergebnis überhaupt den Tatsachen entspricht. So sind am Sonntagabend Hunderte von Mitgliedern kirchlich orientierter Friedens- und Umweltgruppen in den Wahllokalen aufgetaucht, um die offiziell ermittelten Ergebnisse in den Lokalen aufzuschreiben und zusammenzutragen. In Ost-Berlin, in Leipzig, in Rostock und anderswo.

Dicht gedrängt stehen diese »ungebetenen Helfer« am Sonntagabend in der Ost-Berliner Elisabethkirche, als Vikar Thomas Krüger zu den Worten des Propheten Jeremias die Andacht hält. Jeremias habe aufgefordert, etwas zu tun, zu handeln, wenn es gelte, »Unheil für ein ganzes Land« zu vermeiden. Es gehe um Handlungen, um die richtige Art, sich zu beteiligen. Auf dem Weg der Beteiligung habe man mit der eigenen Stimmenauszählung einen weiteren Schritt getan.

Der Vikar weist darauf hin, dass solches Handeln mit persönlichen Risiken verbunden sein könne. »Wenn man über den Graben springt, muss man auch damit rechnen, dass man die Hucke vollbekommt.« Der Anfang der Beteiligung sei aber auch ein Spaß, ein Spiel, bei dem manche Spielzüge »mit Frechheit« auszuführen seien. »Ohne unsere kriminalistische Ermittlungslust wäre nicht zu überführen, was verdächtig ist.« In einem Nebenzimmer sitzen unterdessen Vertreter der Gruppen und schreiben immer neue Zahlen auf, addieren mit der Hand oder dem in der DDR so teuren Taschenrechner. Der Vikar gibt schon früh erste Trends bekannt: Zwischen drei und 20 Prozent liege die Zahl der Gegenstimmen in einzelnen Wahllokalen.

Um zehn Uhr lauschen alle im Gemeindesaal dem vom SED-Politbüromitglied Egon Krenz im DDR-Fernsehen verkündeten vorläufigen amtlichen Endergebnis. Danach haben genau 1,17 Prozent der Wähler gegen die Einheitsliste gestimmt, eine Aussage, die die Anwesenden mit Spott und Lachen aufnehmen. »Schwindel, das ist alles Schwindel!«, ruft eine Frau durch den Saal, ihre Worte sind kaum zu verstehen.

Zwei Stunden später sind die eifrigen Zähler im Nebenraum so weit: Sie trauen sich zu, eigenständig ermittelte Ergebnisse zusammenzutragen:

Im Stimmbezirk Weißensee haben sie in 65 der insgesamt 67 Wahllokale die offiziellen Ergebnisse zusammengetragen: durchschnittlicher Anteil der Neinstimmen: 7,7 Prozent. Im Bezirk Friedrichshain waren sie in 79 von 89 Wahllokalen bei der Auszählung dabei. Ergebnis: 6,9 Prozent Neinstimmen. Die Zahlen, die das SED-Zentralorgan *Neues Deutschland* tags darauf veröffentlicht, sind erheblich niedriger: Weißensee 2,3 Prozent Neinstimmen, Friedrichshain 1,89 Prozent. Prenzlauer Berg 1,86, wo sie in 69 der 105 Wahllokale den Anteil der Neinstimmen mit 11,8 Prozent ermittelt haben.

In 22 der 67 Wahllokale in Weißensee konnten sie auch die Wahlbeteiligung notieren, obwohl die Wahlleiter solche Auskünfte verweigerten. Rechnet man wieder ein Drittel für die Wähler aus den Sonderwahllokalen hinzu, sind in insgesamt 22 Wahllokalen 15,3 Prozent der Wähler nicht zur Wahl gegangen. Das *Neue Deutschland* vermeldete am Montag eine Gesamtwahlbeteiligung von 96,47 Prozent.

Damit ist die Zahl der Nichtwähler und der Neinwähler offenbar doch erheblich größer als amtlich angegeben. Hinzu kommt, dass Leute, die als potentielle Nichtwähler gelten, in der DDR oft nicht mehr in die Wählerlisten eingetragen werden. Früher ist auch vorgekommen, dass Leute, die zu spät zur Wahl kamen, bemerken mussten, dass für sie schon gewählt war. Die Einzelergebnisse werden in der Elisabethkirche jeweils mit großem Beifall begrüßt. Vikar Krüger hat freilich in seiner Predigt vor zu großer Euphorie gewarnt: Der Spaß hört auf, wenn er verdorben wird. »Wer den Spaß nicht hören will, der lässt es den Spaßmacher spüren.« Er mahnt, dass nur eine richtige Beteiligung an der Gesellschaft zeigen wird, dass »Geschichte nicht durch Gesetze gemacht wird, sondern sich auf Differenzen gründet«. Über eines sind sich in der Elisabethkirche alle Anwesenden einig: Die nächste DDR-Wahl wird anders.

Hintergrund

Wahlen sind konstituierend für eine Demokratie. Der Wettbewerb unter mehreren Parteien entscheidet, wer ein demokratisches Land regiert. In der Bundesrepublik Deutschland bestimmt das Grundgesetz die allgemeine, freie, gleiche, direkte und geheime Wahl. Die Anziehungskraft des Instruments Wahl als Beweis für den Rückhalt einer Regierung in der Bevölkerung ist im 20. und 21. Jahrhundert so stark, dass auch undemokratische Staaten gern wählen lassen. Das tat von 1949 bis 1989 auch die DDR.

Diktatorisch und autoritär verfasste Staaten benutzen das Instrument Wahl als Beleg für die Einheit von Führung und Volk. Doch meist ist auf den ersten Blick zu sehen, dass es sich um keine demokratische Wahl handeln kann, auch wenn sie eine solche zum Schein kopieren. Vor allem versuchen solche Regime in Wahlen das Risiko auszuschalten, abgewählt zu werden. Entweder lassen sie keine Wettbewerber um die Gunst der Bevölkerung zu, oder sie untersagen den Gegnern den Wahlkampf. Kennzeichen solcher Wahlen sind in der Regel Wahlbeteiligungen von über 95 Prozent und die Zustimmung zur herrschenden Partei mit ihrer Liste von ebenfalls über 95 Prozent.

In der nach dem Ende des Zweiten Weltkrieges gebildeten Sowjetzone und späteren DDR hatte es nach der Zwangsvereinigung von SPD und KPD zur SED nur 1946 eine einigermaßen demokratische Wahl gegeben. Danach wurden die aus SPD und KPD zwangsvereinigte SED, die CDU und die LDPD (Liberale) zur Nationalen Front auf einer Einheitsliste vereinigt. Die Sitze in der Volkskammer waren nach dem Wahlergebnis von 1946 von vornherein festgelegt; allerdings mussten alle Parteien noch Sitze für die 1948 neugegründeten Parteien NDPD und Bauernpartei sowie für die Massenorganisationen, Gewerkschaft (FDGB), Intellektuelle (Kulturbund), Bauern (Vereinigung der gegenseitigen Bauernhilfe, VdgB) und Jugend (FDJ) abgeben. Mit den Massenorganisationen, deren Vertreter fast alle der SED angehörten, sicherte sich die SED die Dauermehrheit bis 1989.

Der Beitrag zeigt meine Eindrücke bei der letzten undemokratischen DDR-Kommunalwahl im Mai 1989. Die meisten Wähler wussten nicht einmal, was eine Gegenstimme war. Der »Buschfunk« hatte (erstmals!) gemeldet, dass als Gegenstimme nur zählt, wenn jeder einzelne Name auf dem Stimmzettel durchgestrichen ist. So propagierten Oppositionelle: »Mit Bleistift und Lineal gehen wir zur Wahl!« In Leipzig versammelten sich am Wahlabend Hunderte Oppositionelle, die ihre Wahlbenachrichtigung verbrannten, um zu zeigen: »Wir waren nicht wählen.« Sonderwahllokale ersetzten in der DDR die Briefwahl.

Der SED war selbst eine Einheitswahl ohne Gegenkandidaten noch zu gefährlich. Sie fälschte deshalb das ohnehin sichere Ergebnis. Nach der Einheit wurden einige DDR-Politiker wegen Wahlfälschung verurteilt. In den Prozessen wegen Wahlfälschung wurde im wieder vereinten Deutschland deutlich, dass bei Wahlen in der DDR die Auszählung der Stimmen keinerlei Rolle spielte. Entscheidend waren die Vorgaben der SED-Führung. Das »Endergebnis« erfuhren die Wahlleiter (meist die Bürgermeister) zu Beginn der Wahl am Morgen (!). Der Wahlleiter in Berlin-Treptow Günter Polauke meldete das echte Ergebnis an die Wahlzentrale, am nächsten Tag standen die vorgegebenen Zahlen in der Zeitung. Am Wahltag sagte mir der Leiter eines Wahllokals in Berlin-Marzahn, ein Professor der Humboldt-Universität, als ich ihn auf die vielen Leute aufmerksam machte, die anders als bei früheren DDR-Wahlen in die Kabine gingen: »Wer glaubt, dass es heute ein anderes Ergebnis gibt als in den Wahlen zuvor, der hat die DDR nicht verstanden.«

»Nach Gießen reisen oder Leipzig verändern – das ist die Frage – Die DDR-Messestadt ist in diesem Jahr zu einer heimlichen Hauptstadt des Protestes geworden«

Frankfurter Rundschau, 6. 9. 1989

Die jungen Organisatoren des Demonstrationszuges, der sich vor der Leipziger Nikolaikirche formieren sollte, zogen nach einer halben Stunde enttäuscht von dannen. Eben noch, nach dem Friedensgebet mit mehr als 1200 Menschen in der Kirche, hatte es so ausgesehen, als könnte dieses Vorhaben ein voller Erfolg werden. Beifall brandete auf dem Kirchenvorplatz auf, als Transparente hochgehalten wurden: »Reisefreiheit statt Massenflucht« stand da zu lesen, und »Für ein offenes Land mit freien Menschen«, »Pressefreiheit und Vereinigungsfreiheit«, »Gegen den Strom – freies Reisen für alle«. Als die Staatsmacht eingriff und Mitarbeiter der Staatssicherheit die Plakate herunterrissen, riefen an die tausend Menschen »Stasi raus«.

Doch an der Demonstration wollten sich die meisten nicht beteiligen. Sie hatten nur Augen für die Kameras des Westfernsehens. Sobald einer der Kameraleute auf das Fahrzeug kletterte und filmte, hoben sie die Finger zum »Victory«-Zeichen, riefen: »Wir wollen raus« oder »Nehmt uns mit in die Bundesrepublik«. Als aber aus der Gruppe derer, die demonstrieren wollten, der Ruf erscholl »Wir bleiben hier«, gellten Pfiffe über den Kirchhof.

Nicht die Erneuerung der DDR-Gesellschaft, so die Analyse der Leipziger Arbeitsgemeinschaft Menschenrechte am Tag danach, war das Anliegen der meisten Besucher der Nikolaikirche. Viele Menschen, die einen Ausreiseantrag gestellt haben, hoffen, das von ihnen gezeigte Bild in ARD und ZDF beschleunige ihre Sache. Nun überlegen die Leipziger, ob sie der Linie folgen sollen, die von Berliner Menschenrechtsgruppen schon 1988 gezogen wurde (nach der Festnahmeaktion im Zusammenhang mit einer Gedenkveranstaltung für Rosa Luxemburg und Karl Liebknecht): die strikte Trennung zwischen denen, die für die Erneuerung der DDR-Gesellschaft eintreten, und denen, die die DDR verlassen wollen.

In der Realität gibt es diese Trennung anscheinend schon. Als die Jugendlichen abgezogen waren, formierte sich doch noch ein Zug Ausreisewilliger zum Leipziger Bahnhof und skandierte auf dem Vorplatz: »Freie Fahrt nach Gießen«. Zur gleichen Zeit schlug der Wittenberger Pfarrer Friedrich Schorlemmer bei einer Diskussion in der Reformierten Kirche am Tröndlinring vor, nur diejenigen sollten sich zu Wort melden, die keinen Ausreiseantrag gestellt hätten. Er habe zwar Verständnis für den Schritt zur Ausreise, doch er empfinde Trauer. Auch frage er sich, ob es noch genügend Menschen in der DDR gebe, die Reformen überhaupt noch anpacken könnten.

Schorlemmers Analyse des Sozialismus wird den Mächtigen in der DDR wieder einmal in den Ohren geklungen haben. »Entweder der Sozialismus von Peking bis Berlin ist zu einer grundlegenden Reform fähig, oder er verschwindet erst einmal, auch wenn er als Diktatur weiterbesteht.« Sowjetische Zeitungen hätten den Mut zur Wahrheit gefunden, wenn auch noch nicht den Ausweg. Ohne Demokratisierung der Gesellschaft werde es keine Lösung geben. Informationen seien die Voraussetzung dafür, dass kritische Köpfe an der Entwicklung der Gesellschaft mitarbeiteten. Der Sozialismus müsse vom Verdacht befreit werden, eine Parteidiktatur errichten zu wollen. Deshalb sprach sich Schorlemmer dafür aus, die Doppelstruktur von Partei und Staat aufzuheben. Er forderte »gesellschaftliche Organisationsstrukturen, die eine Konkurrenz zur SED ermöglichen«, ein verklausulierter Ruf nach einer Oppositionspartei.

Leipzig ist in diesem Jahr zu einem Zentrum des Protestes geworden. Zum Ende des Kirchentages im Juli formierte sich nach der Abschlussveranstaltung ein Zug Richtung Innenstadt mit dem Spruchband »Demokratie«. Als Polizisten den Zugang zur Stadt abriegelten, zogen die Demonstranten zur Peterskirche am Rande des Zentrums.

Bereits am 10. Juni hatten Leipziger Gruppen ein »Straßen-Musik-Festival« veranstaltet. Daran nahmen nach Schätzungen fast 2000 Menschen teil. Eine staatliche Genehmigung gab es nicht. »Was für Budapest, Leningrad,

Karikatur des Zeichners Felix Mussil, *Frankfurter Rundschau*, 1989.

Warschau, Prag bereits Alltag ist, stellt für die rigide DDR ein Novum dar: freie Selbstorganisation«, kommentierten die Ost-Berliner *Umweltblätter*. Auch ohne Erlaubnis spielten 15 Musik- und Theatergruppen bis zum Mittag relativ unbehelligt, danach kam es zur Konfrontation. Insgesamt wurden nach Angaben der Beteiligten in jenen Tagen 140 Menschen festgenommen. Später hagelte es für einige Musiker deftige Ordnungsstrafen bis zu tausend DDR-Mark.

Ebenfalls im Juni war es zu Zusammenstößen zwischen der Polizei und Jugendlichen während eines »Pleiße-Gedenk-Marsches« gekommen. Die Pleiße, die durch Leipzig fließt, gehört zu den am meisten verschmutzten Flüssen der DDR. Anfang Mai nach der Wahl zur DDR-Volkskammer hatten anonyme Aufrufe mehr als tausend Menschen zum Leipziger Marktplatz mobilisiert. Es gab mehrere Demonstrationszüge und bis zu 120 vorläufige Festnahmen. Zum ersten Mal hatten die Leipziger Friedens- und Menschenrechtsgruppen am 15. Januar Aufsehen erregt. Die DDR-Nachrichtenagentur ADN schrieb später, dass »eine Gruppe von Personen mit einer das Gedenken an Karl Liebknecht und Rosa Luxemburg missbrauchenden öffentlichen Zusammenkunft Ordnung und Sicherheit in der Leipziger Innenstadt gestört« habe. »Diese Aktion wurde durch die zuständigen Organe unterbunden.« Bilanz: rund hundert Festnahmen.

Anders als in Berlin beteiligten sich in Leipzig bisher immer auch Ausreisewillige an diesen Protestaktionen. So einfach ist das zuweilen gar nicht zu trennen, denn der Druck der Staatsmacht macht aus den Demonstranten oft schnell Antragsteller. Nach einem ausgeklügelten System werden die Kritiker eingeschüchtert. Sie werden zur Polizei vorgeladen und ausdrücklich aufgefordert, sich nicht an Aktionen zu beteiligen. Da wird Hausarrest verhängt; wer die Wohnung dennoch verlässt, landet auf der Wache.

Festnahmen gehörten im Frühjahr zur üblichen Routine der Leipziger Polizei. Später hagelte es Ordnungsstrafen wegen »Beeinträchtigung der öffentlichen Ordnung und Sicherheit«; bis zu 500 DDR-Mark waren da zu zahlen. Deftigere Bußgelder wurden verhängt, wenn nach Paragraph 217 (»Zusammenrottung«) geurteilt wurde; diese können bis zu 10 000 DDR-Mark betragen. Weil sie am Morgen des 2. Mai, also fünf Tage vor der DDR-Wahl, Plakate mit einer Aufforderung zum Wahlboykott in Leipzig klebten, wurden im August die Arbeiter Jens-Uwe Drescher und Kai Kuhlmann zu Haftstrafen von zehn und 18 Monaten verurteilt, wegen »Beeinträchtigung staatlicher Tätigkeit«. Leipzig, so scheint es, ist in diesem Jahr ein heißes Pflaster, auch wenn es an diesem Montag offenkundig nicht zu Festnahmen kam. Das mag auch daran gelegen haben, dass westliche Korrespondenten die Demonstrationen beobachteten.

»Die ›politische Fürsorge‹ treibt sie davon«

Frankfurter Rundschau, 3.10.1989

»Ich habe nur noch Wut«, so fasste am Sonntagabend ein 30-jähriger Ost-Berliner seine Empfindungen zusammen nach den Fernsehberichten aus West und Ost: »Tagesschau« und »heute« mit Bildern von Menschen in Zügen aus Prag und Warschau, die »Aktuelle Kamera« nur mit einem offiziellen Kommentar.

Wut habe er auf jene, die einfach weggingen und andere im Stich ließen, die nun allein und geschwächt für Veränderungen kämpfen müssten. Genau so viel Wut, wenn nicht mehr, habe er auf die Verantwortlichen, die diesen Menschen Kommentare hinterherschickten, die sie in ihrem Entschluss noch nachträglich bestärkten und andere zur Nachahmung herausforderten.

»Sie schaden sich selbst und verraten ihre Heimat«, so hieß einer der Sätze, den die »Aktuelle Kamera« verbreitete und der am Montag in allen DDR-Zeitungen nachzulesen war. »Sie alle haben durch ihr Verhalten die moralischen Werte mit Füßen getreten und sich selbst aus unserer Gesellschaft ausgegrenzt. Man sollte ihnen deshalb keine Träne nachweinen« war offenbar alles, was der Agitationsabteilung im SED-Zentralkomitee zu den Massenausreisen eingefallen war. Jene Menschen hätten »bei Rückkehr in die DDR keinen Platz mehr im normalen gesellschaftlichen Prozess gefunden«. Natürlich sind die Westdeutschen an allem schuld: Politiker und Medien führten eine »stabsmäßig vorbereitete ›Heim-ins-Reich-Psychose‹, um »Menschen in die Irre zu führen und auf diesem Weg in ein ungewisses Schicksal zu treiben«.

Kopfschüttelnd hatte der Ost-Berliner diese Sätze zur Kenntnis genommen und auf den wunden Punkt der DDR-Argumentation hingewiesen: Für die offizielle DDR seien immer nur die anderen schuld; dass aber die innergesellschaftlichen Bedingungen der Nährboden dafür sind, um Menschen zum Verlassen von Heim und Nachbarn zu bewegen, davon rede man nicht. Stattdessen würden gleich »auch Asoziale« ausgemacht, die kein Verhältnis zur Arbeit und zu normalen Wohnbedingungen hätten. Verräterischer sei da schon das Wort »wohlbehütet«, das ADN über die Kinder sagt, die im sozialistischen Staat aufwachsen. Die »politische Fürsorge« des Staates am Arbeitsplatz, in der Schule, selbst in der Freizeit ist einer der wesentlichen Gründe für die Ausreisewelle«, rügt der DDR-Bürger. (...)

Hintergrund
Die Szene in der westdeutschen Botschaft in Prag am 30. September 1989 gehört zum Gedächtnis der Deutschen. Auf dem Balkon rief Bonns Außenminister Hans-Dietrich Genscher (1927–2016), gebürtiger Hallenser, den Botschaftsflüchtlingen zu: »Wir sind zu Ihnen gekommen, um Ihnen mitzuteilen, dass heute Ihre Ausreise ...« Das ohrenbetäubende Jubelgeschrei Tausender DDR-Menschen verschluckte die weiteren Worte.

Karikatur des Zeichners Felix Mussil, *Frankfurter Rundschau*, 1989.

Die Szene erlebte ich in der Wohnung eines Freundes. Heute weiß ich: Er war inoffizieller Stasi-Mitarbeiter. Erst schauten wir »heute« im ZDF, dann die »Aktuelle Kamera«. Als die bösen Worte im DDR-Fernsehen fielen, dass den Flüchtlingen keine Träne nachzuweinen sei, hielt es meinen Gastgeber nicht mehr im Sessel. Er gab sich stets als treuen Anhänger des Systems aus. Aber das ging ihm zu weit: »Jetzt sind sie völlig verrückt geworden«, schrie er ins Zimmer. Einziger Zuhörer war ich. Dann folgten die »Wut«-Sätze.

Im ZDF sahen wir, dass vor allem Leute zwischen 18 und 30 Jahren mit ihren Kindern Zuflucht in der Prager Botschaft suchten. Ihnen war keine Träne nachzuweinen, ein Satz, von dem man heute weiß, dass die Nr. eins der DDR, Erich Honecker, ihn selbst formuliert hatte. Er leitete sein politisches Ende ein. Oppositionelle nahmen die Sätze gelassen: »Typisch DDR! So sind sie eben!« Doch für die eigenen Anhänger wie diesen IM fiel eine Träne zu wenig. »Hast du gehört, was sie über unsere Kinder sagen?«, sagte die SED-Genossin zu ihrem Mann, daran denkend, dass die eigenen Kinder sich mit Ausreisegedanken trugen, dass sie nur noch weg wollten oder schon auf dem Weg nach Ungarn oder Prag waren. Vierzig Jahre lang versicherte die SED, der Jugend gehöre die Zukunft des Landes; nun waren viele plötzlich Verräter. SED-Anhänger zweifelten in jenen Tagen, ob ein Staat noch ein Existenzrecht hatte, der solche Worte der Jugend nachrief, die gerade dabei war, ihn zu verlassen.

Günter Schabowski versicherte später, selbst in der Führungsspitze, im Politbüro, war die Empörung groß. Am 11. Oktober gab es eine Erklärung der SED, in der »ein schlapper Satz« (Schabowski) an die Weggehenden appellierte und die bösen Sätze abmildern sollte: »Sie hatten eine Heimat, die sie brauchte und die sie selbst brauchten. Die Ursachen für ihren Schritt müssen und werden wir auch bei uns suchen.« Am 18. Oktober war die Ära Honecker zu Ende. Die Ablösung beantragte DDR-Ministerpräsident Willi Stoph: »Erich, es geht nicht mehr. Du musst gehen!« Nachfolger wurde Egon Krenz.

»Das stumme Warten schlug um in sehr lauten Protest – In Dresden kam es seit einer Woche immer wieder zu Auseinandersetzungen zwischen Ausreisewilligen und Staatsmacht«

Frankfurter Rundschau, 10.10.1989

»Es lag eine gespannte Stimmung über der Stadt«, schildert ein junger Mann aus Dresden am Sonntagabend in Berlin, was sich in der Bezirksstadt an der Elbe am vergangenen Samstag abgespielt hat. An die dreitausend Menschen, schätzt er, hätten um 17 Uhr an der Orgelvesper und dem anschließenden Friedensgebet in der Kreuzkirche teilgenommen. Dort hatte zum Abschluss der Dresdner Superintendent Christof Ziemer gepredigt, hatte zu Besonnenheit, zu Geduld und zu Gewaltlosigkeit aufgerufen.

In Dresden war es seit Dienstag voriger Woche jeden Abend zu Demonstrationen gekommen. Tausende Ausreisewillige hatten da den Hauptbahnhof gestürmt in der Hoffnung, auf die aus Prag kommenden und in die Bundesrepublik fahrenden Sonderzüge mit den Botschaftsflüchtlingen aufspringen zu können. (...)

Wie es dazu kam, dass sich am Sonnabend der Demonstrationszug formierte, hat er nicht miterlebt. Er stand am Hotel Lilienstein, als ihm plötzlich aus Richtung Hauptbahnhof eine Menschenmenge entgegenkam. Der Zug habe sich spontan formiert, als an der Leuchtschrift über dem Dresdner Hauptbahnhof die Mitteilung der DDR-Nachrichtenagentur ADN erschien, KPdSU-Generalsekretär Michail Gorbatschow habe seinen DDR-Besuch beendet und befinde sich auf dem Rückflug nach Moskau.

Rufe »Gorbi, Gorbi« habe es gegeben, dann seien die Menschen losgezogen. Es wurde die größte nicht bestellte Demonstration, die Dresden je gesehen hat. Der Zug ging geradewegs auf die Polizeikette am Kino zu, doch wenige Meter davor bog die Spitze ab. Immer wieder erscholl der gleiche Ruf, auch als Antwort auf Demonstrationen Ausreisewilliger in den Tagen zuvor: »Wir bleiben hier, Reformen wollen wir.« Es ging über die Leningrader Straße, den Pirnaischen Platz durch die Thälmannstraße zum Postplatz.

In der Thälmannstraße wohnen vor allem Funktionäre und Diener des Staates. Überall gingen die Fenster auf, berichtet der junge Dresdner, »wir erhielten Beifall auf offener Szene«. Rufe erschallten: »Perestroika auch bei uns« und »Reformen in der DDR« und immer wieder »Gorbi, Gorbi«. Zwischendurch sangen die Demonstranten Arbeiterkampflieder: »Brüder, zur Sonne, zur Freiheit« und betonten besonders den letzten Vers der Internationale: »Die Internationale erkämpft das Menschenrecht!«

Die Elbebrücke war schwarz von Menschen. Der Zug bewegte sich am Zwinger vorbei zur Semperoper über die Elbebrücke auf das rechte Ufer in den Stadtteil Dresden-Neustadt, vorbei am Devisenhotel »Bellevue«, wo die auswärtigen Gäste erstaunt die Fenster öffneten, am Goldenen Reiter, dem Denkmal des Sachsenkönigs August des Starken, durch die Fußgängerzone der Neustadt auf den Platz der Einheit, über die Bautzener Straße zurück zur Elbe und dann zurück zum Pirnaischen Platz. Dort hatte die Polizei mit Schildern bewehrt gewartet, doch da seien dann die meisten nach Hause gegangen, schließlich hatte man gut sechs Kilometer zurückgelegt und war über zwei Stunden marschiert. Es kam dann doch noch zu Auseinandersetzungen mit der Polizei. Doch die meisten seien davongerannt.

Demonstration in Dresden am 7.10.1989.

Die friedliche und zugleich so nachdrückliche Demonstration für Reformen durch die Dresdner Stadt war wohl Voraussetzung für die Gespräche, die am gestrigen Montag zwischen einzelnen Dresdner Gruppen und Vertretern des Stadtrates stattfanden. Der sächsische evangelische Landesbischof, Johannes Hempel, vermittelte am Montag eine Petition, in der um die Zulassung des Neuen Forums in der Stadt gebeten wird, an den Dresdner Oberbürgermeister Wolfgang Berghofer. Ist da die Hand des Dresdner SED-Bezirkschefs Hans Modrow zu sehen, der von vielen in der DDR als einziger SED-Politiker angesehen wird, der wieder Hoffnung gibt nach den offiziellen Absagen für eine Übernahme der sowjetischen Politik von Glasnost und Perestroika?

Es ist in der vergangenen Woche heiß hergegangen in der Elbestadt. Die Stadt im Süden der DDR ist Durchgangsstation auf dem inzwischen gekappten Weg in die ČSSR. Sie bekam den ganzen Unmut der an der ein paar Kilometer südlich gelegenen Grenze zurückgewiesenen Menschen zu spüren. In Dresden sammelten sich am Dienstag vergangener Woche nicht nur jene, die auf die Sonderzüge aus Prag aufspringen wollten, sondern auch jene, die auf dem Weg in die ČSSR waren, um Urlaub zu machen, und jene, die in die Botschaft der Bundesrepublik wollten, seit Dienstagnachmittag aber nicht mehr durchgelassen wurden.

Kirchliche Kreise berichteten, auf dem Grenzbahnhof Bad Schandau an der Elbe hätten Menschen sich geweigert, die Züge in die ČSSR zu verlassen. Schließlich waren sie nur bereit, dies zu tun, nachdem man ihnen zusagte, sie könnten bis Dresden zurückfahren, doch der Zug, in den sie umgestiegen waren, habe weder im Dresdner Hauptbahnhof noch im Bahnhof Dresden-Neustadt gehalten. Da habe einer die Notbremse gezogen, die Menschen zogen in die Dreikönigskirche im Stadtteil Neustadt und wollten so auf ihre Ausreisegenehmigung warten.

Staatliche Stellen haben ihnen dann am Freitag noch die Ausreise zugesagt, und diese Zusage wurde auch eingehalten. Am Mittwochmorgen hatten alle die Dreikönigskirche wieder verlassen. Andere Ausreisewillige wollten, nachdem sie von der Schließung der Grenze zur ČSSR überrascht wurden, die Hofkirche, die katholische Kathedrale, besetzen. Dort habe dann Dresdens katholischer Bischof vermittelt. An der Hofkirche seien noch in der Nacht DDR-Busse vorgefahren, die, so jedenfalls inoffizielle Informationen, die Menschen direkt in den Westen gebracht hätten. Und 30 Menschen, die sich am Dienstag in der Kreuzkirche aufhielten, bekamen ebenfalls zugesagt, bis zum vergangenen Freitag die DDR verlassen zu können.

Unterdessen war es am Dienstag zu schlimmen Szenen gekommen, als Tausende Ausreisewilliger den Bahnhof für die Züge Prag–Hof stürmten. Doch diese Züge kamen in dieser Nacht nicht. Auf dem Bahnhof gab es einen schweren Unfall, den die *Sächsische Zeitung* vermeldete. »Rowdyhaftes Verhalten behinderte den Zugverkehr. Dabei ereignete sich ein Unfall, bei dem eine Person durch einen ausfahrenden Leerzug schwer verletzt wurde.«

Der heißeste Tag war dann der Mittwoch, der Tag, an dem die Sonderzüge tatsächlich fuhren. Den ganzen Tag über hatte noch eine Gruppe von rund 200 Ausreisewilligen in der Halle gestanden und immer wieder gerufen: »Wir wollen raus!« Nur noch Reisende mit Fahrkarten durften den Bahnhof betreten und sollten sich »sofort auf ihren Bahnsteig begeben« und »die bereitstehenden Züge besteigen« (Lautsprecherdurchsage). Von 21 Uhr an flogen dann Steine, wie Gewährsleute berichteten. Die Bereitschaftspolizei hatte sich danach im Bahnhof verschanzt und habe immer wieder mal einen Ausbruch gewagt. Als daraufhin Demonstranten mit Steinen warfen, hätten die Polizisten die Pflastersteine zurückgeworfen. In der Nacht, als die meisten schon nach Hause gegangen waren, habe es, so wird versichert, besonders brutale Szenen gegeben: Polizisten nahmen ihre Schilde und ließen sie auf die Leiber der restlichen Demonstranten klatschen, beschrieb einer plastisch die Szene.

Die Polizei hatte zuvor versucht, mit ungewöhnlichen Verlockungen die Menschen zum Heimgehen zu veranlassen. »Hier spricht die Deutsche Volkspolizei. Bürger, gehen Sie zu Ihrer Abteilung Inneres. Dort bekommen Sie Ihre Ausreise.« Dass es so einfach war, eine Übersiedelung in Richtung Westen zu kommen, war bisher in der DDR niemand bekannt. Die Aussage wurde auch nicht wiederholt. Sprechchöre antworteten: »Wir wollen nicht raus, wir wollen Freiheit!«

Am nächsten Morgen aber sah man dennoch lange Schlangen vor den Abteilungen Inneres in den Dresdner Rathäusern. Etwa alle fünf Minuten kamen Menschen heraus, die freudestrahlend Ausreisepapiere in der Hand hielten. (...)

In der Nacht sollen in Dresden mindestens zwei Autos verbrannt worden sein, und es soll mehrere Verletzte gegeben haben (nach Mitteilung der Zeitung *Union* waren es »Männer der Sicherheitsorgane«, die anderen nannte man nicht).

Dass es dennoch zu einer friedlichen Demonstration und zu Gesprächen zwischen kirchlich organisierten Gruppen und Stadtverwaltung kam, schreibt Dresden den beruhigenden Worten des Superintendenten Ziemer bei der Orgelvesper zu. Als beim langen Marsch durch die Stadt einige gewalttätig werden wollten, hielten andere sie mit Macht davon ab.

Hintergrund

Der junge Mann, der mich in Berlin angeblich informiert hat, ist frei erfunden. Ich war am 9. Oktober selbst in Dresden und habe vom späten Nachmittag bis tief in die Nacht bei mehreren Bekannten recherchiert. Ich wollte am Montag nach Leipzig fahren und wie üblich die DDR austricksen. Nach der Abmeldung war ich telefonisch nicht mehr erreichbar. Doch diesmal hatten sie damit gerechnet und nicht mich, sondern gleich in Frankfurt angerufen und den Chefredakteur verlangt. »Das DDR-Außenministerium hat mich angerufen. Wenn Sie nach Leipzig fahren, werden Sie sofort ausgewiesen.« – »Schicken Sie ein Fernschreiben: Sie haben mich nicht erreicht. Dann fahre ich.« – »Ich habe Sie erreicht. Sie fahren nicht!«

So einer Anweisung muss sich ein Redakteur beugen. Gut, dachte ich: Leipzig hat der Chefredakteur verboten. Dann fährst du inkognito nach Dresden, also mit dem Zug. Der erste Freund, den ich aufsuchte, begrüßte mich mit: »Das wird ja auch Zeit, dass du endlich kommst!« So konnte ich einen ausführlichen Bericht über die Lage in Dresden schreiben. Morgens um fünf fuhr ich mit dem ersten Zug nach Berlin zurück. Den »jungen Mann aus Dresden« musste ich erfinden, damit das DDR-Außenministerium und der Chefredakteur glauben konnten, dass ich in Berlin geblieben sei.

»An diesem Samstag war alles anders – Hunderttausende demonstrierten in Berlin für eine andere Republik«

Frankfurter Rundschau, 6.11.1989

Es war vielleicht das kleinste Plakat, das da ein 50-Jähriger unentwegt auf dem Alexanderplatz hochhielt; doch es drückte am genauesten aus, was viele Millionen Menschen in der DDR an diesem 4. November 1989 empfanden, jene, die dabei waren, und die anderen, die zu Hause eine Direktübertragung im DDR-Fernsehen und -Rundfunk verfolgten. Mit schwarzem Pinselstrich hatte der Mann auf ein großes Stück Pappe den Halbsatz gemalt: »... dass ich das noch erlebe.«

Noch am Abend saßen die Menschen mit glänzenden Augen vor dem Fernseher, wollten keine Nachrichtensendung aus Ost oder West verpassen, konnten sich kaum sattsehen an den Bildern und wollten es im Grunde nicht recht glauben, dass wahr sei, was sie selbst erlebten: die größte Massendemonstration in der DDR-Geschichte, zu der jeder Teilnehmer freiwillig kam.

Massendemonstrationen hat es in der DDR zuhauf gegeben: am 1. Mai jeden Jahres, Mitte Januar zum Gedenken an die Ermordung der kommunistischen Ahnherren Rosa Luxemburg und Karl Liebknecht oder alle paar Jahre die Fackelumzüge und Umzüge des Staatsjugendverbandes. Das Fernsehen schwelgte dann immer in Zahlen. Doch die Menschen waren alle hinbefohlen. Im Betrieb hatte man ihnen den »Stellplatz« zugewiesen. Funktionäre überreichten ihnen Spruchbänder mit vorgeschriebenen Texten. Über Lautsprecher hallten simulierte Sprechchöre, die Fröhlichkeit vorspiegeln sollten, doch lustlos bewegten sich die Menschen zur Tribüne hin, wo die Mächtigen des Staates die Huldigungen entgegennahmen; dort angekommen, klatschten die unten denen oben artig zu, setzten pflichtgemäß ein Lächeln auf, um dann, kaum hatten sie die Pflicht getan, im Laufschritt der U- oder S-Bahn zuzueilen. Transparente wurden achtlos weggeworfen, von der Müllabfuhr abtransportiert. »Eine machtvolle Kampfdemonstration« schrieben tags darauf die Zeitungen.

An diesem Samstag war alles anders. Vor 14 Tagen hatten Ost-Berliner Künstler und Schriftsteller zu einer Demonstration für Pressefreiheit und freie Meinungsäußerung aufgerufen. Staatliche Stellen versuchten noch, den Termin mit fadenscheinigen Begründungen hinauszuschieben. Doch als klar ist, dass an diesem Tag auf jeden Fall Tausende demonstrieren werden, gibt es die staatliche Genehmigung.

Tagelang waren Menschen in Ost-Berlin damit beschäftigt, Transparente zu entwerfen, zu bemalen, zu befestigen, alles wieder wegzuwerfen, weil es nicht so recht gelungen schien, von vorn anzufangen, um alles noch schöner, noch treffender, noch witziger zu gestalten. Das war nicht nur in Ost-Berlin so. Am Morgen kamen viele mit dem Auto oder mit der Bahn angereist, um mit eigenen Werken dabei zu sein. Aus Sachsen, Thüringen, Mecklenburg, Brandenburg oder Pommern.

Der Demonstrationszug setzt sich 40 Minuten vor der Zeit in Bewegung. Der Platz vor dem Gebäude des Allgemeinen Deutschen Nachrichtendienstes (ADN) kann die von allen Seiten zuströmenden Menschen nicht mehr fassen. Nach eineinhalb Stunden hat die Spitze des Zuges die knapp vier Kilometer lange Wegstrecke zurückgelegt: am Palasthotel vorbei zum Palast der Republik, wo die Volkskammer ihren Sitz hat, über den Marx-Engels-Platz zum Amtssitz des neuen Staatsratsvorsitzenden Egon Krenz, über die Breite Straße zum Alexanderplatz. Dort warten bereits Zehntausende. Es dauert noch eine halbe Stunde, bis die letzten Demonstranten überhaupt erst losziehen können.

So viele fröhliche, lachende, ungezwungene und zugleich selbstbewusste Menschen hat die DDR, deren verdecktes Markenzeichen bisher die schlechte Laune der Menschen ist, noch nie gesehen. Schweigend ziehen sie die Straßen entlang, manche Kerzen in der Hand, auch das mit deutlichem Kontrast zu sonst üblichen Aufmärschen. Sie brauchen keine simulierten Sprechchöre, ihre große Zahl, ihre selbstgefertigten Spruchbänder sind auch so politische Demonstration genug. An der Volkskammer und am Staatsratsgebäude gibt es vereinzelte, spärliche Sprechchöre: »Alle Macht dem Volke, nicht der SED.« Die Demonstranten klatschen und jubeln Menschen zu, die auf den Balkons stehen und mit eigenen Plakaten winken. Sie vergessen nicht die Solidarität mit noch immer Bedrängten in der Welt, mit dem ČSSR-Dramatiker Václav Havel oder den Farbigen in Südafrika. Sie fordern die Rehabilitierung eines Rudolf Bahro, eines Robert Havemann und der Opfer des Stalinismus in der DDR. Sie lachen herzlich, als vor dem Gebäude des Staatsrats Schauspieler die bisher übliche Huldigungszeremonie simulieren, winkend mit abgeschlaffter, zitternder Hand, nickend mit wackeligem Kopf, den anderen Arm mühsam aufgestützt.

Wie viel es sind, die da demonstrieren, wer vermag es zu sagen? »Mindestens 500 000«, rechnen später die Veranstalter, andere kommen auf 800 000, auf eine Million. Es können noch 100 000 mehr gewesen sein.

»Gegen den Führungsanspruch der SED« und »freie Wahlen« oder »neue Wahlen für einen neuen Weg«, das sind die auf den Transparenten immer wieder gestellten Forderungen – oft auch beide zusammen – Forderungen, die genau auf den Punkt bringen, was die Menschen in der DDR angesichts der politischen Krise, von der die SED intern selbst spricht, jetzt für unbedingt nötig halten. Das aber sind auch genau die Punkte, von denen die SED gegenwärtig noch nichts wissen will, während man über anderes durchaus reden kann. Das Bild von der Eingangstür der DDR-Volkskammer mit dem Plakat »Freie Wahlen« wird die SED auch künftig daran erinnern.

Viele der Spruchbänder strotzen nur so von Phantasie, Humor und politischen Anspielungen. Sie sind es wert, in einem Museum für deutsche Geschichte der Nachwelt erhalten zu werden. Die Veranstalter wollen sie in einer »Kunstausstellung neuer Art« zeigen: »Die Demokratie in ihrem Lauf halten auch nicht Ochs und Esel auf« – eine Anspielung auf den gestürzten Generalsekretär Erich Honecker, der diesen Satz noch im August für den Sozialismus alter Prägung sagte. »Noch haben wir Geduld«, lautet eine Mahnung, aber auch »Mit Pässen könnt ihr uns nicht fangen« – »Zu alten Köpfen passen keine neuen Krücken« – »Wir wollen endlich Taten sehen, sonst sagen wir ›Auf Wiedersehen‹« – »Jetzt geht es nicht mehr um Bananen – jetzt geht es um die Wurst«.

Natürlich war das Plakat oft zu sehen, das die Demonstranten in Leipzig am Montagabend der Staatsmacht zeigten: »Wir sind das Volk – alle Macht geht vom Volke aus« und »Das Volk sind wir – gehen sollt ihr.« Oder: »Volksauge sei wachsam«. Und dann sind da auch die Spruchbänder und Pfiffe gegen den ehemaligen Spionagechef Markus Wolf und den Ost-Berliner SED-Chef Günter Schabowski: »Unsere Politik war und ist zum Davon-

Demonstration auf dem Berliner Alexanderplatz am 4. November 1989.

laufen«, »Wir sind keine Fans von Egon Krenz«. Der neue SED-Chef wird als Wahlleiter für das offenkundig geschönte Ergebnis die Kommunalwahl am 7. Mai verantwortlich gemacht.

Mehrfach wird sein Rücktritt verlangt. »Wer war Egon Krenz?« oder »Krenz zu Tisch« (»Tisch« ist eine Anspielung auf den geschassten Gewerkschaftsboss Harry Tisch) und auch »Egon denk an Erich und Walter, geh vor dem Greisenalter« (Mit »Walter« ist Walter Ulbricht gemeint). An politischen Forderungen der Demonstranten sind vor allem die für Reisefreiheit (»Ich will zu meinem Freund in Holland«), für eine neue Schule (»Lehrt unsere Kinder aufrecht gehen«) und für eine Kontrolle der Staatssicherheit hervorzuheben. Diese Kontrolle befürwortet selbst Markus Wolf »öffentlich und demokratisch«. Spruchbänder dazu lauten: »Stasi an die Stanze«, »Halbierung der Stasi« – »Staatssicherheit durch Öffentlichkeit«. Die Schriftstellerin Christa Wolf bringt es auf die knappe Formel: »Rechtssicherheit spart Staatssicherheit«.

Spruchbänder für die Wiedervereinigung gibt es nicht. Gesprächspartner, die aus westdeutschen Kommentaren heraushörten, die Demonstration sei gerade dafür gewesen, schüttelten die Köpfe. Einer sagt: »Während wir hier deutsche Geschichte schreiben, überträgt das Westfernsehen Boris Becker. So ernst ist euch das Thema.« Da beeindrucken auch nicht die Fernsehbilder von Tausenden, die über die ČSSR die DDR verlassen. »Ich glaube, jetzt gehen nur noch die Feiglinge, die die Angst haben vor der Arbeit, die allen bevorsteht.«

Dass die Arbeit erst anfängt, dass die »Kuh noch nicht vom Eis« ist, daran erinnert der Schriftsteller Christoph Hein. Er warnt vor Euphorie. Es gebe genügend Kräfte, die die neue Gesellschaft fürchteten und »auch zu befürchten haben«.

Der Schriftsteller Stefan Heym schwärmt vom Sozialismus, der diesen Namen verdiene. Es sei, als habe einer »die Fenster aufgestoßen nach Jahren der geistigen, wirtschaftlichen und politischen Stagnation, nach Dumpfheit und Mief, Phrasengewäsch, bürokratischer Willkür und Blindheit«. Der Wittenberger Pfarrer Friedrich Schorlemmer nennt die Entwicklungen in der DDR atemberaubend. Keiner solle mehr weggehen, denn nun werde erst recht jeder gebraucht.

Noch ist eine Wende in der DDR nicht vollzogen. Skepsis ist unübersehbar. Viel Beifall erhält ein junger Mann, der sich als »Wolf im Schafspelz« mit Gesichtszügen von Egon Krenz verkleidet hat. Ein Plakat fragt nach Rotkäppchenart: »Egon warum hast du so große Zähne?« Der Funktionär Schabowski versichert den Demonstranten, die SED sei willens und unverdrossen dabei zu lernen, auch mit Widerspruch, auch mit Pfeffer und Salz zu leben. Da freilich wird ein Plakat vor ihm hochgehoben, das das SED-Emblem der ineinandergreifenden Hände zeigt und darunter steht das Wort »Tschüss«. Dass Politik so einfach nicht ist, weiß auch der Plakatträger.

»In dieser Nacht ging Berlin nicht schlafen – Das Gefühl, in einem Kerker gelebt zu haben und die ersten Trophäen der Reisefreiheit in der Hand zu halten«

Nachdruck der Frankfurter Rundschau vom 7.11.2014
Originalartikel vom 11.11.1989

»Die Bretter sind weg, die Bretter sind weg«, schreit der junge Mann auf dem Weg zur Bornholmer Straße im Norden Berlins, dort, wo die Stadtbezirke Wedding (West) und Prenzlauer Berg (Ost) aufeinander stoßen. »Jetzt geht's zum Kurfürstendamm. Darauf habe ich 28 Jahre lang gewartet« – »Wie alt bist du?« – »26!«

Der junge Mann kam zu spät, um den historischen Augenblick an dieser, wie es offiziell heißt, Grenzübergangsstelle mitzuerleben. Seit 21 Uhr hatten sich dort Menschentrauben gebildet. Einige wenige Leute wurden von den Grenzsoldaten auf die andere Seite gelassen, diejenigen, die gültige Papiere besaßen, die freilich erst für einen der nächsten Tage gestempelt waren. Doch die Menschen dort wurden immer mehr und mehr.

Ergänzung des Autors 25 Jahre danach: Die Staatssicherheit hatte den Grenzkontrollpunkt auch angewiesen, die größten Krakeeler herauszugreifen und in den Westen zu lassen, ihre Ausweise auf dem Passbild zu stempeln und ihnen die Wiedereinreise zu verweigern – eine geheime Anweisung. Bei den Wartenden entstand der Eindruck, wer am lautesten grölt, darf in den Westen. Als Eltern zurückkamen, die ihre schlafenden Kinder allein gelassen hatten, brach dieses hilflose System zusammen. Der Leiter der Grenzkontrolleinheit Harald Jäger befahl »Schlagbäume auf!« Sein Vertreter meldete ins Stasi-Hauptquartier: »Wir fluten jetzt. Wir machen alles auf!« Die Menschen hatten noch in der Nacht die Maueröffnung erzwungen.

Um 23.15 Uhr am Donnerstagabend war es so weit. Langsam ging der rotweiße Schlagbaum auf, der so viele Jahre den Menschen in der DDR »das Gefühl verschafft hat, in einem Kerker zu leben«, so hatte es in der vergangenen Woche ein Politbüromitglied zu einem westlichen Diplomaten gesagt.

»Das ist Wahnsinn, das ist Wahnsinn« – »Wahnsinn!« – »Unglaublich, unglaublich«, schreien da die Menschen. Wildfremde Menschen fallen einander in die Arme, um sich dann gleich auf den Weg in das unbekannte Land zu machen, das doch nur der andere Teil der Stadt ist. Zunächst versuchen die Grenzsoldaten noch einen Blick auf die Personalausweise zu werfen, sie zu stempeln, doch angesichts der Menschen geben sie es schnell auf.

Es werden immer mehr, die testen wollen, ob wahr ist, was das SED-Politbüromitglied Günter Schabowski um zwei Minuten vor 19 Uhr auf der Pressekonferenz gesagt hatte, vom DDR-Fernsehen direkt übertragen. Minuten später tickerten die Nachrichtenagenturen in alle Welt die Zeile, die dem 9. November 1989 einen Platz in den Geschichtsbüchern sichert: »DDR öffnet Grenzen.«

Was die SED, über deren Sitzung des Zentralkomitees Schabowski berichtete, eigentlich tun wolle, wenn der Strom der Flüchtlinge über die ČSSR nicht abreiße, war er gefragt worden. Er zögerte, fingerte in seinen Taschen, griff nach einem hingereichten Blatt Papier und murmelte: »Etwas haben wir ja schon getan. Ich denke, Sie kennen das. Nein? Oh, Entschuldigung. Dann sage ich es Ihnen.« Dann begann er vorzulesen, was das SED-ZK am Nachmittag beschlossen hatte, und verhaspelte sich mehrmals. Als er zu Ende war, schauten sich die 200 Journalisten aus aller Welt im Pressezentrum fragend an. Sie schienen den Ohren nicht zu trauen, fragten noch einmal zurück, wann das alles in Kraft treten solle, und eher gelangweilt antwortete Schabowski: »Unverzüglich.«

Die Menschen in Ost-Berlin standen offenbar unter dem gleichen Schock der Überraschung wie die Journalisten im Pressezentrum. Nach einer Stunde war an den Grenzübergängen noch kaum ein Mensch zu sehen. Doch nach einer weiteren Stunde ging es dort zu wie beim Karneval in Rio. An der Bornholmer Straße, an der Invalidenstraße, an der Sonnenallee, überall fielen wildfremde Menschen einander in die Arme. Kaum einer, der die Tränen unterdrücken konnte, erwachsene Männer genauso wie Frauen.

Keiner sieht mehr das Schild, dessen Nichtbeachtung bis zu diesen Tagen ins Gefängnis hätte führen können. Viersprachig, oben in Deutsch, darunter kleiner in Englisch, Französisch und Russisch: »Grenzgebiet. Das Betreten und Befahren ist nur mit Sonderausweis gestattet.«

Doch viele haben nicht einmal einen Personalausweis dabei. Als die Fernsehnachrichten die Sensation meldeten, haben sie sich einfach auf den Weg gemacht, wie sie gerade waren: Jacken und Hosen über den Schlafanzug gestreift und los. Manche scheuchten die Kinder aus dem Bett. Die Kleinen sollten dabei sein, auch wenn sie als Zwei- oder Dreijährige später kaum noch eine Erinnerung daran haben. Männer tragen Kinder auf den Schultern, Hunde werden an der Leine mitgeführt. »Mit Kind und Kegel« sind sie unterwegs.

In dieser Nacht geht Berlin nicht schlafen. Eine halbe Stunde nach Mitternacht kommen die Ersten vom Ausflug in den Westen schon wieder zurück. Sie strecken denen, die noch in der Gegenrichtung sind, die neuesten Zeitungen vom Freitag entgegen, fast alle mit den gleichen Schlagzeilen: »DDR öffnet ihre Grenzen zum Westen. Die Mauer verliert ihre Funktion« *(Tagesspiegel)* oder »DDR öffnet alle Grenzen – auch in Berlin. Der Abriss der Mauer wird bereits diskutiert« *(Berliner Morgenpost)*.

Es sind ihre Trophäen, ihre Beweise, dass sie wirklich dort waren, dass sie wirklich auf der anderen Seite waren. Sie halten die Zeitungen denen entgegen, die schnellen Schrittes der Grenze zustreben. »Herzflattern, erhöhter Pulsschlag, alles was es gibt, habe ich«, sagt einer um Mitternacht. »So einfach ist das alles. Und so muss es sein und bleiben.«

Auf der Brücke tanzen ein paar, diskutieren die meisten, streben in die eine oder andere Richtung. »Kiek mal«, ruft eine Frau, »im Westen ist ja gar nichts.« Sie meint die Grenzanlagen. »Und bei uns ist schon einen Kilometer vorher alles abgesperrt.« Aber das zählt nicht mehr in dieser Nacht. Sektkorken knallen, französischer Sekt, den West-Berliner mitgebracht haben, und russischer Sekt, der aus den Ost-Berliner Kühlschränken stammt. Menschen, die die DDR für immer verlassen, sind kaum dabei; in einer Stunde zähle ich sechs, die ihre Koffer schleppen. Die schon von der Brücke weg sind, in Autos oder Taxen, hupen immer wieder, rufen den Entgegenkommenden zu: »Die Grenze ist auf.« »Juchhe«, klingt es zurück. Ost-Berlin im Freudentaumel.

Aus den Autoradios tönt es, der Kurfürstendamm sei verstopft mit Trabbis, den DDR-Kleinwagen, die nach Mitternacht ihre Runde durch die West-Berliner Innenstadt drehen. Der Ku'damm, wie die Bummelmeile in beiden Teilen der Stadt heißt, ist das Ziel der meisten Besucher in dieser Nacht. Die Doppeldeckerbusse, die auf der Westseite der Brücke stehen, fahren im Drei-Minuten-Abstand, bringen die Menschen zum »Zoologischen Garten« nahe dem Ku'damm. Die Frage eines Ost-Berliners, als er das Fahrtziel des Busses sieht, ob denn tatsächlich der Zoologische Garten in der Nacht geöffnet sei, verneint ein Polizist: »Erst morgen früh wieder.« Aber wer will in dieser Nacht schon in den Zoo?

Die Polizei ruft durch Lautsprecher höflich auf, die Bürgersteige zu benutzen, damit die Busse fahren können. Genauso diszipliniert wie bei den vorangegangenen Demonstrationen in Ost-Berlin folgen die Menschen der Bitte. Am Grenzkontrollpunkt bilden sich immer wieder Trauben. Die Menschen diskutieren mit den Grenzsoldaten, die scheinbar unbeteiligt herumstehen. »Haben sie nicht 28 Jahre hier ohne Sinn ihren Dienst getan?« – »Nein«, sagt der Hauptmann, »1961 war das unbedingt nötig.« Als Kamerateams ihn fotografieren wollen, winkt er ab: »Bitte nicht.« Die Lampen werden wieder ausgeschaltet. Einer fordert ihn auf: »Jetzt kommen Sie mit uns, einen Schritt über die Linie tun«, sagt er zu dem »Grenzorgan« (DDR-Deutsch). Die Antwort überrascht die Umstehenden: »Habe ich schon getan.«

Einer erinnert an den 77-jährigen Erich Honecker, den vor drei Wochen gestürzten SED-Generalsekretär: 50 oder 100 Jahre, habe jener erst im Frühjahr gesagt, solle die Mauer noch stehen. »Nach seinem Sturz hat es nicht einmal 50 Tage gedauert, bis sie sich öffnete.« Auch darüber wird mit den Grenzern diskutiert.

Ob es denn stimmen könne, dass am 9. Oktober Schusswaffengebrauch einkalkuliert war, werden sie gefragt. Es kommt ein eindeutiges »Ja« zurück. Der 9. Oktober, das war der Tag, an dem in Leipzig ca. 300 000 Menschen auf die Straße gingen. Egon Krenz habe das alles verhindert. Und nun sei er auch für die Öffnung der Grenzen verantwortlich. Er habe Anerkennung verdient, sagt der Grenzer.

Am Brandenburger Tor, über das der heutige Bundespräsident Richard von Weizsäcker einmal sagte, solange es geschlossen sei, sei die deutsche Frage offen, versammeln sich in der Nacht Tausende von Menschen auf beiden Seiten. Schließlich klettern sie über die Absperrungen, lassen sich von West-Berlinern über die Mauerkrone hochziehen und springen auf der anderen Seite wieder hinunter. Erst hatten Grenzsoldaten Wasserschläuche eingesetzt, um die Menschen von hier zu vertreiben. Schließlich befindet sich am Brandenburger Tor kein Grenzübergang, doch angesichts der Menschenmassen stellen die Grenzer das Wasserspritzen ein.

Die Menschen benutzen sogleich die herumliegenden Schläuche als Taue, um über die Mauer zu klettern. Zu Tausenden kommen sie in der einen oder anderen Richtung hin und zurück. Immer wieder lehnen sich Männer oder Frauen an die Säulen des Brandenburger Tores, lassen sich von Fotografen, meist Journalisten aus Ost- oder West-Berlin, ablichten, tauschen mit ihnen Anschriften aus, damit sie die Bilder einmal erhalten.

Inzwischen hat ein Mann auf dem östlichen Teil der »Befestigten Staatsgrenze«, so hatte Schabowski Stunden zuvor noch das unüberwindlich scheinende und die Stadt Berlin teilende Bollwerk genannt, die Worte gepinselt: »Die Mauer ist weg.«

Menschen auf der Berliner Mauer am 9. November 1989.

Um 3.30 Uhr riegelt Bereitschaftspolizei den Zugang zum Brandenburger Tor ab. Ein Polizist sagt: »Wir stehen hier, weil dort drüben die Polizei mit Blaulicht aufgefahren ist.« Über Lautsprecher heißt es: »Hier sind die Grenztruppen der DDR, Bürger, wir bitten Sie höflichst, den Platz sofort zu verlassen. Dies gilt Ihrer eigenen Sicherheit.«

Inzwischen tanzen Paare nach der Melodie: »So ein Tag«. Sie schauen ungläubig auf, als sie die Durchsage hören. Dann erschallen Pfiffe und Rufe: »Die Mauer muss weg.« Die Menschen, die inzwischen auf die Mauerkrone geklettert sind, zünden Wunderkerzen an, Sektflaschen kreisen. Ost-Berliner, die aus dem Westen zurückkommen, klettern immer noch über die Mauer und werden durchgelassen. Eine Frau bettelt kurz vor dem Schreikrampf: »Lasst mich durch, lasst mich durch. Ich will einmal im Leben aufrecht durch dieses Tor gehen.« Schließlich kommt ein Offizier und führt sie persönlich hin und wieder zurück.

Am frühen Morgen löst sich die Menge auf, das Brandenburger Tor war gut vier Stunden lang sozusagen halboffen. Am Morgen, als diejenigen erwachten, die schon zu Bett gegangen waren, immer noch das gleiche Bild: Tausende pilgern an die Grenzübergänge. Am Mittag reicht am Grenzkontrollpunkt Heinestraße die Schlange der Wartenden bis zur Jannowitzbrücke, das sind gut zwei Kilometer. Überall fröhliche Gesichter. Menschen, die zur Arbeit wollen, machen einen Abstecher nach West-Berlin. Sie kommen von Baustellen, aus den Betrieben, aus Kaufhallen. Lehrer und Professoren verzichten auf den Unterricht, schicken Schüler und Studenten »einmal Ku'damm und zurück« und machen sich wohl auch selbst auf den Weg. Zu diesem Zeitpunkt ist das Durchwinken an der Grenze freilich vorbei. Einen Personalausweis muss man schon haben.

Die Kaufhallen dagegen sind am Freitagmorgen in Ost-Berlin alle leer. »Die stehen alle anderswo Schlange«, sagt eine Verkäuferin und erzählt, dass die Hälfte ihrer Kollegen sich gerade in West-Berlin aufhält. Am Nachmittag, wenn sie geht, werden die Kollegen zurück sein.

Nachspiel

Der These, die Maueröffnung ist aus Versehen geschehen, ist entschieden zu widersprechen.

Den Text, den Schabowski vorgetragen hat, hat das SED-Zentralkomitee beraten. Krenz legte ihn zur Abstimmung vor. Im ZK wurde eine Änderung beschlossen, gestrichen wurde die Begrenzung der vorläufigen Reiserege-

lung. Das Zentralkomitee beriet über Personalfragen, setzte die Personalfragen nach dem Beschluss fort.
1. Krenz forderte Schabowski auf, der nicht an der Sitzung teilnahm, diesen Beschluss auf der Pressekonferenz vorzutragen: »Ein Extraknüller!«
2. Dass »unverzüglich, sofort« nicht unmittelbar hieß, war allen klar. Doch die Menschen wollten nach 28 Jahren Mauer nicht mehr warten.
3. Schabowski übersah die Sperrfrist, die 5 Uhr am nächsten Morgen vorsah. Hätte er »fünf Uhr früh« gesagt, hätten Zehntausende an den Grenzübergängen gestanden. Das Chaos wäre womöglich viel größer gewesen, als es in jener Nacht tatsächlich war.
4. Mir sagte um Mitternacht ein Grenzsoldat, der mir an der Bornholmer Straße eine Zigarette anbot und den ich fragte: »Seit wann wisst ihr es?« »Heute Nachmittag klingelte das Telefon. Die Schranken gehen auf.« Eine konkrete Zeit wusste er nicht.
5. Krenz beschied am nächsten Morgen UdSSR-Botschafter Kotschemassow mit: »Alles ist nur fünf Stunden früher passiert.«
6. Am 29. Oktober haben Schabowski und Ost-Berlins Oberbürgermeister Erhard Krack West-Berlins Bürgermeister Walter Momper informiert, bis zum 1. Dezember könnte die Mauer aufgehen. Momper verhängte daraufhin eine Urlaubssperre für die gesamte Verwaltung.

Die Ständige Vertretung war seit Wochen wegen Zufluchtsuchender geschlossen. Für den 7. November hatte sich Leiter Franz Bertele im DDR-Außenministerium einen Termin geben lassen. »Bei dem Gespräch am 7. November habe ich Schindler [sein DDR-Verhandlungspartner] gesagt, die Bundesrepublik Deutschland werde die Vertretung am kommenden Montag (13. November) wieder öffnen. Was sollten wir Zuflüchtigen sagen, die dann in der Vertretung bleiben wollten? Schindler erklärte mir zu meiner großen Überraschung: Die DDR sei bereit, in Zukunft die Menschen, die die DDR verlassen wollten, auch gehen zu lassen.«[6]

---

6   Aus einem Vortrag von Franz Bertele »Die Mauer fiel in Prag. 20 Jahre Mauerfall« vor dem Kiwanis-Club in Bonn, in »Polis 50«, S. 35 ff., einer Broschüre der Hessischen Landeszentrale für politische Bildung, Wiesbaden 2008.

Arbeitsanregungen

1. System und Methoden: Informationspolitik in der DDR: Regeln – Reaktionen
1.1 Klären Sie, welche Themen für wen delikat sind, aus welchen Gründen und mit welchen Folgen, wenn nicht delikat mit ihnen umgegangen wurde. Berücksichtigen Sie dabei auch, wie zeitnah Medien in beiden deutschen Staaten Fakten zu einem delikaten Thema mitteilten.
Beurteilen Sie das Verhältnis von offizieller Information in der DDR und »Buschfunk«.
1.2 Erklären Sie, wie westliche Journalisten in der DDR davon abgehalten werden sollten, über sogenannte Tabuthemen zu berichten, und zu berichten angehalten wurden, wie es die Partei- und Staatsführung wollte.
Erklären Sie auch das daraus resultierende Problem für westliche Journalisten und wie sie es lösten.
1.3 Kennzeichnen Sie die Stellungnahmen in DDR-Medien zu Flüchtlingen und Ausreisewilligen.
Vergleichen Sie die beabsichtigte Wirkung mit den erzielten Auswirkungen.
2. System und Methoden: Verfolgung in der DDR: Gründe – Folgen
2.1 Erläutern Sie Gründe und Maßnahmen, »Republikflucht« aus der DDR zu verhindern, und wer die DDR dabei und warum unterstützte.
Geben Sie Folgen bei einem verhinderten Fluchtversuch für den Betroffenen sowie seine Familie und Freunde an und für diese bei einem gelungenen Fluchtversuch.
2.2 Erklären Sie, warum in der staatlichen Ordnung der DDR und in den anderen sozialistischen Ländern Opposition bekämpft wird und ausgeschaltet werden soll.
2.3 Stellen Sie zusammen, was alles von der Stasi als »Schwert und Schild der Partei« für oppositionell gehalten wird, mit welchen Methoden oppositionellem Verhalten vorgebeugt wird und mit welchen es abgestellt werden soll. Beziehen Sie dabei auch Methoden in Schule und staatlichen Organisationen sowie bei der Berichterstattung in offiziellen Medien ein.
2.4 Klären Sie mögliche Folgen für die Betroffenen, insbesondere nach einer Verhaftung. Berücksichtigen Sie die Entscheidung, vor die sich auch DDR-Bürger 1988 und 1989 gestellt sahen, und führen Sie mögliche Gründe für die jeweilige Entscheidung an.

2.5 Geben Sie an,
- welche Möglichkeit die Bundesrepublik Deutschland inhaftierten »Republikflüchtigen« und Oppositionellen eröffnete und warum die DDR das zuließ,
- aus welchen Gründen die DDR ab und an Strafen milderte, aufhob oder eine Amnestie gewährte. Nennen Sie dabei Beispiele.
2.6 Verfassen Sie für einen Reiseführer zu Berlin einen Beitrag zur Mauer: DDR-Bezeichnung, wann und warum gebaut, Reaktionen, Folgen und Fall anhand der Artikel »Wo kein Besucher mehr Fragen stellt« (S. 113f.), »Mehr als eine Hauptstadtfeier« (S. 127 ff.), »Fest gemauert«, »Von der stillen Grenze in ein stilles Grab« und »In dieser Nacht ging Berlin nicht schlafen«.
2.7 Kennzeichnen Sie das Wahlsystem in der Deutschen Demokratischen Republik und wie Partei- und Staatsführung damit umgingen.
Erklären Sie, von wem und auf welche Weise der Anspruch, ein demokratischer Staat zu sein, ernstgenommen wurde.
Vergleichen Sie Ihre Arbeitsergebnisse mit Artikel 22 (1) und 22 (3) der DDR-Verfassung von 1974 (s. Informationsblatt, S. 56).
3. System DDR: Weiter mit kleinen Korrekturen oder neuer Weg, aber wie und wohin?
3.1 Gestalten Sie ein Schaubild, was alles wesentlich zum Ende des Systems DDR beitrug (Artikel in den Abschnitten 4, 5 und 6).
Geben Sie in Stichworten Jahr, Beteiligte und Anliegen an. Markieren Sie dabei die Ihrer Meinung nach entscheidenden Ereignisse.
3.2 Verfassen Sie zu den Einträgen in dieser Übersicht jeweils eine nähere Erklärung. Beziehen Sie dabei Vorgehen und Folgen sowie Reaktionen der Staatsmacht (s. 3.3) ein.
Kennzeichnen Sie Verhaltensweisen von Bürgern im Vergleich zu bisher üblichen, so bei Wahlen und Demonstrationen, und weisen Sie auf die Forderung von Kirche und Bürgern an die Teilnehmer hin.
3.3 Überprüfen Sie bei den staatlichen Reaktionen, ob und gegebenenfalls inwiefern sich abends und nachts am 9. November 1989 bei der offiziellen Informationspolitik, dem System Stasi und einzelnen Verantwortlichen der DDR etwas verändert hat, und vermerken Sie Ihre Befunde bei den Einträgen.
3.4 Überlegen und entscheiden Sie, ob ein Grund für das Verhalten der SED, von Schabowski gegen Ende des Artikels »An diesem Samstag war alles anders« (Stichwort: »zu lernen«) genannt, aufzunehmen ist, auf den Klaus Staeck (Schluss des Artikels »Das Ärgernis Fernsehkamera und Kugelschreiber«) mit

dem zentralen Begriff im Geschichtsbild der kommunistischen Ideologie bereits 1982 verwiesen hatte (vgl. Arbeitsanregung 9. zum Abschnitt Kirche).
3.5 Listen Sie wesentliche Forderungen von Bürgern, nach Bereichen geordnet, auf, und geben Sie darunter zusammenfassend an, welcher Anspruch anstelle der »Apparatherrschaft« (Rudolf Bahro) erhoben wird.
3.6 Finden Sie anhand Ihrer Arbeitsergebnisse zu 3.1–3.5 einen treffenden Titel für das Schaubild, und überlegen Sie eine mögliche Wahl von Untertiteln bei den Einträgen sowie eine klar strukturierte Gesamtanlage.

Hinweis
Informieren Sie sich im Internet oder einem Nachschlagewerk über:
- Opposition in der DDR in den 60er und 70er Jahren
- Robert Havemann, Wolf Biermann, Jürgen Fuchs
- Fluchtmöglichkeiten aus der DDR vor dem Mauerbau
- Grenztruppen
- Schießbefehl an der innerdeutschen Grenze
- Todesopfer an der Berliner Mauer
- Egon Krenz, Hans Modrow, Günter Schabowski
- Neues Forum

Weiterführende Quellen und Literatur
Artikel 13 der Allgemeinen Erklärung der Menschenrechte UNO vom 10.12.1948 (vgl. »Recht auf Freizügigkeit« in der KSZE-Schlussakte von Helsinki 1975).
Karl-Heinz Baum: Die friedliche Revolution, in: Blickpunkt Bundestag, Berlin 2009.
Karl-Heinz Baum, Thomas Schiller: Mit Kerzen haben sie nicht gerechnet, Leipzig 2015.
Karl-Heinz Baum: Das war mein längster Tag, in: Super Illu, 9.11.2015, S. 18f.
Günter Hofmann: Prager Flüchtlingszüge 1989. Hintergründe, Folgen, Erinnerungen, Dresden 2014.
Ilko-Sascha Kowalczuk: Endspiel. Die Revolution von 1989 in der DDR, München 2009; auch als Lizenzausgabe der Bundeszentrale für politische Bildung, Bonn 2009.
Mauerfall: www.dra.de/online/themen/index.html.
Thomas Mayer: Helden der Friedlichen Revolution. 18 Porträts von Wegbereitern aus Leipzig, Leipzig 2009.

Wolfgang Mayer: Flucht und Ausreise. Botschaftsbesetzungen als wirksame Form des Widerstands und Mittel gegen die politische Verfolgung in der DDR, Berlin 2002.

Ehrhart Neubert: Geschichte der Opposition in der DDR 1949–1989, Bundeszentrale für politische Bildung, Bonn 1997.

Ehrhart Neubert: Unsere Revolution. Die Geschichte der Jahre 1989/90, München 2009.

Urteil – Wolfgang Berghofer (Wahlfälschung), in: Der Spiegel, 2.10.1992.

Zettelfalten. Die Kommunalwahl vom 7. Mai 1989: www.dra.de/online/themen/index.html.

Nachwort

Es schellte nach elf Uhr nachts am 8. November 1989. Ich wusste: Das ist Karl-Heinz. Ich war todmüde, aber die Verabredung war: Solange Licht ist, kannst du klingeln. In diesen Tagen hatte ich genug Herausforderungen, die in die Friedliche Revolution münden sollten. Ein mehrtägiger Workshop über Videokunst aus Ost und West stand an. Am 5. November hatte sich in der Sophienkirche die Ost-Berliner SPD konstituiert; als neuer Geschäftsführer hatte ich viel Organisationsarbeit zu leisten.

Ich hätte lieber geschlafen, aber Karl-Heinz Baum interessierten die neuen Mitglieder des SED-Politbüros brennend. Er wusste, dass ich Material über den Vize-Kulturminister Klaus Höpcke hatte. Als Vikar kannte ich mich bei SED-Kadern wenig aus, konnte ihm aber beim 37-jährigen Hans Joachim Willerding helfen. Karl-Heinz wollte Porträts über die neuen schreiben. Da war ich eine ergänzende, wichtige Quelle. Wir haben bis zwei Uhr morgens geredet und beratschlagt. Erst da ging ich schlafen, er wollte gleich schreiben. Um sechs fand ich ihn schlafend auf dem Fußboden. Er hat an dem Tag zehn Porträts geschrieben, aber er glaubte nach dem Mauerfall nicht, dass sich dafür noch Leser interessiert haben. Am Morgen des 9. November hielten wir viel für möglich, nur nicht den Fall der Berliner Mauer. Es waren Tage, an denen Jahre vergingen.

Ich erinnere den 7. Oktober 1989. Da gründeten wir DDR-weit die SPD. Ich informierte die Deutsche Presseagentur und bat, auch ihn zu informieren. Überraschende Antwort: »Er weiß das schon.« Als er vorbeikommt und sich die Papiere holt, klärt er mich auf. »Beim Anruf saß ich daneben.«

Karl-Heinz Baum ist ein Original. Als Korrespondent der *Frankfurter Rundschau* ließ er sich in der DDR kein X für ein U vormachen. Er war bei vielen subversiven Aktionen der meist kirchlichen Opposition in Sichtweite und balancierte die Spielräume des engagierten Journalisten aus. Er war stets auf der Seite der Ostdeutschen, unter denen er viele Freunde hat, und er kann Geschichten erzählen. Diese Geschichten aus der DDR einem westdeutschen Publikum zu unterbreiten, war ein Stück vorweggenommene Einheit. Sie schufen Teilhabe und Empathie, als sich die Menschen in Ost und West fremder wurden. Seine journalistischen Texte können heute ein wichtiger Baustein für eine in weiten Teilen noch immer ausstehende, gemeinsam erzählte deutsche Nachkriegsgeschichte sein.

Als Journalist in einem repressiven Umfeld zu arbeiten, erfordert Haltung und Courage. Das reicht aber nicht. Auf die lebendigen Geschichten des Alltags und die Momente der Zeitgeschichte stößt man nur mit List und Chuzpe. Die hat er definitiv, und er hat gehörig Spaß und Freude an seinem Beruf. Das machte ihn irgendwie auch zu einem von »uns«. Er war ein »Wahlverwandter« im besten Goethe'schen Sinn. Nie verlor er die journalistische Distanz des Beobachters. Sein Funke sprang über. Er hat bei mir große Hochachtung vor der journalistischen Profession und ihrem Wächteramt für eine demokratische Öffentlichkeit geweckt.

Schließlich habe ich Karl-Heinz Baum meine ersten beiden Veröffentlichungen zu verdanken. Er dokumentierte zwei meiner Texte in der *Frankfurter Rundschau:* zum einen eine Predigt in der Galiläakirche in Berlin, als nach den Verhaftungen bei der Luxemburg-Liebknecht-Demonstration im Januar 1988 jeden Abend Solidaritätsandachten stattfanden. Ich meditierte über die »Posaunen von Jericho«, deren »richtiger Ton« die Mauern letztlich zum Einsturz bringen werde. Sechs Wochen später dann einen Text zum 10-jährigen »Burgfrieden« zwischen der SED und dem Evangelischen Kirchenbund, eine wichtige Etappe für die Ausweitung der Friedens- und Bürgerrechtsbewegung im Schutzraum der Kirchen. Was für eine ermutigende Erfahrung, in einem freien Medium eine freie Meinung zu publizieren! Karl-Heinz Baum war eben nicht nur Journalist, sondern auch Brückenbauer. Heute kann man aus seinen journalistischen Texten viel über das Arbeiten in schwierigem Umfeld lernen. Die klassischen journalistischen Tugenden, vor allem die Recherche, die sich nicht nur auf eine Quelle verlässt, und die Cleverness, sich von den Zensoren und Aufpassern nicht ins Bockshorn jagen zu lassen, sind heute wichtiger denn je und kommen doch immer häufiger zu kurz. Qualitativer Journalismus, der überzeugen will, kommt auch heute nicht ohne Karl-Heinz Baums wunderbare Tugenden aus: Empathie und Leidenschaft.

Thomas Krüger, Präsident der Bundeszentrale für politische Bildung

Anhang

Gesamtverzeichnis der Reportagen (in chronologischer Reihenfolge)

»›Achtung!‹ – Da erschraken zwei Mitglieder der GEW-Delegation etwas« (15.4.1978) ▪ S. 66
»Delikates aus der DDR« (13.5.1978) ▪ S. 178
»Die Attraktion ist ein Hund, der nicht bellt« (16.5.1978) ▪ S. 92
»Im Wehrkabinett heißt es ›Genosse Major‹ – Beginn des Pflichtunterrichts über sozialistische Verteidigung in der DDR« (4.9.1978) ▪ S. 68
»Schlussverkaufsstimmung herrscht in den Intershops – Die Devisenläden in der DDR bieten auch der obersten Führungsgruppe immer wieder Stoff zum Nachdenken« (11.9.1978) ▪ S. 94
»Rudolf Bahros Lied wurde abgeschafft – Die Kampfgruppen in der DDR / ›Stolz und robust. Hand am Gewehr‹« (4.10.1978) ▪ S. 98
»›Ihr seid die Saat, Ihr seid die Ernte‹ – Die DDR feiert Adolf Hennecke als Vorbild der ›Aktivistenbewegung‹« (18.10.1978) ▪ S. 102
»Der Antwort ›Levis‹-Jeans traute die Frau nicht« (28.11.1978) ▪ S. 104
»Wir wurden unterstützt vom sozialistischen Lager«. FR-Interview mit dem Generalsekretär der Rettungsfront von Kampuchea, Ros Samoy (7.2.1979) ▪ S. 53
»Vom ›Krieg der Worte‹ war jetzt die Rede – Die Arbeitsmöglichkeiten der westlichen Journalisten in der DDR sind immer weiter eingeschränkt worden« (17.4.1979) ▪ S. 28
»Ein Brief aus Ost-Berlin« (18.4.1979) ▪ S. 31
»›Die Gesundheit, die entwickelt sich enorm aufwärts‹ – Vor dem Haus Robert Havemanns in der Burgwallstraße: Die Bewacher sind abgezogen« (11.5.1979) ▪ S. 174
»Nackt vor der Tür« (14.5.1979) ▪ S. 106
»Der Feierabend war wichtiger – DDR-Fernsehen berichtet über kostspielige Pünktlichkeit« (16.7.1979) ▪ S. 107
»Schule der Anpassung« (11.8.1979) ▪ S. 61
»In die SPD will Bahro nicht« (18.10.1979) ▪ S. 34

»In wenigen Stunden können die Regale leer sein – Wie Bürger der DDR den Alltag ›aushalten‹ und ›durchstehen‹« (18.2.1980) ■ S. 109

»Von Beat-Musik, Kultur und Politik in der DDR« (11.12.1980) ■ S. 72

»Das Ärgernis Fernsehkamera und Kugelschreiber – Der Grafiker Klaus Staeck in der DDR und die Schwierigkeiten für zwei westdeutsche Journalisten« (19.5.1981) ■ S. 36

»Die Bauarbeiter nennen sie ›unsere‹ Kirche – In der ersten sozialistischen Stadt der DDR wird ein Neubau eingeweiht« (30.5.1981) ■ S. 140

»Wo kein Besucher mehr Fragen stellt – Die meisten Menschen verdrängen die Berliner Mauer so gut es eben geht« (12.8.1981) ■ S. 113

»Ungewöhnliches Verhalten des DDR-Zolls in Berlin – Protest der FR-Chefredaktion« (8.12.1981) ■ S. 42

»Was Goethe schon vom realen Sozialismus ahnen konnte – Das schwierige Verhältnis der DDR zu einem Klassiker und die große Mühe, ihn zu bewältigen« (20.3.1982) ■ S. 74

»Statt des anstößigen Aufnähers präsentiert die Polizei eine Schneiderrechnung« (13.4.1982) ■ S. 143

»Eine Flasche Sekt für den verlorenen Conny – DDR-Bürger warten auf ein Wiedersehen mit ›Illegalen‹« (21.6.1982) ■ S. 181

»›... aber wir haben die Macht‹ – Volkspolizei, DDR-Führung und die Friedenswerkstatt in der Ost-Berliner Erlöserkirche« (29.6.1982) ■ S. 145

»Schielen nach dem Milch-und-Honig-Land – Was die DDR-Bürger über die Bundesbürger denken« (2.10.1982) ■ S. 115

»Kirchentag in der DDR: Hammerschläge im Hofe Luthers« (26.9.1983) ■ S. 149

»Buchenwald: Selbstbefreiung vor vierzig Jahren« (15.4.1985) ■ S. 183

»Porträts aus dem Bilderbuch – Jugend in der DDR: Die Übereinstimmung mit der Partei ist äußerlich« (25.5.1985) ■ S. 77

»Sensenbäume sind in diesem Jahr der große Schlager – Der jährliche Havelberger Pferdemarkt ist die größte freie Verkaufsveranstaltung der DDR« (10.9.1985) ■ S. 117

»Mit der Toleranz soll jetzt Schluss sein – Wie man in der DDR Wohnungen besetzt, ›vererbt‹ oder einfach ›leerzieht‹« (31.12.1985) ■ S. 123

»Durch den ›Tränenbunker‹ in den freien Westen – Wie Asylsuchende vom Flughafen Schönefeld in Ost-Berlin an die Mauer gebracht werden« (26.7.1986) ■ S. 44

»Mehr als eine Halbstadtfeier« (5.1.1987) ■ S. 127

»Das übliche Bild von der hässlichen DDR – Die Verhaftungen an der Zionskirche und der vorsichtige Rückzug der Staatsgewalt« (8.12.1987) ▪ S. 151

»Neonazistische Umtriebe in der DDR drakonisch geahndet – Haftstrafen gegen fünf Ost-Berliner Jugendliche / Gericht: Faschistische Leitbilder durch westliche Sender vermittelt« (6.7.1988) ▪ S. 80

»Am dreizehnten Tag des Marsches um die Festung Jericho – Die DDR-Kirche ist in einer heiklen Lage: Sie will den Inhaftierten beistehen, andererseits kein Auswanderungsbüro sein« (1.2.1988) ▪ S. 155

»Günstige Angebote und ständig wachsender Druck – Wie die DDR-Sicherheitsorgane versuchen, Oppositionelle aus dem Land zu drängen« (6.2.1988) ▪ S. 186

»Im Blickpunkt: Kirche in der DDR – Unbequemer Partner der SED« (4.3.1988) ▪ S. 160

»In Görlitz gehen heute die Uhren nach – Trotz Sanierung verfällt die Stadt, die einst zu den reichsten Städten des Deutschen Reiches zählte« (25.7.1988) ▪ S. 130

»Kirche fordert Reisefreiheit auch für Kinder – Evangelische Synode mahnt Staat / Nicht jede Kritik sofort als Gegnerschaft deuten« (21.9.1988) ▪ S. 162

»Im Blickpunkt: Redefreiheit in der DDR – Aus für ›Speakers' Corner‹« (28.10.1988) ▪ S. 85

»Kabarett in Ost-Berlin – Der ›Distel‹ die Stacheln gezogen« (27.12.1988) ▪ S. 49

»Fest gemauert« (21.1.1989) ▪ S. 190

»Von der stillen Grenze in ein stilles Grab« (24.2.1989) ▪ S. 192

»Fliegende Urnen und der Schwund der Gegenstimmen« (9.5.1989) ▪ S. 195

»DDR lässt mehr Christen reisen – Honecker macht Vogel Zusagen zum Kirchentag« (26.5.1989) ▪ S. 164

»Mauer – die brüchige Wand. Im Gespräch: Friedrich Schorlemmer« (10.6.1989) ▪ S. 168

»DDR-Lehrer zwischen Auftrag und Selbstmord« (19.6.1989) ▪ S. 87

»Leidensweg eines Schwarzen« (18.7.1989) ▪ S. 82

»Nach Gießen reisen oder Leipzig verändern – das ist die Frage – Die DDR-Messestadt ist in diesem Jahr zu einer heimlichen Hauptstadt des Protestes geworden« (6.9.1989) ▪ S. 201

»Auch Lehrer unter verhafteten Neonazis in der DDR-Kreisstadt« (30.9.1989) ▪ S. 84

»Die ›politische Fürsorge‹ treibt sie davon« (3.10.1989) ▪ S. 204

»Das stumme Warten schlug um in sehr lauten Protest – In Dresden kam es seit einer Woche immer wieder zu Auseinandersetzungen zwischen Ausreisewilligen und Staatsmacht« (10.10.1989) ▪ S. 207

»Das neue Gefühl, nicht mehr ›Der Doofe Rest‹ zu sein – Mit erstarktem Selbstbewusstsein kämpfen die Menschen in der DDR wider den ›Schlaf der Vernunft‹« (30.10.1989) ▪ S. 166

»Klobecken gegen Auspuff und Auspuff gegen Fliesen – Gute Beziehungen und die Kunst des Ringtauschs in der Schattenwirtschaft der DDR« (1.11.1989) ▪ S. 132

»An diesem Samstag war alles anders – Hunderttausende demonstrierten in Berlin für eine andere Republik« (6.11.1989) ▪ S. 212

»In dieser Nacht ging Berlin nicht schlafen – Das Gefühl, in einem Kerker gelebt zu haben, und die ersten Trophäen der Reisefreiheit in der Hand zu halten« (Nachdruck, 7.11.2014) ▪ S. 217

Abkürzungsverzeichnis

ADN	Allgemeiner Deutscher Nachrichtendienst
AfD	Alternative für Deutschland
BEK	Bund der Evangelischen Kirchen in der DDR
CDU	Christlich Demokratische Union Deutschlands
ČSSR	Tschechoslowakische Sozialistische Republik
CSU	Christlich-Soziale Union
DDR	Deutsche Demokratische Republik
DKP	Deutsche Kommunistische Partei
DIHT	Deutscher Industrie- und Handelskammertag
EKD	Evangelische Kirche in Deutschland
FDGB	Freier Deutscher Gewerkschaftsbund
FDJ	Freie Deutsche Jugend
FKK	Freikörperkultur
FR	Frankfurter Rundschau
GEW	Gewerkschaft Erziehung und Wissenschaft
GST	Gesellschaft für Sport und Technik
IM	Inoffizieller Mitarbeiter (des Ministeriums für Staatssicherheit)
KPD	Kommunistische Partei Deutschland
KPdSU	Kommunistische Partei der Sowjetunion

KWV	Kommunale Wohnungsverwaltung
LDPD	Liberal-Demokratische Partei Deutschlands
MfS	Ministerium für Staatssicherheit
NVA	Nationale Volksarmee
NDPD	National-Demokratische Partei Deutschlands
NSDAP	Nationalsozialistische Deutsche Arbeiterpartei
SED	Sozialistische Einheitspartei Deutschlands
SPD	Sozialdemokratische Partei Deutschlands
StGB	Strafgesetzbuch
UN/UNO	United Nations Organization (Organisation d. Vereinten Nationen)
VEB	Volkseigener Betrieb

Abbildungsnachweis

Alle Rechte der abgebildeten Fotos liegen bei der Bundesstiftung zur Aufarbeitung der SED-Diktatur.

S. 22: Bundesstiftung Aufarbeitung, Harald Schmitt, 82 0212 001FV ■ S. 63: Bundesstiftung Aufarbeitung, Klaus Mehner, 79_0417_ERZ_Schule_01 ■ S. 70: Bundesstiftung Aufarbeitung, Harald Schmitt, Schmitt_146 ■ S. 71: Bundesstiftung Aufarbeitung, Harald Schmitt, 810507001FV ■ S. 73: Bundesstiftung Aufarbeitung, Harald Schmitt, 790432-02 ■ S. 95: Bundesstiftung Aufarbeitung, Harald Schmitt, Schmitt_112 ■ S. 99: Bundesstiftung Aufarbeitung, Harald Schmitt, DDR_C011 ■ S. 111: Bundesstiftung Aufarbeitung, Harald Schmitt, 780353-01 ■ S. 121: Bundesstiftung Aufarbeitung, Uwe Gerig, 3389 ■ S. 144: Bundesstiftung Aufarbeitung, Harald Schmitt, Schmitt_336 2 ■ S. 147: Bundesstiftung Aufarbeitung, Harald Schmitt, 82 0632 001FV ■ S. 159: Bundesstiftung Aufarbeitung, Klaus Mehner, 88_0204_POL_Fuerbitte_07 ■ S. 176: Bundesstiftung Aufarbeitung, Harald Schmitt, Schmitt_116 ■ S. 193: Bundesstiftung Aufarbeitung, Klaus Mehner, 89_0223_POL_Gueffroy_04 ■ S. 197: Felix Mussil, Archiv der Frankfurter Rundschau, Nr. 112201 ■ S. 203: Felix Mussil, Archiv der Frankfurter Rundschau, Nr. 112221 ■ S. 206: Felix Mussil, Archiv der Frankfurter Rundschau, Nr. 111726 ■ S. 209: Bundesstiftung Aufarbeitung, Klaus Mehner, 89_1008_POL_Demo-DD_03 ■ S. 215: Bundesstiftung Aufarbeitung, Klaus Mehner, 89_1104_POL-Demo_38 ■ S. 221: Bundesstiftung Aufarbeitung, Uwe Gerig, 5015

Personenregister

Kursiv gesetzte Zahlen verweisen auf Abbildungen.

Allende, Salvador   S. 46
Auer, Franz von   S. 67
Aurich, Eberhard   S. 78 f.
Axen, Hermann   S. 26, *184*

Bahr, Egon   S. 25, 28
Bahro, André   S. 34
Bahro, Bettina   S. 34
Bahro, Gundula   S. 34
Bahro, Rudolf   S. 34–36, 98 f., *187*, 214, 226
Baierl, Helmut   S. 98 f.
Balzac, Honoré de   S. 75
Baum, Karl-Heinz   S. 8 f., 25–27, 33, 55, 60, 131, *168*, 226, 228–230, 240
Beater, Bruno   S. 26
Bebel, August   S. 50
Becher, Johannes R.   S. 75
Becker, Boris   S. 216
Becker, Jurek   S. 16, 24
Becker, Manfred   S. 158–160
Bellut, Thomas   S. 230
Benecke, Ursula   S. 34
Berghofer, Wolfgang   S. 209, 227
Bertele, Franz   S. 223
Biermann, Wolf   S. 11, 24, 172–174, 226
Bittner, Michael   S. 129
Boeden, Susanne   S. 166
Bohley, Barbel   S. 188 f.
Bölling, Klaus   S. 42
Böttcher, Margot   S. 85
Brandt, Willy   S. 25
Braun, Johannes   S. 16
Braun, Volker   S. 76, 146, *167*

Brecht, Bertolt   S. 75
Brendel, Günter   S. 150
Breuer, Heinz   S. 141 f.
Bruyn, Günter de   S. 16, 91, *167*

Carl, Marita   S. 14, 17, 25, 39
Costa, Tomas   S. 34

Dahn, Daniela   S. *167*
Davis, Angela   S. 74
Diepgen, Eberhard   S. 127, 129
Dravenau, Heinz   S. 48
Drescher, Jens-Uwe   S. 204

Eichendorff, Joseph Karl Benedikt Freiherr von   S. 192
Engels, Friedrich   S. 50, 63, 75
Engholm, Björn   S. 194
Ensikat, Peter   S. 53

Fink, Heinrich   S. *167*
Fischer, Günther   S. *167*
Fischer, Oskar   S. 169
Fischer, Werner   S. 188 f.
Forck, Gottfried   S. 143, 155, 159 f., *188*
Freudenberg, Winfried   S. 195
Friedrich, Ernst   S. 146
Frister, Erich   S. 67
Fuchs, Jürgen   S. 172, 226
Fürnberg, Louis   S. 171

Gaebel, Hans Herbert   S. 18
Galas, Dieter   S. 66 f.
Gaus, Günter   S. 23, 91
Genscher, Hans-Dietrich   S. 173, 205

Gorbatschow, Michail   S. 12, 51 f., 90, 128, 152, 154, 168, 190 f., 208
Goethe, Johann Wolfgang von   S. 74–77, 88, 229
Grashoff, Eberhard   S. 25, 43, 55
Grimm, Peter   S. 155
Groß, René   S. 129
Grotewohl, Otto   S. 103
Gueffroy, Chris   S. 173, 192–195, 193
Gueffroy, Karin   S. 194
Gueffroy, Stefan   S. 193
Gundelach, Heinz   S. 40
Gysi, Gregor   S. 35

Hacks, Peter   S. 76
Hamer, Detlef   S. 40 f.
Hager, Kurt   S. 88, 158, 168
Harrison, George   S. 73
Harvest, James   S. 74
Havel, Václav   S. 171, 214
Háyek, Jiří   S. 188
Havemann, Franziska   S. 176, 176
Havemann, Katja   S. 175–178, 176
Havemann, Robert   S. 172, 174–178, 176, 187 f., 214, 226
Hegel, Georg Wilhelm Friedrich   S. 103
Hein, Christoph   S. 16, 166, 168, 216
Heine, Heinrich   S. 38
Hempel, Johannes   S. 79, 139, 157, 209
Hennecke, Adolf   S. 102–104
Henniger, Barbara   S. 50
Hermlin, Stephan   S. 16, 76, 146, 154, 167
Heym, Stefan   S. 16, 167, 216
Hildebrandt, Dieter   S. 53
Hinkelmann, Heinz   S. 100
Hirsch, Ralf   S. 155, 188

Holzer, Werner   S. 18, 39, 129
Holzbrecher, Sebastian   S. 16
Honecker, Erich   S. 62 f., 65, 71
Honecker, Margot   S. 69
Höpcke, Klaus   S. 76, 228
Hübner, Nico   S. 35

Jakobs, Karl-Heinz   S. 102
Janicke, Joachim   S. 118, 121
Jäger, Harald   S. 217
Jakowlew, Alexander S.   S. 191
Jungk, Robert   S. 146

Kahrs, Ernst   S. 67
Kant, Hermann   S. 146
Kant, Immanuel   S. 50
Kaul, Friedrich Karl   S. 106 f.
Kessler, Heinz   S. 193
Klier, Freya   S. 186
Knabe, Hubertus   S. 131
Kohl, Michael   S. 28
Kohlhaase, Wolfgang   S. 167
Kotschemassow, Wjatscheslaw Iwanowitsch   S. 223
Kowalski, Jochen   S. 167
Krause, Monika   S. 85
Krack, Erhard   S. 167 f., 223
Krawczyk, Stephan   S. 156, 186
Krenz, Egon   S. 198, 207, 213, 215 f., 220, 223 f., 226
Krüger, Peter Thomas   S. 12
Krüger, Thomas   S. 198 f., 229
Krusche, Günter   S. 188
Krusche, Werner   S. 160–162, 170
Kuczynski, Jürgen   S. 80, 89 f.
Kuhlmann, Kai   S. 204
Kunert, Günter   S. 16
Kunze, Reiner   S. 14, 90
Kuroń, Jacek   S. 188

Lehmann, Lutz   S. 30, 40
Leich, Werner   S. 158
Leistner, Bernd   S. 75
Lennon, John   S. 73
Liebknecht, Karl   S. 104, 156, 161, 186, 189, 202, 204, 212, 229
Loest, Erich   S. 16, 91
Lukács, Georg   S. 75
Luxemburg, Rosa   S. 156, 161, 186, 189, 202, 204, 212, 229
Luther, Martin   S. 127, 139, 149–151, 171

Mäder, Manfred   S. 129
Maier, Georg   S. 13, 43, 190
Mann, Thomas   S. 146
Maron, Monika   S. 16
Marx, Karl   S. 50, 63, 75, 124
McCartney, Paul   S. 73
Matthus, Siegfried   S. 167
Meyer, Gerhard   S. 26
Michnik, Adam   S. 188
Mielke, Erich   S. 26, 192
Misselwitz, Ruth   S. 186, 188
Miville, Cathérine   S. 53
Mlynář, Zdeněk   S. 12
Modrow, Hans   S. 209, 226
Momper, Walter   S. 165, 223
Mörbitz, Eghard   S. 185
Morton, Ralph   S. 12
Müller, Heiner   S. 167
Mueller-Stahl, Armin   S. 16
Mussil, Felix   S. 9, 197, 203, 206, 235
Muth, Rolf   S. 17, 25, 55

Naumann, Konrad   S. 101
Neuner, Gerhard   S. 88, 90
Neutsch, Erik   S. 58
Nöldechen, Peter   S. 15, 35

Oestreicher, Paul   S. 190
Ossietzky, Carl von   S. 85

Palme, Olof   S. 154
Pearl, Richard   S. 127
Pieck, Wilhelm   S. 140
Pfleumer, Christine   S. 59
Pfleumer, Klaus   S. 59
Pinochet, Augusto   S. 46
Pleitgen, Fritz   S. 42, 180
Poche, Klaus   S. 16
Polauke, Günter   S. 201
Poppe, Ulrike   S. 188
Pross, Harry   S. 14

Ramelsberger, Annette   S. 132
Rathke, Heinrich   S. 79
Rascher, Hans   S. 50, 52
Reagan, Ronald   S. 152
Reimann, Jörg   S. 154
Renft, Klaus   S. 74
Richter, Horst-Eberhard   S. 148
Ristock, Inge   S. 16, 50–53
Rochau, Lothar   S. 187
Rogge, Joachim   S. 150
Roitsch, Jutta   S. 164
Rölle, Peter   S. 155
Rosenthal, Rüdiger   S. 48
Rüddenklau, Wolfgang   S. 153
Ruhig, Paul   S. 66 f.
Rudolph, Gerd   S. 195 f.

Sacharow, Andrej   S. 188
Sakowski, Helmut   S. 58
Samoy, Ros   S. 53 f.
Schabowski, Günter   S. 165, 167 f., 207, 214, 216, 218, 220, 222 f., 225 f.
Scheel, Walter   S. 25
Scheibe, Herbert   S. 99 f., 105

Schiller, Friedrich S. 75, 77
Schlesinger, Klaus S. 16, 114
Schmidt, Helmut S. 42f., 183
Schnur, Wolfgang S. 153f.
Schönherr, Albrecht S. 71, 142, 157, 160, 164f.
Schönhuber, Franz S. 184
Schorlemmer, Friedrich S. 12, 140, 149, 163, 168f., 202, 216
Schubert, Helga S. 167
Schwelz, Ingomar S. 48, 194
Semrau, Manfred S. 101
Siefert, Klaus S. 119
Sindermann, Horst S. 63
Stachanow, Alexej G. S. 102
Staeck, Klaus S. 36–42, 225
Starr, Ringo S. 73
Steinführer, Erika S. 104
Späth, Lothar S. 193
Stolpe, Manfred S. 151, 157, 163–165, 188
Stoph, Willi S. 63, 207
Sudau, Christel S. 25

Templin, Wolfgang S. 188
Templin, Regina S. 188

Tisch, Harry S. 67, 215
Thalheim, Barbara S. 16
Thälmann, Ernst S. 63, 101
Thomas, Gerhard S. 151
Tolstoi, Leo S. 75
Trostorff, Klaus S. 184

Ulbricht, Walter S. 75, 95f., 141, 215

Vogel, Hans-Jochen S. 164f.
Vogel, Wolfgang S. 186, 188

Waigel, Theo S. 128
Wangenheim, Inge von S. 77
Wegner, Bettina S. 16
Weizsäcker, Richard von S. 220
Wessel, Horst S. 84
Wetzel, Rudi S. 16
Wolf, Christa S. 146, 152, 167, 215
Wolf, Friedrich S. 75
Wolf, Gerhard S. 76
Wolf, Markus S. 214f.
Wolle, Stefan S. 91, 137f., 173
Wutschetitsch, Jewgeni S. 144

Ziemer, Christof S. 207, 211

Dank

Der Herausgeber dankt gemeinsam mit dem Autor dem Verlag der *Frankfurter Rundschau* für die unkomplizierte Erteilung der Rechte zum Abdruck der Artikel sowie dem Caricatura Museum in Frankfurt am Main für die Überlassung der Karikaturen von Felix Mussil.

Der Dank gilt ebenso der Bundesstiftung zur Aufarbeitung der SED-Diktatur für die finanzielle Förderung des Vorhabens und die Bereitstellung der Fotos, der Dresdener Agentur Format-Media GmbH für die Steuerung des Projektes und besonders Johanna Links vom Ch. Links Verlag für ihre geduldige Betreuung.

Karl-Heinz Baum und Jürgen Klammer, im Oktober 2016

Zum Autor

KARL-HEINZ BAUM
Jahrgang 1941, Studium der Geschichte, der Politischen Wissenschaft und Publizistik an der Freien Universität Berlin; von 1977 bis 1990 DDR-Korrespondent für die *Frankfurter Rundschau;* seit 2003 freier Journalist und Autor in Berlin.

Zum Herausgeber

© Jonas Springer

JÜRGEN KLAMMER
Jahrgang 1943, Studium der Finanzwirtschaft und Informatik in Ost-Berlin (mit Promotion); Arbeit als Hochschullehrer und Informatiker, nebenberuflich tätig als Autor für Kabaretts; freier Autor und Herausgeber in Leipzig.